JN251763

History of Virgins

Famous People Who Died a Virgin

セックスをした事がない偉人達

童貞の世界史

Sakyo Matsubara & Masahiro Yamada

松原左京&山田昌弘

まえがき

近年、少子化・非婚化が社会的問題となった関係か、「童貞」に関しても注目が集まっているようだ。

その絡みで、生涯を童貞で過ごした偉人が話題に上る事もあるらしい。とはいえ、そのような場合、子まで成した偉人がイメージだけで「童貞」認定されることがある。また、無性愛として有名だが実は娼婦を買っていた「童貞」もいる。

そこで今回、生涯にわたり異性同性を問わず性的交渉をしなかった偉人について、より確かな情報を求め調査した。結局、真偽の不確かなものが多く、童貞であった可能性がある、童貞であったと考えられるといった、灰色の推定にとどまることも少なくない。だが、少なくとも、歴史研究者や伝記作家の提示する何らかの事実や見解を下敷きにして推論を行い、単なるイメージからのレッテル張りを超える、ある程度説得力を備えた童貞認定を、相当広範にわたって行えたのではないかと自負している。

なお、宗教家については、生涯純潔が建て前になっている宗教の場合、殊更に取り上げないケースがある。ただし教祖だったり、政治家・社会活動家等の性格が強かったりした場合は扱った事例も存在する。

またコラムでは、関連した話題について取り扱った。条件を満たさないものの非性愛的なイメージで名高い人物や、興味深い人物についても、ここで多少触れている。

こうしてそろった顔ぶれを見ると、実に多彩多才な人物が童貞を貫いているものだ。世間には性経験や結婚の有無で人に上下の格付けをする風潮があり、童貞は侮られがちである。だが、人の才や器は、人体の一局所の特殊な摩擦経験の有無によって決まるものではない、「独りで生きて何が悪い」と、絢爛たる先人たちの姿は教えてくれる。それらを取り上げた本書の存在が、世間の風潮を和らげるのに少しでも役立ってくれれば幸いである。

性愛を生涯遠ざけた偉人のパターン

童貞を貫きとおしたかはともかく、生涯にわたって性愛を遠ざけ続けた歴史上の有名人は、以下のパターンに分類されうる。

① **性的魅力に乏しい、性愛に対し消極的など**
世間的にいわゆる「恋愛弱者」「非モテ」と呼ばれる典型的なパターン。無論、偉人にもこうしたタイプは少なからず存在する。しかし意外にも、生涯にわたり独身・童貞を貫く事例は多くない。その理由については項を改めて述べたい。ただし、偉人の中でも文化人には、比較的こうしたタイプは存在する印象である。アンデルセンやブルックナーなどがこれに該当する。

② **性愛方面の欲求が乏しい**
このタイプには、異性より同性でつるんでいる方が楽しい、という例も少なくない。そのため、同性愛ではないかと周囲から思われる事も少なくない。政治方面で実績を残しながら生涯童貞を貫いた偉人には、このタイプが目立つ。近年ささやかれる「絶食系男子」と呼ばれる人々もこのタイプに近いと思

われる。無理をすることもなくごく自然に性愛から遠ざかっているパターンである。

③ **性愛への恐怖感・嫌悪感がある**

いわゆる「性嫌悪」と呼ばれるパターン。必ずしも性欲がないとは限らない。宮沢賢治（みやざわけんじ）がこれに該当すると思われる。

④ **肉体的に虚弱、健康上の理由**

健康に不安があると、欲求が弱くなることもあるようだ。また、寿命がいつまであるかわからないという理由から、相手への申し訳なさに性愛へ踏み込むのを躊躇する事例もある。このパターンとしては、中山平次郎（なかやまへいじろう）（注1）がいる。

⑤ **宗教上の理由から性愛を遠ざけた**

このタイプも多い。トマス・ベケット、ティリー伯、歴代ダライ・ラマ（六世を除く）などがこちらに相当する。童貞ではない事例も含むと、上杉謙信（うえすぎけんしん）・細川政元（ほそかわまさもと）もこれに近いか。

⑥ **自らの使命には妨げになると考えた**

ナイチンゲールやマザー・テレサを見る限り、5と性格的には似通っているし重なっているケースも少なくないといえよう。ロベスピエール、吉田松陰（よしだしょういん）もこのタイプと思われる。即位後のバシレイオス二世もこちらに分類されると思われる。

⑦ 家族間の関係が非常に密接で、他者の入る余地がない

時にこうした事例が見られる。ライト兄弟やヤーコプ・グリム、中山平次郎は兄弟姉妹間の関係が生涯にわたり密接であった事が知られる。

⑧ 早世した恋人に操を立てた結果

比較的珍しいが、こうした例もある。アーサー・バルフォア（注2）やウィリアム・ウォーカーは早世した婚約者を生涯思い続け独身を通した。

原因が多彩である事が分かる。むろん、偉人に限らず一般人でもその点は同様であろう。言うまでもないが、複数の要因を併せ持つ例もある。たとえば宮沢賢治は3の要因が強いが、4～7の要素も少なからず持っている。

注1：中山平次郎　一八七一～一九五六

病理学者・考古学者。京都帝国大学福岡医科大学（後に九州帝国大学医学部）の病理学教授を務める一方で、考古学研究にも従事。板付遺跡の出土品から、縄文時代と古墳時代の間に「中間期間」を提唱し、弥生時代の存在を予測。銅剣・銅矛や「漢倭奴国王」金印、鴻臚館や元寇防塁についても研究成果を出している。若いころに解剖時の傷から感染し重体になった経験から「いつ死ぬかわからない」という理由で結婚しなかったという。兄・妹と同居し、いずれも独身を通した。

注2：アーサー・バルフォア　一八四八～一九三〇

イギリスの政治家。首相時代には英仏協商を締結し、第一次大戦中には海相・外相として活動。一九一七年にユダヤ人のパレスチナ復帰を支持した「バルフォア宣言」を出した事でも知られる。一八七〇年代にメイ・リトルトンという女性と恋仲になり非公式ながら結婚の約束もしていた。彼女が一八七五年に病死した後は生涯独身を通す。その後、霊媒師を訪れたり交霊会に参加したりといった形跡から考えるに、死後も彼女と繋がろうとしていたようだ。

目次

※まえがき …… 2
性愛を生涯遠ざけた偉人のパターン …… 3

第1章 古代中世 …… 13

イエス・キリスト 世界最大宗教の創始者は、生涯純潔とされるが? …… 14
マーニー 過ぎし昔、性愛を忌避し生涯純潔を重んじた世界宗教があった。その名は、マニ教 …… 18
役小角 超自然的な伝説に包まれた修験道の祖は「一生不犯ノ男聖」? …… 22
ハインリヒ二世 内政を固め帝国を守った皇帝、信仰ゆえに夫婦共々純潔貫く …… 24
トマス・ベケット ある時は王に尽くした能臣、ある時は王権と対立した聖職者。生涯純潔で殉教し聖人に …… 26
法然、明恵 戒律が有名無実になった「末法の世」に、生涯不犯を貫き仏教の再興に貢献した傑僧たち …… 29
✤純潔を重んじた騎士修道会~西欧の三大騎士団~ …… 34
✤「一定年齢まで童貞を貫くと魔法使いになれる」?~細川政元と修験道~ …… 37
✤女性を遠ざける「軍神」たち~上杉謙信やエパメイノンダス、バシレイオス二世など~ …… 39
✤古代ギリシア哲学の祖・タレスは独身主義者? …… 42

第2章　近世……43

フランシスコ・ヒメネス・デ・シスネロス　初期スペインを支えた名摂政は、敬虔に生涯純潔を守った枢機卿……44
ジロラモ・サボナローラ　フィレンツェに政治変革をもたらした僧侶は、禁欲・純潔重視……47
レオナルド・ダ・ビンチ　多芸多才の「万能の人」、謎が多いその性的志向……50
ミケランジェロ・ブオナローティ　ダ・ビンチと並び称される多芸多才の芸術家、生涯純潔かは意見が分かれる……52
ティリー伯ヨハン・セルクラエス　皇帝とカトリックに献身した純潔の名将、異名は「甲冑をまとった修道士」……54
宮本武蔵　名高い剣豪の謎多き生涯、生涯不犯か否かも藪の中……56
フランチェスコ・ボロミーニ　宿命のライバル・ベルニーニと好対照、禁欲・純潔の建築家……58
ダライ・ラマ五世　純潔の誓いを立てた「観音菩薩の化身」、チベットを統一……60
クリスティナ　三十年戦争終結に貢献した理想主義者の女王、玉座を放棄し生涯独身を貫く……64
アイザック・ニュートン　万有引力見出した偉大な科学者、一面では生涯不犯の「最後の魔術師」……66
高森正因　仏に帰依して生涯不犯、歌人としても名高い仁医……68
※カール一二世　北地の軍事的天才は最強の童貞として世界史に名を刻むことを望んだ……70
井上蘭台　折衷学派の魁となった偉大な儒者、女性を遠ざけ生涯不犯……73
ホレス・ウォルポール　英国に平和をもたらす名宰相の子は、生涯純潔なディレッタント……75
※フリードリヒ大王　名将と名高い大王のもう一つの顔。文芸好きの草食男子、父の抑圧で性欲を失う……77
※アダム・スミス　本当は子供が欲しかった。老年に至るまで振られ続けた恋多き童貞経済学者……82
※イマニュエル・カント　赤貧故に愛をあきらめ苦しみの中で枯れ果てた童貞哲学者……85
村田了阿　生涯不犯を貫いて、学問三昧・考証三昧の国学者……89
✤　亡国を招いた「無能」な王様が信仰・純潔ゆえに美化された例～……91

✤ イスラーム世界の事情～生涯純潔には一般的に否定的（例外はあるが…）～ …… 94
✤ インドの宗教的純潔について～附：対英抵抗の英雄となった聖職者ジャイー・ラジュグル～ …… 96
✤ 中国社会の童貞観と、とある純潔志向？の中国偉人～元仏僧の参謀・姚広孝（道衍）～ …… 98

第3章 近代

第3章 近代 …… 101
マクシミリアン・ロベスピエール 愛したものは女性よりも革命の大義？ …… 102
※ヤーコプ・グリム 童話集の編集で有名な童貞学者。弟に対して永遠の愛を抱きつつ、ついに誰とも結ばれなかった …… 106
ハンス・クリスチャン・アンデルセン 童話王が失恋続きの結果に得たものは清い身体と清い精神、清い生涯 …… 109
ニコライ・ゴーゴリ 独特の筆致でリアリズム小説の魁となった大作家、生涯を通じ女性を近づけず …… 112
ヘンリー・デイヴィッド・ソロー 自然を重んじた思想家、純潔も重んじる …… 114
アントン・ブルックナー 惚れっぽく少女相手に失恋を繰り返した大作曲家 …… 116
ウィリアム・ウォーカー 中米を私兵で荒らした「冒険家」は、亡き婚約者に操を立てたロマンチスト …… 118
ヘンリー・ジェームズ 欧・米両文化の相違を描いた作家、従姉妹の死を契機に純潔を誓った？ …… 121
アントニ・ガウディ 独自の作風を持つ建築家、純潔を貫き祈りを捧げる …… 124
ニコラ・テスラ 交流技術を完成させた偉大な電気技術者は、性愛方面には淡泊だった？ …… 126
※オーレル・スタイン 仕事一筋の探検家は中央アジアを花嫁として、人間の女に目を向けることはなかった …… 128
ビベーカーナンダ インド最大の宗教団体の生みの親、清貧・純潔の誓いを貫く …… 131
※スヴェン・ヘディン 自暴自棄の果てに人間の女を諦め探検一筋中央アジアと結婚することを選んだ …… 133
ライト兄弟 飛行機を完成させたのは、結婚すら入る余地のない絆を持った兄弟だった …… 138
※アルベルト・サントス・デュモン 空を制した大胆な飛行家は異性にはシャイで童貞を貫いた？ …… 141

ウィラ・キャザー　自然と人間を美しく描いた女流作家、その愛の実情は？……146
ウィリアム・ライアン・マッケンジー・キング　カナダ史上歴代最長政権の主が生涯独身を通した理由は？……148
ロベルト・ワルザー　独特の文体で読者を魅了した放浪の作家、生涯純潔を貫く？……151
オットー・ヴァイニンガー　女性蔑視？　女性嫌悪？　自ら命を絶ち衝撃を与えた早熟の思想家……153
エミー・ネーター　代数学の抽象化に大きな役割を果たした無性愛の女性数学者……158
※オットー・ワールブルク　学問への愛故に、愛欲をあきらめた孤高の天才。心を許すは下僕と犬だけ……161
アントニオ・デ・オリベイラ・サラザール　独身を通し経済再建した学者出身の独裁者、生涯純潔かそれとも？……165
✤ 名物FBI長官は「無性愛」？～ジョン・エドガー・フーバーの秘匿された私生活～……169
✤「ラストエンペラー」は生涯童貞？……172
✤ 生涯非婚を貫いた中国女性たちの話～「金蘭会」と「自梳女」～……174
※✤ 童貞こそ英雄に相応しいと信じる人たち……176

第4章　近代イギリス

第4章　近代イギリス……177
※ヘンリー・キャベンディシュ　人間嫌いの変人博士。女は見るのもおぞましい……178
エドワード・ギボン　ローマの衰亡を追った大歴史家、青年期の失恋以後は色事に縁なし？……181
ウィリアム・ピット（小ピット）　無性愛？の名宰相、ドーバー海峡をはさみフランス革命と敵対～……183
ハーバート・スペンサー　人間社会の「進化」を夢見た哲学者の無性愛的な生涯……186
フローレンス・ナイチンゲール　「神のお告げ」に従って、生涯純潔で使命を果たす……189
ルイス・キャロル、ジョン・ラスキン、ジェームズ・マシュー・バリー　少年・少女を愛した英国の文人たち……191
チャールズ・ジョージ・ゴードン　中国とスーダンで英雄になった指揮官は、女性にも家庭にも興味なし……195
ホレイショ・ハーバート・キッチナー　大英帝国の威信を支えるべく戦った軍人は、徹底した女性嫌い……198
※オリヴァー・ヘヴィサイド　人間嫌いの孤独な天才、恋する相手は電気と鳥……201

セシル・ローズ　イギリス帝国主義の象徴たる鉱山王は、女性関係には無関心……204
ヘンリー・ハヴェロック・エリス　生涯純潔を貫いた、性科学創始者の話……207
エディス・キャベル　傷病兵救護・脱落兵亡命援護に献身し犠牲となった純潔の従軍看護師、山の名となる……209
アルジャーノン・ブラックウッド　英国恐怖小説の大立者は無性愛なリアル「魔法使い」……211
※ゴッドフレイ・ハロルド・ハーディ　生物の交配を論じて名を残した研究者。自らは生涯交配を経験せず……213
✤　なぜイギリスに「童貞偉人」が多いのか？〜「処女王」エリザベス一世の国は伊達じゃない？〜……216

第5章　近代日本

第5章　近代日本……219
釈雲照　生涯不犯を誓い戒律主義で国民教化を志した、明治第一の傑僧……220
吉田松陰　回天の志に殉じ、生涯女性を知らぬ教育家……222
河口慧海　一五で不犯を誓い仏道に入った男、日本人で初めてチベットに入る……225
渡辺海旭　仏教活性化に尽くした生涯不犯の僧侶、「カルピス」命名に一役買う……227
長谷川如是閑　反骨のリベラリスト な言論人、「断じて娶らず」を貫き通す……230
長塚節、川端茅舎　正岡子規の流れをくみ、生涯純潔を噂された歌人・俳人たち……232
久松真一　近代の超克を目指した哲学者、性愛の欲求は超克した？……235
阿藤伯海　漢文教育に従事し、生涯不犯を貫いた孤高の漢詩人……237
宮沢賢治　「ほんたうのしあわせ」を追求した童話作家は潔癖な性嫌悪症？……238
✤　神道における巫女と純潔について……241

第6章　現代

第6章　現代 …… 243
橋本凝胤　戒律遵守し独身を貫き、古都奈良の保全に貢献した現代の傑僧 …… 244
ゴ・ディン・ジエム　圧制者と非難された大統領は、生涯純潔・禁欲を貫いた敬虔なカトリック …… 246
ラングストン・ヒューズ　性愛面では淡泊だった、「ハーレム・ルネサンス」の中心作家 …… 250
ダグ・ハマーショルド　紛争調停に力量を発揮した事務総長は、生涯独身の寡黙で孤高な「一角獣」 …… 252
レイチェル・カーソン　生涯独身を貫き、環境問題を啓蒙した海洋生物学者 …… 254
マザー・テレサ　神の啓示を受け、純潔を貫き弱き人々のため尽くした修道女 …… 256
※ポール・エルデシュ　女にうつつを抜かす凡庸な連中を軽蔑しつつ、全てを学問の進歩に捧げた童貞数学者 …… 258
ヴァレリア・ノヴォドヴォラスカヤ　弾圧に屈しないロシアのリベラル、社会的圧力に負けず無性愛を公言 …… 263
✤アフリカ、オセアニア、中国における生涯独身を貫いた偉人の一例 265 …… 268
✤「恋愛弱者」気質の「童貞偉人」が意外に少ない理由 …… 268
参考文献 …… 273
あとがき …… 292

※は山田昌弘が執筆。それ以外は全て松原左京が執筆。

Chapter1 Ancient and Medieval

第1章
古代中世

イエス

世界最大宗教の創始者は、生涯純潔とされるが…？

Jesus Christ　生没年不詳
キリスト教の創始者。社会的弱者救済を重んじ、旧来のユダヤ教を批判して「神の国」到来が近い事を人々に説いたが、処刑された。

世界最大の宗教であるキリスト教の始祖とされる人物といえば、言うまでもなくイエスである。イエズスと呼ばれることもある。マタイおよびルカ福音書から総合的に判断される、彼の生涯の概要は以下の通りである。

紀元前四年ごろにユダヤのベツレヘムで生まれ、ガリラヤのナザレで育った。紀元後二八年頃にバプテスマのヨハネから洗礼を受けたが、まもなく独立してガリラヤの村々を布教。従来の人間世界における価値観が通用しなくなる「神の国」がこの世にすでに実現されつつあると説いた。また、差別・疎外されていた社会的弱者と交わり、体制化されたユダヤ教を厳しく批判する。こうした態度はユダヤ教側からの反発を受け、三〇年頃にエルサレムで十字架にかけられ処刑される結果となった。その際、弟子であるユダの裏切りがあったとされている。

彼の死後、ペテロら弟子たちは復活したイエスと出会ったと称し、彼を救世主（キリスト）とみなし布教活動に従事する。以後、弟子たちを中心にイエスの教えが広められ、西洋を中心に普及していくこととなった。

さて、早い段階からイエスは生涯独身であったとされ、一般的には無性愛的で生涯純潔であったとみなされている。ヨハネによる福音書ではイエスが女性たちと話しているのを見て弟子たちが驚いたという記載があることから、女性との接触自体が少なかったのではないかと言う説もある。一方で、彼の最期にいたるまで付き従った女性たちが知られているのも事実である。

イエスが結婚していないのはユダヤ社会の常識を考慮すると奇異に思えるが、独身を重んじたエッセネ派に影響された可能性を考慮するとありえない話ではないとのことだ。

もっとも、イエスが生涯童貞であったかについては異説もあり、マグダラのマリアが実は伴侶であったのではないかと唱える者も一部には存在するようだ。とはいえ、たとえそうであったとしても怪しむには足りない。彼以外の有名宗教の開祖や、世界的に聖人とされる人物には、妻をめとり子をもうけている事例も多い。ザラスシュトラ（ゾロアスター）、ブッダ、孔子、ソクラテス、ムハンマド、ナーナク（シク教教祖）いずれも然りである。教祖ではないが、預言者としてはモーセも妻帯者である。老子は実在にも疑問がもたれる人物だが、『史記』によれば彼の子孫とされる家系が続いていたという。こうした教祖・聖人による教えの中でも特にイスラームは、結婚し子孫を残す事を重んじ、生涯独身に否定的な評価を与えている。それを考えると、イエスのように生涯純潔を貫いたとされるケースの方が、彼らの中でも実は珍しいのかもしれない。もっとも、マーニー（マニ教開祖）のような事例もあるから、イエスが唯一というわけではないのだが。

では、なぜキリスト教で純潔を重んじるようになったのか。キリスト教に限らず、禁欲を重んじる宗教は珍しくない。性欲は人類の主要な欲望の一つであるため、当然それらの宗教でも慎む対象とされる。それでも、生涯純潔を良しとするレベルにまでなるには、いかなる理由があったのか。

まず、イエス自身が上記のようにエッセネ派に影響されたため、という可能性がまず考えられる。また、イエスは世間から疎外された人々に救いを与えようと活動した人物である。彼の周囲には、社会的弱者であるが故に結婚もままならない人々も集ったのではなかろうか。となると、彼らの「純潔」を肯定的に捉える事で彼らに精神的な救済を与えようといった動機が働いてもおかしくない。

また、キリスト教が「人間支配の時代が間もなく終わり、神の支配がやってくる」と考える教えである事も関連していそうだ。キリスト教初期指導者の一人、パウロは『コリント人への第一の手紙』で

男は女に触れないほうがよいのです。しかし、みだらな行ないを避けるために、男はそれぞれ自分の妻を持ち、女はそれぞれ自分の夫をもつがよい。

と結婚について触れながらも

わたしとしては、皆が皆、わたしのようであればよいと思っています。

と独身を貫く事を理想と明言した。独身者に対しては

わたしのように今のままでいるほうがよい。しかし、もし自分を制することができなければ、結婚しなさい。結婚するほうが欲情に身を焦がすよりはよいからです。（いずれも『新約聖書』フランシスコ会、聖書研究会訳注、中央出版社、五九四頁）

と述べており、結婚に関しては「欲情処理のため

やむを得ず」という以上の価値を認めていない。パウロは上述のような「神の国の到来」を前提にしていた。となると、次世代を残す事の意味は彼にとって乏しくなるだろう。また、来たるべきその時に、どのような形で神とまみえるか。そう考えたとき、乱れた行いをせず禁欲するという結論が出るのは不思議な事ではない。こうした「人間世界の終り」という意識が、性愛を遠ざける方向に影響した可能性は十分にある。

後の時代になると、「原罪」と性愛が結び付けて考えられるようになったようだ。御存じの読者も多いと思うが、一応解説しておこう。神によって作られた最初の人類であるアダムとイブ。彼らは楽園で過ごしていたが、蛇に誘惑された結果として禁断の果実を食べてしまう。これを神によって咎められ、楽園から追放された、という逸話が『旧約聖書』創世記にある。この際に二人が犯した罪が、その子孫である人類が生まれながらにして背負っている罪（原罪）としてとらえられるようになっていく。そしてまた、二人が受けた「誘惑」の内容が性の快楽を知った事であると考えられるようになったという。こうして、「原罪」と性愛が結び付けられた結果、性欲は罪深いものとみなされるようになり、生涯純潔が重んじられるようになったという説もある。もっとも、これもキリスト教の性愛を遠ざける考えが先にあって、その理由説明として生まれた説である可能性はある。

少なくとも三世紀に性愛禁止を唱えるユダヤ・キリスト教系教団がマニ教に影響を与えた事が知られており、早い段階で純潔重視の性格を持ったのは間違いない。そして、ローマ帝国内でマニ教と勢力を争う中で、マニ教の影響を受けてますます性愛忌避の性格を強めた可能性は考えられよう。キリスト教がなぜ純潔重視になったかについては、様々な要因が考えられるが、「イエス生涯純潔」説はそうした流れの中で暗黙の了解となっていったと思われる。

**過ぎし昔、性愛を忌避し生涯純潔を重んじた
世界宗教があった。その名は、マニ教**

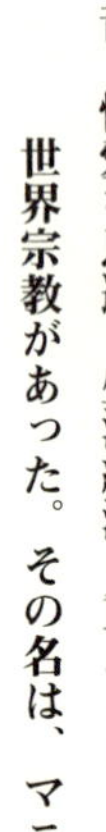

Mani　216～277
マニ教の創始者。キリスト教、ゾロアスター教、仏教の影響を受けた独自の教えを広めるが、非業の死を遂げた。マーニー文字の考案でも知られる。

かつて、「マニ教」という宗教があった。一時は、世界的な影響力を有した。その創始者の名を、マーニーという。英語表記はＭａｎｅｓ。バビロニアに生まれた。両親ともにパルティア貴族の出身。父パティークはユダヤ・キリスト教系新興宗教エルカサイ教団洗礼派に属していた。教団の下で教育を受け、一二歳で第一回の啓示に接する。しかし、この際は「まだ未熟なので世に出るべきではない」とも天使から伝えられ教団にとどまったという。恐らくはこの頃から教団の教えに疑問を持つようになったのではないかとされている。この間、将来を期して第一聖典『大いなる福音』や第二聖典『生命の宝庫』の執筆に手を染めていたという。更に二四歳のとき第二回の啓示に触れて伝道者としての使命を受けたとされる。彼はザラスシュトラ（Zarathushtra）やイエス・キリストに続く預言者と自認し、ユダヤ教の律法から離れて光の教えを説くため新教団設立を決意して父の教団を離れた。

当初はイラン高原で短期間布教した後に北西インドで伝道。この時期に仏教に触れ、ブッダの後継者とも名乗るようになる。やがて二四二年にイラン高原に戻り、ササン朝ペルシアのシャープール一世に謁見。これに際し、マーニーは『シャーブフラガーン』を執筆して宇宙論・終末論・預言者論を説き王の説得を測った。そうした準備が功を奏してか、マーニーはペルシアの王宮に受け容れられる。もっともこれに関しては、伝道者としてより侍医として評価されたという説もある。

なお、この際にマーニーはアラム文字を基に独自のマーニー文字を考案している。それによって従来は子音のみの表記だったイラン語が母音表記も可能になる。それだけでなく省略記号・一文字多音などといった煩雑な慣習も廃止したため、マーニーはイラン語表記の改善に大きな貢献をなしたといえる。

さてペルシア宮廷に迎えられた後、マーニーはペルシア内に更なる伝道を続ける。それにとどまらず、シリア・エジプトなどローマ領内にも宣教師を送った。だが王の世代が替わったバーラーム一世の治下、ゾロアスター教の僧侶に憎まれる。かくして二七七年、王命により召喚されて投獄され死亡した。一説には死刑とされたともされるが、獄中死だともいわれる。

ここでマニ教について少し触れておこう。マニ教はマーニーが幼少期に教団から学んだユダヤ・キリスト教的な教えを母体に、ゾロアスター教や仏教的、伝統的土着信仰までを摂取・融合した宗教である。光と闇からなる徹底した二元論的教義を基に、独自の救済教義が展開される。

光の善神に闇の悪神が侵攻した事をもって世界が始まり、両者の戦いを通じ暗黒の悪魔を材料に宇宙と人類が創世されたとする。一方で太陽・月・銀河や人間の魂は光の要素で作られており清浄であるという。清浄な魂を穢れた肉体に幽閉した人間こそ善と悪の決戦の場であり、光の要素を解放するべく努力する必要があるとみなした。それを呼びかけ続けたのが歴代の預言者であるとする。こうした肉体に否定的な世界観故に、その教えは非常に禁欲的なものとなった。最終的に宇宙の終末によって善悪は決着し、最後の審判を迎えるというのだ。

マーニー死後もマニ教は広がりを見せる。ローマ帝国内ではキリスト教と競い合う勢力を有する時期もあったが、最終的には圧倒され消滅。とはいえ、キリスト教の理論形成に大きく貢献したアウグスティヌスも一時はマニ教に帰依した経験を持っている。メソポタミアではゾロアスター教に圧迫され苦戦を強いられていたが、イスラームが勃興するとウマイヤ朝から寛大な扱いを受けた事もあり勢力回復、イスラームにも思想的影響を与えた。だがアッバース朝時代になると一転して弾圧対象となり、一〇世紀には消滅した。中央ユーラシアに活路を求めた勢力もあり、一時はウイグルの国教となるが、一〇世紀後半には仏教に押され消滅。一部は中国にも広まり、仏教・道教と同化する事で民間信仰となり、江南で「明教」へと変質するが少なくとも清王朝時代には記録が認められなくなる。ただし、現在でも福建省で残存するという報告もあるようだ。

上述のようにマーニーは少年時代、父が所属していた洗礼派教団に預けられ学んでいた。その教団は肉食・飲酒・性交を禁止する禁欲的なもので、マーニーの思想形成に強い影響を与えたと思われる。ちなみに父が教団に所属しながら子を儲けた理由は不明だが、軽率さ故ではないかとする見方もある。

マーニーは禁欲主義が高じて、肉体的・物質的・現世的なものを嫌悪する面を有するようになったとされる。特に人間の肉体・生殖に関して強い敵意を生涯にわたり示しており、これは彼が肉体的に劣等感を抱いていた事も関係しているのではないかと推測する向きもある。そのため、当然の如く、彼が定めた様々な戒律の中に性交の禁止も含まれている。曰く、光の要素を肉体の中に幽閉するため悪魔たちが開発した武器が生殖である、と。そのため、これを禁じ子孫を残さない事は人類最大の責務、とまでマーニーは述べている。流石に全員にこれを要求するのは厳しかったらしく、マーニーは信者たちを聖職者と一般信徒に分けた上で聖職者のみ厳格な戒律を課すこととしている。聖職者は、殺生・暴力・自殺や肉食・飲酒・性交を禁じられ、光の要素が多いメロン・きゅうり・ブドウを食し賛歌朗誦と伝道に従事することとなる。一方で一般信者は一夫一妻は認められ、自ら殺生しない限り肉食も許容されるが、聖職者を経済的に支援する義務を負い、死後は直ちに魂が浄化されることなく転生を繰り返す。

少年時代を過ごした教団の影響を受け、自らも徹底した性愛否定の教えを唱えたマーニー。それだけに、生涯純潔を通したと考えるのが自然であろう。上述したようにもしも肉体的劣等感も絡んでいるのであれば、なおさらである。もっとも、ある時に有力者の娘を治療した謝礼として、彼女の姉妹のうち最も慎み深い娘を貰い受け自らの一行に加えたという伝承もあるため、イエス同様に疑問の余地は皆無ではないかもしれない。

役小角

超自然的な伝説に包まれた修験道の祖は

「一生不犯ノ男聖」？

生没年不詳

古代日本の山岳修行者。修験道の祖とみなされ、様々な伝説を有する。

日本に古くから伝わる山岳信仰を、修験道と呼ぶ。日本伝統の信仰に加え、大陸から伝来した密教や陰陽道などの要素も加えたものといわれる。その修験道で開祖とされているのが、役小角である。役行者、役君あるいは役優婆塞と呼ぶこともある。後世には神変大菩薩の号を贈られている。

小角の事績については不明な点も多く、実在を疑問視する向きもある。だが、『続日本紀』によれば文武天皇の時代である六九九年に伊豆大島へ流罪となったという記事がある。どうやら、小角を史実上の人物とみなして大きな問題はなさそうだ。

様々な伝承を総合すると、以下のような事績と考えられる。

賀茂氏の出身で、大和国（現・奈良県）葛上郡茅原郷で生まれた。幼くして父を失い、母に育てられた。長じて葛城山に入り、粗衣粗食に甘んじつつ修行を重ねたという。やがて修行の末に強い呪術的能力を有するに至り、吉野金峰山や大峰山など多くの山を修行の場として開いたとされている。新羅や唐に往来したという伝承が伝えられており、大陸からの思想・信仰を積極的に摂取したものと考えられる。流罪は弟子の韓国連広足（からくにのむらじひろたり）の讒言によるものとされているが、背景に旧来の神祇（じんぎ）勢力と衝突があったと見る向きもあるようだ。数年後に許され故郷に戻ったという。

その後、彼は数々の伝説に包まれるようになる。有名な例を挙げると、

・鬼や神を使役し、命に従わねば縛り付けた
・葛城山と大峰山の間に橋を架けようと考えて一言主神に昼夜兼行で働かせ、恨みを買った
・毎夜、雲に乗って飛んだ
・流罪になった後も夜には富士山頂に飛来した
・最終的には虚空、あるいは唐に飛び去った

といった類である。『続日本紀』の記述からも山岳修行によって強い呪術的能力を有するようになったと信じられていた事が伺えるが、後世になるとそれに尾鰭が付き、超自然的・神秘的な力の持ち主として語り継がれるようになった。

さて、こうした伝説の持ち主である小角。『源平盛衰記』巻二八にも彼の伝記が記されているが、そこには

「**一生不犯ノ男聖**」（大町桂月校訂『源平盛衰記参』至誠堂、八六五頁）

とある。そもそもが謎の多い人物であるし、後世に生じた言い伝えだけにどこまで事実を反映しているかは不明というべきだろう。だが、小角に関して人々が女色を生涯遠ざけたというイメージを有していた事は読み取ってよいと思われる。後世の修験道でも、一生不犯だった次郎なる修行者が理想的存在とみなされるなど、禁欲を要求する性格は強い。そうした理想が、始祖とされる役小角に託されたのかもしれない。

ハインリヒ二世

内政を固め帝国を守った皇帝、信仰ゆえに夫婦共々純潔貫く

Heinrich II

973～1024　在位1002～1024

神聖ローマ皇帝。ドイツ国内の体制を固めてポーランドと対抗した。また、信仰心篤く教会改革を援助している。

中世におけるドイツ、いや西欧の歴史を見る上で神聖ローマ帝国を無視することはできない。この神聖ローマ帝国における最初の王朝はザクセン朝と呼ばれるが、この王朝の掉尾を飾ったのがハインリヒ二世である。

　ハインリヒは当初バイエルン大公であったが、又従兄の皇帝オットー三世が後継者不在のまま夭折したため帝位を継承することとなった。先代のオットー三世はローマ帝国復興を夢見てイタリア進出を重視したが、その反面で帝国本土というべきドイツがおろそかになるきらいがあった。そこでハインリヒ二世はドイツ国内を固める事に力を注ぎ、ともすれば独立傾向を見せる国内諸侯を抑えることで王権保持に尽力したのである。

　さて、当時はポーランドがボレスラフ・クロブリイの下で対外積極策に出ていた。帝国を守るためこれに対抗する必要を感じたハインリヒ二世は、異教徒であるリウティッツ人と敢えて同盟を結んでいる。

これにより、彼はマイセン辺境伯領を守り抜く事ができたのである。

　また、ハインリヒ二世は宗教政策にも熱心であった。バンベルク司教区を新設してバンベルク大聖堂を建立し、またゴルツェ修道院が主導する教会改革を支持している。彼がこのように教会を保護したのは彼自身が敬虔なキリスト教信者であったためもあるが、ザクセン朝の伝統である「帝国教会政策」によるものでもあった。すなわち、教会を取り込んでその権威を利用し王権教化・国内統一を推進するという現実的な目的も背景に存在したのである。

　このように、ドイツ国内の内政を固め王権教化に成果を上げたハインリヒ二世は、当時における賢君と呼んでよさそうである。

　上述したようにハインリヒ二世は信仰心の深い皇帝であり、その関係で非常に禁欲的であった。彼は皇后クニグンデと相互に純潔の誓いを立て、肉体関係を持たない関係を生涯貫いたという。そのため彼らの間に子はなく、ハインリヒ二世の死と共にザクセン朝は断絶した。その信仰と純潔の生涯から、夫婦ともにカトリック教会から列聖されている。

トマス・ベケット

ある時は王に尽くした能臣、
ある時は王権と対立した聖職者。
生涯純潔で殉教し聖人に

Thomas a Becket　1117～1170
イングランドの宗教家。政治家・武将としてイングランド王ヘンリー2世に尽くすが、カンタベリー大司教として後に対立。暗殺された。

トマス・ベケットは一二世紀イングランドの聖職者で、政治家・武将としても業績を残した傑物である。ノルマン人の家系で、ロンドンの商人を父として生まれた。ロンドンやパリで学んだ後、カンタベリー大司教シオボールドに仕えて信頼を受け、一一五四年に首席助祭に登用されている。更に翌年、大司教から推薦を受けて国王ヘンリー二世の国璽尚書部長官に任ぜられ、中央政界にデビュー。尚書部が政府の中枢機関となったのは、ベケットの力量によるものだと言われている。そして彼は外交官としても卓越しており、使者としてフランス王を説得しイングランド・フランス両王家の婚姻関係成立に貢献したこともあった。また、ベケットは政治家・外交官としてのみならず、自ら騎士を率い陣頭に立って戦う猛将という一面も有していた。こうした活躍ぶりは、王からの信頼を一身に受けるに十分なものだったといえる。かくしてシオボールドが没すると、教会支配を目論んだ王に推薦され後任の大司教に叙階された。一一六二年の事である。

　しかし、王の期待は外れる。ベケットは大司教に就位すると、職務に従い王権より教会を優先して動くようになったためである。彼は直ちに尚書部長官を辞任、今度は国王に戦闘的に抵抗し教皇に仕える存在となった。例えば、一一六四年に国王がクラレンドン法を定めて教会裁判権を規制しようとした際には、これに反対し王への上納金を拒否している。かくして王と激しく対立するようになった結果、ベケットはフランスへの亡命を余儀なくされた。一旦はフランス王の仲介によってヘンリー二世と和解し、一一七〇年に帰国する。しかし、結局は王に協力した聖職者を破門する事で再び王を怒らせ、同年に王側近の騎士四人によってカンタベリー大聖堂内で殺害されるに至っている。ローマ教会は教会に殉じたベケットを一一七三年に聖者と定め、以降は彼の墓に巡礼者が絶えないようになった。名高いチョーサー『カンタベリー物語』は、そうした巡礼を舞台にしている。

　ベケットの立場としては、あくまで与えられた地位・職責に忠実に励んだまでであった。とはいえ、当時の聖職者は犯罪を犯した際も特別扱いされるなど法的な特権が多かった。王権としてはそうした教会勢力が強い力を持つのは統治の妨げであったろうし、俗界からは聖職者への不満が強まるのも当然の流れではあった。教会を守るべく奮闘したベケットが、王のみならずその家臣たちにとっても憤懣、時には憎悪の対象になっていたであろうことは想像に難くない。

　さて、ベケットに関する伝記は、いずれも彼が生涯純潔を貫いたという点では一致しているようだ。中には、こんな逸話もある。ヘンリー二世がベケットと対立してからのこと。王は彼の純潔を何とか破らせる事で世人の信頼を失わせせようとしたが、果たせず失敗に終わったという。一方、ヘンリー二世とかつては極めて親密であったことから、王との男色関係を疑った論者もあるらしい。しかし、それを積極的に支持する証拠はないようだ。

　ベケットが生涯純潔だった理由は、真面目な聖職者だからというだけでなく、精神的な抑圧などと関連した性的欲求の欠如といった要因を考える論者も存在する。そうした推測の当否はともかく、そうした話が出てくるあたり、彼が生涯にわたり色事を遠ざけていたのはほぼ間違いなさそうだ。

法然（ほうねん）　明恵（みょうえ）

戒律が有名無実になった「末法の世」に、生涯不犯を貫き仏教の再興に貢献した傑僧たち

法然 1133〜1212

明恵 1173〜1232

平安末期・鎌倉初期の僧侶。法然は浄土宗の開祖となり、明恵は華厳宗中興の祖とされる。

法然・明恵は、ともに平安末期から鎌倉初期にかけて活躍した傑僧である。読者には、この二人を殊更に取り上げる事に疑問を持つ向きもあるかと思う。仏僧が生涯不犯なのは当然ではないか、と。当然の疑問だ。しかし、それでも敢えて彼らを扱う理由がある。それについてはおいおい語っていきたい。

法然は美作（岡山県北東部）の豪族出身で、源空（げんくう）とも呼ばれる。また円光大師・明照大師の称号を贈られ、黒谷上人・吉水上人とも称される。幼くして父を失ったのを契機として出家し、比叡山や黒谷別所で学んだ。やがて善導（ぜんどう）の『観無量寿経疏』や源信（げんしん）の『往生要集』の影響を受け、一一七五年には「難しい修行は不要で念仏を唱えれば救済される」という「専修念仏」の教えを唱えるに至る。京都東山の吉水に庵を結んで布教に努め、主に武士・農民の帰依を得た。しかし、これは旧仏教からの激しい圧迫を受け、一二〇七年に四国に流された。やがて許されて帰洛、間もなく亡くなっている。著作に『選択本願念仏集』などがあり、浄土宗の開祖とされている。

明恵は同時代の華厳宗の僧で、高弁（こうべん）とも呼ばれる。紀伊国（和歌山県）の豪族出身で、やはり幼くして両親を失ったのを契機に出家。神護寺の文覚（もんがく）に入門し、東大寺戒壇院で受戒した。やがて遁世して高雄を拠点として活動し、一二〇六年には後鳥羽上皇（ごとばじょうこう）から栂尾を与えられ高山寺を創建している。鎌倉政権の首脳である北条泰時（ほうじょうやすとき）とも親交があったと言われる。華厳宗と密教の融合、学問研究と実践修行の合一による旧仏教の復興を図った事で知られる。また善妙寺の尼僧たちを援助し、女人救済にも努めた。なお法然に対しては、一二一二年に『摧邪輪』を著して激しく批判するという関係にある。栂尾で茶の栽培を行い普及に尽力した事でも有名である。

明恵は厳しく戒律を守り、女犯に及ばなかった事で名高い。これに関して、『栂尾明恵上人伝』は、彼が以下のように述懐したと伝えている。

上人常に語り給ひしは、幼少の時より貴き僧に成らん事を悉願せしかば、一生不犯にて清浄ならん事を思ひき、然るに何なる魔の詫するにか有りけん、度々に既に淫事を犯さんとする便り有りしに、不思議の妨ありて打さましましして、終に志を遂ざりきと。（江見水蔭校訂『仏教各宗続高僧実伝全』博文館、八四頁）

〈現代語訳〉

上人が常々おっしゃっていた事には、「私は貴い僧侶になるため、一生不犯でいようと思った。それでも魔が差して、淫事を犯そうとしたことが度々あったが、不思議にもいつも妨害が生じて我に返り、ついに志を遂げなかった」ということだった。（鍵括弧内は上横手雅敬『日本史の快楽　中世に遊び現代を眺める』角川ソフィア文庫、一〇二頁より）

この発言を見る限り、彼は決して性愛方面の欲望を持たなかった訳ではなく、長きにわたる誘惑との戦いがあったようだ。実際、夢の中で女性と交接したという話もあるという。そうした葛藤をも正直に吐露している辺りは、個人的に好感が持てる。

さて、明恵のように生涯を通じて不犯であった僧侶は、実は必ずしも当然の存在ではない。当時、僧侶の中にも妻帯し子を儲けるものが多く存在したのは公然の秘密となっていた。実子を弟子にするケースも珍しくなく、そうした事例は「真弟子」と呼ばれたりしている。また、稚児を相手とした男色も蔓延していたのである。

『末法灯明記』（最澄の作と伝えられるが疑わしい）は「千一百年　僧尼嫁娶」（妻木直良編『真宗全書』続二一　蔵経書院、四九五頁）「千二百年　諸僧尼等　倶有子息」（同書、四九六頁）、すなわちブッダ没後千数百年以上もすると僧も尼もみな配偶者を持ち子を儲けるようになる、と述べた上で

設末法中　有持戒者　既是怪異　如市有虎　此誰可信（同書、四九七頁）

〈現代語訳〉

末法の世になると戒律を守る者なんて既に怪異の類といって良いくらいおらず、市場に虎が出たというのと同様に誰もそれを信じることはできない状況だ。

と記している。

法然はこれを踏まえて『逆修説法』で、末法には「名字比丘」（黒田真洞・望月信亨共纂『法然上人全集』京都宗粋社、二八四頁）、すなわち名ばかりの僧のみであるから、

近来僧尼凡不可論持戒破戒（同書、同頁）

〈現代語訳〉

この頃の僧や尼に関しては、戒律を守っているか破っているかを論じてもそもそも仕方がないのだ。

とまで言っている。

誇張があるにせよ、これらの記録からは当時の仏教界における風潮を読み取る事はできるかと思う。これを踏まえれば、明恵の徹底した生涯不犯は当時の僧侶の中でもむしろ異例な部類だった、と見る向きが出るのも自然な成り行きであった。

明治期に、こんな話があったという。ドイツの万国東洋学会でのこと。歴史家・三上参次（みかみさんじ）は英国のジャパン・ソサエティ会員から次の質問を受ける。

「日本の高僧のなかで、真に一生不犯で知られた人があるか」（林屋辰三郎『京都』岩波新書、一三八頁）

近代を代表する史家であった三上であったが、これに答える事ができなかった。そしてこの逸話を踏まえ、やはり当時の歴史家であった辻善之助（つじぜんのすけ）はこう述べた。

「一生不犯の上人としては、ひとり明恵をあげることができるだろう」（同書、一二三八～一二三九頁）

なお、三上・辻から言及はされていないものの、上述のように当時の風潮を論じた法然も、自身は生涯不犯・持戒の僧であったとされている。

むろん、不犯が建前になっていながら腐敗していたのは日本仏教だけではない。例えば西洋のキリスト教も、聖職者・修道士らが堕落し性愛行為にふけった話が数多く伝わる。十四世紀フランスにいたっては、地方に赴いた聖職者は内縁の妻を伴っていなければ担当地域から受け入れられなかったとさえ言われている。さもなければ現地民の妻が寝取られる危険があるからだというから恐れ入る。

また、この時代の日本仏教も腐敗一辺倒では無論ない。上記したように破戒の僧が多かった一方で、仏教革新を志す清新な動きも見られた。それだけに、二人の他にも生涯不犯の傑僧は相応にいたと思われる。実際問題として、『宇治拾遺物語』でも源雅俊（みなもとのまさとし）が一生不犯の僧を集めて講を催した逸話がある。明恵らより少し前の時代の逸話であるが、イベントですぐに相応の人数を集められる程度には真面目な僧侶は一般に存在した事が分かる。上述した法然らの言説は、相当に誇張が入っているとみてよかろう。

それらも考え合わせると、日本仏教を腐敗した宗教界の例として殊更に取り上げるのは必ずしも適切ではないかもしれない。ただ、後世の碩学から生涯不犯の傑僧が一人しか思い浮かばないと言われた逸話が興味深かったため、あえて明恵と彼とも因縁浅からぬ法然の二人を代表として扱った次第である。

✤ 純潔を重んじた騎士修道会
～西欧の三大騎士団～

聖地エルサレムをキリスト教徒の手中にすることを唱え、十字軍を編成して東方のイスラーム世界に大規模な遠征を繰り返し行った中世ヨーロッパ世界。この時期、信仰心に燃えた騎士たちが聖地防衛や巡礼保護を目的に結成した「騎士修道会」と呼ばれる組織が存在した。そのうち、有名なものが「三大騎士団」と呼ばれている。この三つの騎士団について、簡略にまとめておこう。

テンプル騎士団

正式名は「エルサレム・テンプル騎士修道会」。シャンパーニュ人ユーグ・ド・パイヤン（Hugues de Payens ?～一一三六）ら八人のフランス騎士により一一一八年に聖地巡礼者の保護を目的とし創設された。エルサレムのソロモン神殿跡を本拠とするようになった事からこの名がある。十字軍時代の初期に騎士道精神と修道制の理念の統一が西欧社会の理想的人間像として追求され，クレルボー修道院長ベルナールの後援によりトロア教会会議（一一二八）で教皇ホノリウス二世によって新形式の騎士修道会として認可された。また団員の資産をもとに金融機関を運営し、フランス王家にも資金援助を行っていたが、フィリップ四世の弾圧により解体した。

ヨハネ騎士団

正式名は「エルサレム・聖ヨハネ救護騎士修道会」。一一世紀末に南フランス出身の修道士ジェラールが聖地巡礼用救護所として創設したのが始まりである。一一一三年に教皇パスカリス二世によって公式に認可され、第二代騎士団長レーモン・ド・ピュイの時代に軍事組織化される。以後はアウグスティヌス会会則に従い、テンプル騎士団と功績を競いながら十字軍戦士として中近東各地で戦った。また同時に、傷病者看護・巡礼警護の活動にも熱心であった。東方での活動を通じてイスラームの医療制度を吸収し、それにならって西欧各地に病院を設立したりもしている。だがやがて十字軍勢力がイスラームに押され、東方での活動が困難になった。そのため本拠を一三〇九年にロードス島へ移し、更に一五三〇年には神聖ローマ皇帝カール五世からマルタ島を譲り受け全欧に所領をもつマルタ騎士団へ変貌した。以降もオスマン帝国と長らく戦っている。一七九八年にナポレオンによってマルタ島から追われたが、騎士団は現在も存続している。

ドイツ騎士団

第三次十字軍の際に創設されたドイツ兵救護のための病院を起源とする。上記二騎士団と同様に、ドイツ系の巡礼保護なども行った。やがて十字軍勢力は次第にイスラーム勢力に押され、彼ら騎士修道会もエルサレム周辺での活動が困難となっていく。そうした中で、一二〇九年に選出された第四代騎士団総長ヘルマン・フォン・ザルツァ（Hermann von Salza 一一七〇?～一二三九）の下で東ヨーロッパに活動拠点を移すことになる。まずトランシルバニアに騎士団の拠点を移すが、その地で現地勢力と軋轢を生じ活動に失敗。しかしザルツァはこれで屈することなく、今度はプロイセンに目星をつける。一二二六年には神聖ローマ皇帝フリードリヒ二世に働きかけてリミニで黄金印勅書を受け、活動の法的根拠を獲得した。更に一二三〇年にはチェプラノで、対立していた皇帝と教皇の間を仲介。こうして政治的な存在感を高めた上で、一二三四年にはプロイセンの伝道地を教皇の保護下におくことに定めた。かくして、プロイセンの騎士団領は皇帝・教皇の両者から保護されるものと定められたのだ。この政治力にたけた総長によって、ドイツ騎士団はプロイセンにおける地位を確保した。ドイツ騎士団はその後も現地で勢力拡大に励むが、一四一〇年にタンネンベルクの戦いでポーランド・リトアニアに大敗する。これを契機に次第に勢力が衰え、一六世紀初頭に解体。

これら騎士修道会は、いずれも修道院に殉じた規律を有し、清貧・純潔・服従を誓っていた。入団に際しても、未婚である事が求められた。そうした事から、男色の噂も立てられたという。ただし、入団前から純潔であったかどうかは様々だったろう。例えば、テンプル騎士団の創立者ユーグ・ド・バイヤンは騎士団創設以前に結婚歴があったとか、息子があったという説もある。彼らが生涯純潔であったかどうかはともかく、中世ヨーロッパに十字軍と関連して団員に純潔を求めた戦闘集団が複数存在したことは、「童貞の世界史」を見る上で知っておくべき事実であろう。

✤「一定年齢まで童貞を貫くと魔法使いになれる」？
～細川政元と修験道～

ブラックウッドやニュートンの項で「一定年齢まで童貞を貫くと魔法使いになれる」という都市伝説に触れているが、それに関連して細川政元に関する逸話について述べねばなるまいと思う。

細川政元（一四六六～一五〇七）は応仁の乱で一方の大将であった細川勝元の子である。乱後、足利将軍家を擁して権勢を誇り畿内に強力な勢力を築いた。そんな政元に関して、『舟岡記』や『細川両家記』は奇妙な逸話を伝えている。彼は妻帯せず、常に魔法を行った。そして近国・他国を動揺させ、津々浦々を歩き回っていたというのだ。「飯綱の法」・「愛宕の法」と呼ばれた山伏修行に熱中したため、女人禁制を守っていたのだそうである。彼が空に飛び上ったり、空中に立ったりしたという話もあった。幸田露伴はこれを評して、

空中へ上るのは西洋の魔法使もする事で、それだけ永い間修業したのだから、その位の事は出来たことと見て置こう。感情が測られず、超常的言語など発するというのは、もともと普通凡庸の世界を出たいというので修行したのだから、修業を積めばそうなるのは当然の道理で、ここが僅に魔法の有難いところである。（幸田露伴『幻談・観画談他三篇』岩波文庫、一四五頁）

とサラリととんでもない事を言っている。政元は妻帯せず女性を遠ざけたため、当然のごとく実子がない。そこで、後継者として養子を複数とった。しかしそれが、養子間の争いを招く。そんな中で、養子澄之の一派によって暗殺された。魔法を行うため行水を行うべく、湯殿に入ったところを、襲われた

という。

政元は男色を好んだことが知られるため、厳密には童貞とするのは問題がある。しかし、冒頭で述べた都市伝説を考慮すると、無視できない存在であろう。政元以外にも、久米の仙人が女人の脚を見て欲情し神通力を失ったという伝説も存在する。これらの事例を考慮すると、女色を遠ざける事で魔法めいた能力を手に入れられるという考えが古来よりあったことは読み取ってよかろう。実際、修験道の祖とされ超自然的な力を持つとされた役小角（役行者）に生涯不犯という伝説があるのは彼の項で述べたとおりである。

こうした考え方があるのは日本だけではないようで、インドの苦行者は苦行により体にエネルギーを蓄えるものとされているが、女性と接触すると一瞬のうちにそのエネルギーがなくなると考えられているという。また、女色に迷い神通力を失った一角仙人（いっかくせんにん）の伝説も、かの地にはある。久米の仙人を連想させる話ではないか。

もっとも、魔法使いであるために女色を遠ざけるのが必須というわけでは必ずしもないようだ。イギリスの有名な魔術師アレイスター・クロウリーは妻帯していたし、上述の久米の仙人も問題の女人と結婚した後に再度修行し神通力を取り戻したとされている。キリストの項で教祖・聖人が必ずしも童貞ではない事について述べているが、魔法使いも同様のようである。

✤ 女性を遠ざける「軍神」たち
～上杉謙信やエパメイノンダス、バシレイオス二世など～

生涯童貞と直接関連する話題ではないが、武人の一部には女色を遠ざける傾向があった、という事について語っておきたい。

越後の有力戦国大名・上杉謙信（一五三〇～一五七八）は『名将言行録』で生活が清僧のごとく女色は不犯であったとされるのが有名。今東光は「ありゃ仏教に凝り過ぎたんだねえ。」（今東光『毒説日本史』文春文庫、三〇九頁）と評している。しかし性愛に無縁だったわけでないようだ。『松隣夜話』は謙信が小姓を愛したという逸話を伝えているし、広井造氏によれば謙信と河田長親が男色関係にあったという。

謙信の後継者・上杉景勝にも、女色を好まなかったという伝承がある。『奥羽永慶軍記』によれば後継者確保のため、側近の直江兼続は京で美女を手に入れ小姓に扮装させ主君の寝所に送り込んだという。彼女は妊娠し定勝を産んだが、景勝は彼女が女であるのを知ってからは近づけなかったとされる。

この二人以外にも、女色を遠ざけた戦国の武人は少なくなかったようだ。『南海通記』によれば中村新九郎という武士は一代男と称し、武名を挙げるべく妻女でなく少年を具して戦場に赴き討死したという。熊沢蕃山『集義外書』には、「大名など美女も思いのままであるはずの人々に、男色を好んで子孫を残さない者がある」と記されており、こうした例はまま見られたようだ。我が国の戦国武士には、少なくとも一部に武名を重んじて女性を遠ざけるという考え方があった事が伺える。

とはいえ、戦国の武人は家を残すため子孫をもうける必要にも迫られており、完全に女性と縁を切ったものはごく少数であったろう。南方熊楠（みなかたくまぐす）も、上述した景勝の場合と同様に家臣がしかるべく計らった事例が少なからずあったのではないか、と推定している。

もっとも、女性を遠ざける価値観が武人の間で見られたのは、日本だけではないようだ。一例を挙げると、古代ローマの英雄・カエサルは、武勇を重んじるゲルマン人の間に

いちばん長く童貞を守っていたものが絶讃される。その童貞を守ることによって身長ものび体力や神経が強くなるものと思っている。二十歳前に女を知るのは恥としている。このことについては少しも隠し立てをしない。（カエサル著『ガリア戦記』近山金次訳、岩波文庫、二〇二頁）

という風潮があったと証言している。

また、古代ギリシアにも女色を遠ざけた名将の事例がある。都市国家テーベの武将エパメイノンダス（Epameinōndas　?〜前三六二）はその卓越した軍事手腕で強国スパルタを撃破しテーベを覇権国家に押し上げた英傑であるが、彼は上杉謙信同様に生涯妻子を持たず周囲から批判を浴びている。もっとも、親友ペロピダスから子孫を残さない事で国家に損失を与えていると言われた際、彼はペロピダスの息子が不肖の子である事を引き合いに出し

君こそより大きな損害を与えないよう注意し給え。あれほど悪名高い息子を世に残すのだから（ネポス著『英雄伝』上村健二・山下太郎訳、国文社、一〇二頁）

と言い返したという。エパメイノンダスはいかにも古代ギリシア人らしく哲学を好み美少年を愛した人物で、女色に触れなかったのはほぼ間違いなさそうだ。もっとも、男色関係はあったようで童貞とは

呼べないが。

ビザンツ帝国皇帝バシレイオス二世（Basil Ⅱ 九五八？～一〇二五　在位九七六～一〇二五）は、内政改革や軍事遠征の成功によって国家の繁栄をもたらした名君である。特に帝国の脅威であったブルガリアを征服した事は有名で、凄絶なまでの戦果により彼は「ブルガリア人殺し」という綽名を得た。

彼は皇帝になってから女性を遠ざけ独身を通したため周囲を困惑させた。彼は青年期には逆に放蕩で悪名を流しており、女性を遠ざけたのは即位以降だという。それからは、彼は宮廷儀式や文化にすら興味を示さず遠征においても酷暑・厳寒に平然として耐える鋼のような人物となった。歴史家の間で「バシレイオスの改心」と呼ばれるこの変化は、帝国の最高指揮官として、神の代理人としての自覚によるものだという。色欲を含め欲望を抑える事で、帝国への神の加護を求めようとしたものであろうか。だとすると、その姿は上杉謙信に幾分か重なるものがある。

以上の事例から考慮すると、東西を問わず、武人の少なくとも一部には女性を遠ざける傾向はあったようだ。それは、男性のみの世界に身を置く事で己を全うしよう、という考えようによっては武人らしい意思の表れだったのかもしれない。

✤ 古代ギリシア哲学の祖・タレスは独身主義者？

古代ギリシア史を多士済々の哲学者たちが彩ったが、その始祖というべき存在がタレス（Thales 生没年不詳）である。彼は多芸多才で知られ、幾何学・天文学・土木技術や政策立案などで業績を残した。日食を予知し、太陽・月の大きさを推定したとされる。万物は水であると唱えた。こうした事績から、ギリシア七賢人の筆頭に数えられる。

このタレスは、一節では生涯独身であったと伝えられる。タレスの母が彼を何とか結婚させようとした時、彼は「まだその時期ではない」（ディオゲネス・ラエルティオス『ギリシア哲学者列伝（上）』加来彰俊訳、岩波文庫、三一頁）と拒んだ。その後、年を経てから母がもう一度、強く結婚を勧めると、タレスは「もはやその時期ではない」（同書、同頁）と答えたそうである。結婚すまい、という強い意志が伝わって来るような逸話である。また、子供を作らない理由を問われた際には、「子供を愛しているからだ」（同書、同頁）と返答したと伝わる。自分のような人間が子を持っても幸せにしてやれまい、という事であろうか。他にも、アテナイの政治家・ソロンからその独身を訝しがられた際も、「人は妻子を失う悲しみに耐えられぬものだから、それなら最初から持たぬに如かず」と述べたという。

タレスが童貞であったかどうかは不明だが、史料から伝わる逸話は本書に登場する童貞偉人たちの一部と通じるものがありそうだ。ただし、タレスが結婚しキュビストスという息子に恵まれたという異説もあり、真偽は神のみぞ知るというべきだろう。

Chapter2 premodern

第2章 近世

初期スペインを支えた名摂政は、
敬虔に生涯純潔を守った枢機卿

フランシスコ・ヒメネス・デ・シスネロス

Francisco Jiménez de Cisneros
1436〜1517
スペインの聖職者・政治家。2度にわたり摂政をつとめ、国家の安定・発展に大きく寄与した。文化的にも功績を遺した。

敬虔な聖職者にして、成立間もないスペインで摂政として大きく貢献した人物。それがフランシスコ・ヒメネス・デ・シスネロスである。「スペインが帝国として勃興できたのは、フェルナンド二世王とシスネロス枢機卿の力によるところが大きい」と評されることもあるという。

シスネロスは貴族とは言いながらも貧しい家庭に生まれた。サラマンカで学んだのちローマに赴き聖職者への道を歩む。シグエンサでペドロ・サラザール・デ・メンドーサ枢機卿の下で叙任司祭となった。一八四四年にフランシスコ会に入り厳しい禁欲生活を送るようになる。

一四九二年、カスティリャ・レオン王国のイザベラ女王に司祭として仕えるようになる。当時、イザベラとアラゴン国王フェルナンドが結婚し、周辺諸国やイスラーム勢力であったグラナダを征服する事で、ポルトガルを除くイベリア半島を統一していた。この国が、現在のスペインである。シスネロスは女王の信任を得て政治的な立場も固めているが、引き続き聖職者として厳格な生活は続け、聖職者たちの綱紀粛正にも力を注いだ。一四九五年にはトレド大司教に、一五〇七年には枢機卿となり聖職者としても重きをなしている。

この頃、シスネロスはグレナダ住民をキリスト教に改宗させる事業に従事しているが、強硬路線をとる事でムーア系住民による反乱を招く結果となっている。これは彼の宗教的厳格さが狭量さとなって現れたものであり、汚点を残したと言わざるを得ないであろう。

シスネロスはその宗教的熱情から更なるイスラーム圏への勢力拡大を画策し、対岸のアフリカ大陸へ出兵を主導した。かくして一五〇七年にはメルス・エル・ケビールが、一五〇九年にはオランが征服されたのである。

一五〇四年、イザベラが死去するとシスネロスは残されたアラゴン王フェルナンドを補佐した。また一五〇六年に、カスティリャ王位を継いでいたフェリペ一世（ハプスブルク家出身、フェルナンドやイザベラの娘婿）が死去すると、イタリアへ赴いていたフェルナンドが帰還するまでの期間に摂政をつとめている。一五一六年、フェルナンドが死去すると再び摂政となって国政を預かった。王位後継者であるカルロス一世（後の神聖ローマ皇帝カール五世）がフランドルからスペインへ向かうのを出迎えるため旅だったが、カルロスに謁見する前に道中で病死した。

宗教的に狭量であったという欠陥は持つとはいえ、スペインの政治的安定や発展に大きく寄与したシスネロス。彼はそれにとどまらず文化・教育にも大きな足跡を残している。一例を挙げると、彼はアルカラ印刷を創設し、ラテン語・ギリシア語・ヘブライ語・カルデア語など多言語で記された聖書を発行した事で有名だ。また一五〇八年に開学されたアルカラ・デ・エナーレス大学（のちコンプルテンセ大学）

創立にも大きく貢献している。他にトレド大聖堂建設にも関与しているという。

上述したように、シスネロスはきわめて敬虔な人物であった。当時のフランシスコ会は修道士の多くが財産を蓄え世俗の快楽に溺れ、厳しく清貧・純潔・服従の誓いを守る人々は少数という状況だったという。シスネロスは後者で、しかもその中でも過激な存在として知られていた。眠る時は木切れを枕として床に横たわる。下着は身に着けず、粗末な衣服一枚のみをまとう。食事はパンと水だけで、自らを鞭打つ苦行を日課としていた。さらにそれに飽きたらず、精神的な法悦を得るため、山林に籠った事もある。だが、教会は彼を隠遁者として終わらせることを良しとせず、歴史の表舞台に引っ張り出す事になる。

そんな彼であるから、純潔を守り女性とは全く関係を持たなかったという。シスネロスと同様に枢機卿でなおかつ国家を動かした人物としてはフランスのリシュリューが有名であるが、この点では好対照だったとされる。

フィレンツェに政治変革をもたらした僧侶は、
禁欲・純潔重視

ジロラモ・サボナローラ

Girolamo Savonarola　1452〜1498
ルネサンス期イタリアの宗教家・政治指導者。説法により支持を集めフィレンツェの政権を掌握し、神権政治を行うが反発を買い処刑された。

芸術・学芸の花が咲いたルネサンス期のイタリア。その中心地となっていたのがメディチ家によって支配されたフィレンツェであった。この地において、弁舌によって人気を集め政治的指導者にまでのし上がった人物がいた。その名を、ジロラモ・サボナローラという。

サボナローラはフェラーラに生まれ、聖職者の道を選びドミニコ会に入って神学を学んだ。一四八二年にはフィレンツェに移り、一四九一年にサン・マルコ修道院長（管区長）となっている。彼は自ら禁欲を貫き、またこの頃から説法で人々に訴えかけるようになった。曰く、

「メディチ家が支配するフィレンツェの社会は、いやそれだけでなく、教会は腐敗・堕落している。悔い改めよ。」

この熱っぽい訴えかけは、フィレンツェ市民の心

をとらえるようになる。人々が神秘主義思想の影響下にあったのも、背景としてあったのではないかと言われている。

そうした中で一四九四年、フランス国王シャルル八世がイタリア遠征をおこなう。人々はこれを「神罰」と受け止め、サボナローラの発言力が増大。これを受けて同年、サボナローラは人々の支持の下でメディチ家を追放し指導者となった。彼を奉じてフィレンツェは大評議会を設置し、税制改革を実現させる。それと同時に、侵入したフランス王の懐柔にも成功したという。自らの弁舌を武器に一個人から一国の指導者となり、政治的にも一定の成果を上げたサボナローラは、まず当時の傑物と呼んで差し支えなさそうだ。

しかしながら、サボナローラの政治は人々の反感を買うようになっていく。彼は厳格な禁欲を主張し、非妥協的な神権政治を敷いた。そして、一四九七年には異教的な本や美術、ぜいたく品を焼く「虚栄の焼却」を行ったのである。これは、反発を受けるのも無理はない。また、教皇アレクサンドル六世とも対立する結果となり、破門を突きつけられることとなる。これに対し、サボナローラは屈せず信徒の支持を受け教皇と対抗しているが、宗教界においても巨大な敵を持つことになったのは否みようがない。アレクサンドル六世は堕落した教皇として悪名高い人物であるから、真摯な聖職者としては反発する事自体は尤もではある。だが、正面からの敵対は、政治的には得策とは言い難い。

こうした中、ついに破局が訪れる。一四九八年四月、彼は反対派と「火の審判」で対決することになった。だが、理由は諸説あるものの審判は中止となる。これを契機に、彼に奇跡を期待した群衆は失望。結局、サボナローラは支持を失い当局に囚われ、同年五月二三日に処刑されたのである。

禁欲主義は、個人レベルでは見ようによっては美徳かもしれない。だが、禁欲主義に限った話ではなく、政治指導者としての非妥協的な態度は、最終的に独善に陥る。実際、「虚栄の焼却」によって失われたものは決して小さくない。サボナローラの末路が悲惨なものとなったのは、決して故なきことではないだろう。

さてサボナローラはその政治方針にたがわず、自らも厳格に禁欲を貫いていた。純潔に関しても、修道院の純潔が有名無実になっていることを非難したとされている。そんな彼であるから、自身も純潔を誓い独り身を貫くのを聖職者として当然と考え、誠実にそれを継続したということだ。

多芸多才の「万能の人」、謎が多いその性的志向

レオナルド・ダ・ビンチ

Leonardo da Vinci 1452～1519
イタリア・ルネサンスを代表する芸術家。代表作は『最後の晩餐』『モナ・リザ』。科学者・技術者としても業績を残し、「万能の人」とされている。

ヨーロッパ近世の幕開けを象徴するイタリア・ルネサンス。数多くの分野で業績を残したレオナルド・ダ・ビンチはその代表というべき存在であろう。

レオナルドは一四五二年にフィレンツェ近郊のビンチ村に生まれ、一四歳頃にフィレンツェに出て画家・彫刻家であるアンドレア・デル・ベロッキオの工房に弟子入りした。フィレンツェやミラノを活動舞台とし、『最後の晩餐』『岩窟の聖母』などの作品を残した。中には彫刻『スフォルツァ騎馬像』や壁画『アンギアリの戦い』など現存しないものも少なくない。遍歴の時期に描いた『モナ・リザ』は代表作として有名。遠近法や解剖学を取り入れた精密な描写や、立体表現・明暗法などを取り入れ、絵画史に大きな足跡を残した。

絵画・彫刻以外にもレオナルドは様々な取り組みをしている。ミラノの支配者ルドビコ・スフォルツァにあてた自薦の手紙では、絵画・彫刻のみならずあらゆる土木工事・築城・兵器設計にも長けていると

言明しているのは有名である。芸術作品の精密さを追求する過程で、解剖学・天文学・物理学・数学など自然科学にも強い関心を抱くようになったようだ。鳥の飛び方を知る研究が高じて力学運動の研究やパラシュートの考案に至ったこともある。そうした自然観察の結果、彼は自然界が力学的・機械的運動をしていると考えるようになった。また、自然界の法則を明らかにするためには、観察してそれを客観的な理論に発展させ、更にその理論を繰り返しての実験によって確認し検証する事が大事であると強調した。レオナルドは、

「二度三度それを試験して、その試験が同一の結果を生ずるか否かを観察せよ」

「ただ想像だけによって自然と人間との間の通訳者たらんと欲した芸術家達を信じるな」

と述べ、一般法則をうちたてるために大事なのは

「実験から開始して、それによって理論を検証すること」

だと主張している。そうしたことから、彼の考察や実験は、後の時代のコペルニクスやガリレイなどが登場する以前に自然科学を準備するものと評価する論者もある。

晩年はフランス国王フランソワ一世の招きでフランスに赴き余生を過ごした。

レオナルドは生涯独身であった。彼が同性愛であった可能性はしばしば語られる。例えば心理学者フロイトは、レオナルドは同性愛的な志向を抑圧した結果として無性愛的となったと推定しているという。しかしながら、彼が実際のところどのような性的志向を持っていたのかは明らかでない。無性愛であった可能性もあるという。そして、いかなる形であれ、レオナルドが性的行動に及んだという確たる証拠はないとも言われる。こうした証言から判断するに、生涯純潔を貫いた可能性は十分にありそうだ。

ダ・ビンチと並び称される多芸多才の芸術家、
生涯純潔かは意見が分かれる

ミケランジェロ・ブオナローティ

Michelangelo Buonarroti 1475〜1564
イタリア・ルネサンスの彫刻家・画家。彫刻『ダビデ』像や壁画『最後の審判』など数多くの傑作を残した。

レオナルド・ダ・ビンチと並んでイタリア・ルネサンスを代表する芸術家といえば、彫刻家・画家・建築家として業績を残したミケランジェロ・ブオナローティの名が挙がるのは衆目の一致するところであろう。ミケランジェロは中部イタリアのカプレーゼで生まれ、フィレンツェの画家ギルランダイヨや彫刻家ベルトルド・ディ・ジョバンニに師事した。フィレンツェの支配者メディチ家の所蔵する古代彫刻を研究し、自分の本領は彫刻家だとの思いを抱くようになったという。二一歳でローマに出て『ディオニソス』や『ピエタ』を制作。一五〇一年にはフィレンツェに帰り、市当局の依頼を受けて『ダビデ』像を三年半かけて完成させている。

またこの頃、教皇ユリウス二世の以来でシスティナ礼拝堂に大規模な壁画を作成。本人は彫刻家が本領と自認するにかかわらず壁画を描かされることに不満を漏らしつつも、天地創造に始まる様々な場面を描き上げた。約三〇年後、今度は教皇パウルス三世の依頼で同じ堂に『最後の審判』を描いている。そこに描かれたキリストや聖者たち、救われる魂や罰せられる魂などで構成される群像図は、「今にも動き出しそうな構図や表現を持つ」とも評されルネサンスの古典的な様式からバロック様式へ発展する萌芽がみられるという。

他に、一五三五年には教皇庁の建築・彫刻・絵画総監に任じられ、一五四七年にはサン・ピエトロ大聖堂の造営主任として建築にも関与している。カンピドリオ広場やファルネーゼ宮の設計にも関わった。彼もまた、同時代のレオナルド・ダ・ビンチと同様に多芸多才の人であったといえる。

ミケランジェロもレオナルド・ダ・ビンチと同様に生涯独身であった。以下の言葉が、彼の発言として伝えられている。

「**わたしは芸術の中に充分過ぎる妻をもっている**」（C・A・ピックオーバー『天才博士の奇妙な日常』新戸雅章訳、勁草書房、二四四頁）

一方でミケランジェロはチェッキーノ・ブラッチやトマッソ・デイ・カバリエリにあてた恋愛詩を作ったりしているが、彼らと性的関係を有した証拠はないという。ミケランジェロが純潔であったと主張する人々は、「彼は人体の持つ美を愛した」のであり肉欲によるものではないとしている。ミケランジェロに好意的な人々が彼は純潔であったとみなし、敵手はそうでないと考えているといったところのようだ。彼が生涯純潔であったかは不明だが、可能性はあるといえそうだ。

ティリー伯ヨハン・セルクラエス

皇帝とカトリックに献身した純潔の名将、異名は「甲冑をまとった修道士」

Johann Tserclaes, Count of Tilly
1559〜1632
神聖ローマ帝国の武将。三十年戦争で皇帝軍の司令官として活躍した。

ティリー伯ヨハン・セルクラエスは三十年戦争で活躍した軍人で、一五五九年にブラバントのティリー城で生まれる。ネーデルラントのスペイン軍に参加したことで軍歴が始まり、ハンガリーでオスマン帝国と戦い名声を挙げた。バイエルン公マクシミリアンによって陸軍元帥に任じられる。三十年戦争開幕時には、カトリック軍の司令官となり、多くの戦果を挙げる。一六二〇年、プラハにおける白山の戦いで勝利し、二一年にはマンスフェルト伯をボヘミアや上プファルツから放逐する。二二年にはバーデン辺境伯をネッカー河畔ヴィンプフェンで撃破。さらにクリスティアン・ブルンスウィックを同年にヘーヒストで破り、二三年にで再度壊滅させている。一六二六年にデンマーク王クリスティアン四世が参戦すると、ルッターでこれを打ち破っている。ノルトハイムでも激戦の末に勝利し、ヴァレンシュタインと協力してデンマークの大陸部分を占拠した。一六三〇年にはヴァレンシュタインの後を受ける形で再び皇帝軍司令官に。三一年に富裕な商業都市マルデブルクを攻略、この際に大規模な焼討・虐殺を行っている。これはヨーロッパ全体から非難を受け、ティリーにとって大きな汚点とされる。同年、ブライテンフェルトでスウェーデン王グスタフ・アドルフと戦い大敗、レヒ川でグスタフ・アドルフと再戦して致命傷を負い、まもなく死去。

晩年は味噌をつけたとはいえ、ティリーが三十年戦争を彩る名将の一人なのは間違いない。最後に立て続けに敗戦したことについては、余りにも相手が悪すぎたと言う以外にないだろう。彼をこの時代を代表する偉人の一人と呼んで差し支えないと思われる。なお、ティリーは生涯独身を貫き、子がいなかったため、彼の爵位は甥が継承した。

このティリー伯ヨハン・セルクラエスは敬虔なカトリック教徒で、僧のような雰囲気と態度を保ち「甲冑をまとった修道士」とあだ名された。当時における軍の指揮官としては珍しく、厳格な節制と純潔を保っている事を誇りとしていたという。生涯独身を貫いたのも、そうした要因が関与していたと思われる。なお、E・クレッチマーはティリーについて「性的冷淡、あるいはさらに進んですべて性愛的なものに対する頑固な嫌悪」（E・クレッチュマー著『天才の心理学』内村祐之訳、岩波文庫、八一頁）が見られるとしている。これらの話から考えて、ティリーは聖職者のごとく生涯純潔を貫いた可能性が充分にある。

宮本武蔵（みやもとむさし）

名高い剣豪の謎多き生涯、生涯不犯か否かも藪の中

宮本武蔵　1584～1645
徳川初期の剣豪。巌流島での佐々木小次郎との決闘など多くの試合に勝利した。伝書『五輪書』を著す。文人としても名高い。

日本の名高い剣豪といえば、言って良いほど名が挙がる人物であろう。宮本武蔵は必ずと一流（円明流、武蔵流とも）の開祖として知られ、彼は二天数多くの小説、映画、漫画などに題材として取り上げられている。だが、その伝記については明らかでない点も多い。

出生地に関しても、播磨（兵庫県）の宮本村説と美作（岡山県）吉野郡宮本村説があるという。なお、武蔵自身は著作『五輪書』で播州の出生と述べている。新免無二斎の子とされる。『五輪書』によれば、幼少のころから兵法を心がけ初めて剣術の試合で勝利したのは一三歳。二九歳ごろまで六〇余度の試合に臨み、一度も不覚を取らなかったという。中でも有名なのは一六一二年に巌流島で行われた佐々木小次郎（ささきこじろう）との決闘である。詳細は文献によって食い違いが大きく不明な点も多いが、武蔵が小次郎を斃し生き残ったのは事実とみなしてよいと考えられる。

彼が生きた時代には乱世が終わりを迎えつつあり、戦場で武功を挙げる事による栄達は難しくなっていた。そのため、武蔵は剣術試合によって名声を高め身を立てようとしたものであろう。ただし仕官先を見出すのに苦労したようで、五〇歳を過ぎるまでは諸国放浪を余儀なくされている。晩年には小倉藩主小笠原忠真（おがさわらただざね）の客分として島原の乱に出陣し、更に肥後藩主細川忠利（ほそかわただとし）の保護を受けた。『兵法三十五箇条』や『五輪書』を執筆したのはこの時期のことである。

実際の力量がどの程度かは明らかでない面もあるが、相当な強者であったのは間違いない。だが、生前の栄達に結び付いたとは言い難い。その名声が高まったのも、彼の死後に豊田正剛（一六七二～一七四九）らの証言が『二天記』にまとめられ宣伝となった結果であるという。

剣術だけでなく書画・金工にも長じており、水墨画『枯木鳴鵙図』が代表作として知られる。

武蔵が五七歳の時に細川忠利に提出した口上書には「妻子迚（とて）も、これ無く」とあり、生涯独身を通したのは間違いないようだ。そのためか、彼は二人の養子をとっている。また『独行道』では「れんぼの道思ひよる心なし」「一生の間よくしん思はず」と記し、愛欲を否定したと主張している。そうしたこともあって、生涯女性と交わらなかったというイメージが広く持たれることとなった。例えば山田次朗吉（やまだじろきち）『日本剣道史』には、武蔵は一生不犯であったと記されている。

だが、一方で異説も存在する。例えば一八世紀前半の庄司勝富（しょうじかつとみ）『洞房語園』によれば、武蔵は吉原にしばしば出入りし馴染みの遊女がいたともいう。また『丹治峯均筆記』には、彼が晩年に愛妾を持ち娘を儲けたとある。もっとも、『洞房語園』の逸話は別の人物を指すという説もあれば、『丹治峯均筆記』の信憑性にも疑問が出されているようで、武蔵が生涯不犯であったかどうかは謎のようだ。

宿命のライバル・ベルニーニと好対照、禁欲・純潔の建築家

フランチェスコ・ボロミーニ

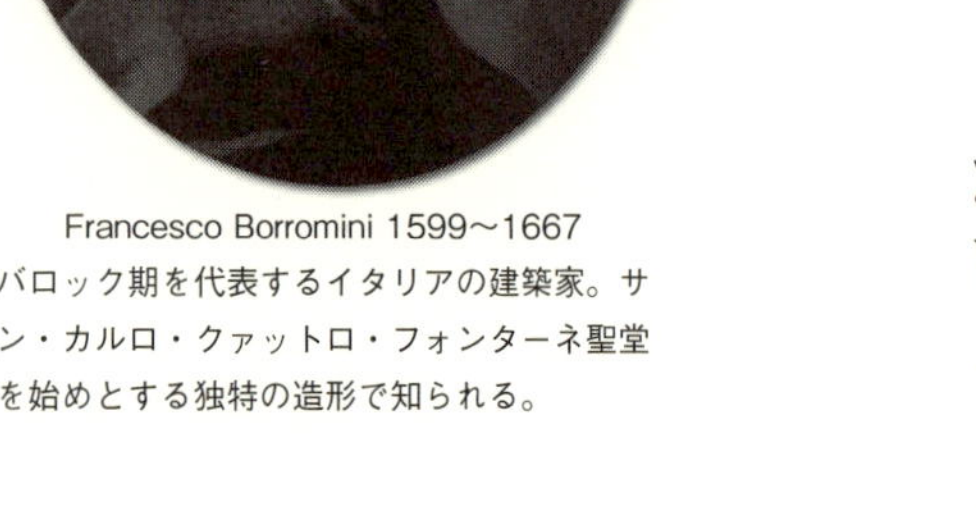

Francesco Borromini 1599～1667
バロック期を代表するイタリアの建築家。サン・カルロ・クアットロ・フォンターネ聖堂を始めとする独特の造形で知られる。

フランチェスコ・ボロミーニはジャン・ロレンツォ・ベルニーニ（一五九八～一六八〇）と並んで一七世紀のイタリアバロック期を代表する建築家である。北イタリアのビッソーネで、建築家ジョバンニ・ドメニコ・カステッリの子として生まれた。ミラノで石工となった後、一六二〇年ごろにローマへ移りカルロ・マデルノ（一五五六？～一六二九）や後にライバルとなるベルニーニの下でサン・ピエトロ大聖堂やパラッツォ・バルベリーニで働いた。一六三四年にはサン・カルロ・クァットロ・フォンターネ聖堂を依頼され建築家として本格的に活動を開始。この聖堂は独特のデザインによって同時代を代表する傑作建築とみなされている。他にボロミーニが手がけた主要な作品としては、サンティボ・デッラ・サピエンツァ聖堂やサンタニェーゼ聖堂が知られる。

　ベルニーニが光を巧みに利用して彫刻・絵画・建築を組み合わせた華やかな空間を作り出すのに長じ

ていたのに対し、ボロミーニは空間形態そのものを追求した。かくして複雑に流動する曲線を利用した斬新な造形で絵画的な効果を与えると評される独特の建築が生み出されたのである。だがボロミーニの建築は斬新さゆえか批判にもさらされ、名声という面ではベルニーニに遠く及ばなかったようだ。その失意もあってか、一六六七年にローマで自殺している。だがそれ以降、彼の建築様式はフランスやドイツにおいて大きな影響を与えることとなった。

ボロミーニとベルニーニは、建築様式以外の面でも好対照だったとされる。ベルニーニが開けっぴろげな性格であるのに対しボロミーニは秘密主義的で、放縦なベルニーニとは異なりボロミーニは純粋で純潔だった。ボロミーニはスペイン風の厳格な服装に身を固め、生涯独身で純潔を貫いていた。こうした彼の生活態度は、セネカからストア派の禁欲主義に影響されたものではないかとする向きもある。事実、尊敬するミケランジェロの胸像と並んでセネカの石工彫像も自室には置かれていたという。

純潔の誓いを立てた「観音菩薩の化身」、

チベットを統一

ダライ・ラマ五世

Fifth Dalai Lama　1617～1682
チベットにおける政治・宗教指導者。モンゴルの助けを受けてチベット全土を統一し、統治体制を整備した。

チベット仏教の指導者が「ダライ・ラマ」と呼ばれる人物なのは、御存じの方も多いと思う。「ラマ」というのはチベットにおける仏教指導者を意味しており、菩薩の化身として転生を繰り返し人々を救済する存在とされている。「ダライ・ラマ」は「大海の上人」といった意味で、ゲルク派始祖ツォンカパ（Tsong kha pa 一三五七～一四一九）の弟子ゲンドゥン・トゥプパに始まる存在。なお、「ダライ・ラマ」の号は一五七八年に三代目にあたるソナム・ギャムツォがモンゴルのアルタン・ハンから帰依を受けた際に贈られた事に由来している。「ダライ・ラマ」も他の「ラマ」と同様に転生を繰り返すとされており、「ダライ・ラマ」としての代数によって「〇世」と呼ばれる。ちなみに二〇一六年四月現在のダライ・ラマは一四世である。

さてダライ・ラマ五世は一七世紀に活動した人物で、ロサン・ギャツォとも呼ばれている。ザホール王室の子孫に当たるという。彼は青海モンゴルのグシ・ハンの協力を得て、旧来の仏教勢力を圧倒。それまで八〇〇～九〇〇年にわたり分裂していたチベット全土の統一に成功し、一六四二年にはチベット統治者と黄帽派チベット仏教全体の法主の地位を併せ持った存在となった。そして一六四五年には、ラサに冬の居所としてポタラ宮建設を開始している。そこはかつてチベットを統治した王ソンツェンガンポの居城だった地であり、政権の権威向上に大いに物を言ったと思われる。

こうして、摂政サンギェギャツォの指導でダライ・ラマ政権が確立。一六五二年には清皇帝とも面会し、対等の待遇を受けている。また、彼はチベットの統治体制を整備し、税制を整え、国勢調査を行った上で医療・教育制度を確立したという。また文化的にも多くの著作を残しており、彼の手による歴史書や自叙伝はチベットを知るうえで現在でも重要な史料となっている。そうしたチベット史上における存在の大きさから、歴代ダライ・ラマの中でも特に高く評価され「偉大なる五世」と呼ばれる。

なお、ダライ・ラマは観音菩薩の化身であるとされているが、その説が確立したのは五世の時代だと言われる。これも権威向上に貢献したであろう事は想像に難くない。また、五世の師にあたるパンツェン・ラマも、阿弥陀如来の化身として転生すると定めされた。これにはツァン地方の統治を確かなものとする狙いがあった、という説もあるようだ。

さて、ダライ・ラマを生み出したゲルク派は黄帽派とも呼ばれ、上述したツォンカパによって創始された宗派である。当時のチベット仏教には性的ヨーガの濫用など戒律の乱れがあったとされており、ツォンカパはそれを修正すべく生涯独身・純潔を含む厳格な戒律遵守を打ち出したのだ。性的ヨーガに関しても、彼はその効用を認めつつも観想のみとして事実上禁止したといわれる。なお、観想とは単なる想像力というよりも、それを超越した霊的な境地だそうである。後継者たちもそうした考えを受け継いでおり、ゲルク派は世界で最も禁欲的な宗教流派と評されることもある。

ゲルク派から見た性的ヨーガについてもう少し見てみよう。ツォンカパは「理論上は、性欲を完全に克服できる段階なら、現実の女性を相手に性的ヨーガを行ってもよい」としているものの、「その段階に達して居ないなら観想した女性のみを相手にするべきで、これを犯すと地獄行きである」とも述べているという。また、相手をする女性も完全に身体・言語・精神が浄化されていなければならないとされている。修行者によっては、

現実の女性パートナーは邪魔ですらあり、霊力によって顕現させた女性パートナーによってのみ、高い境地が実現する（ツルティム・ケサン、正木晃『増補チベット密教』ちくま学芸文庫、一六二頁）

という見解を出しているようだ。

なお、ツォンカパ自身は、弟子たちが真似る危険を考慮し、在世中に現実の女性相手に性的ヨーガを行う事はなかった。またダライ・ラマ一四世は性的ヨーガについて、

生起次第から究竟次第の入口の所まで進んできたら、在家の行者は、パートナーと性的に一体になるヨーガをおこない、道をさらに前進する推進力として使います。しかし、修道の戒律を受けた出家者——比丘と比丘尼——の場合、そういう性的接触をおこなうことはできません。（ダライラマ十四世『宇宙のダルマ』永沢哲訳、角川書店、一九六～一九七頁）

としている。「在家信者は修行のとある段階で性的接触を修行として行うが、出家した者が行う事はない」ということのようだ。

歴代ダライ・ラマもそうした流れを汲み、清貧・正直などと共に生涯独身・純潔の誓いを立てるよう

定められている。先代の転生として僧院に迎え入れられる少年時代からそうした境遇にあり、思春期には既に国家元首・宗教指導者としての任務で忙殺され、年頃の少年相応の問題にかまける時間はない身の上と言ってよい。そうした事から、一般的に歴代ダライ・ラマは生涯不犯と考えられているようだ。ただし、途中で還俗し恋愛を楽しんだ六世という例外は存在するが。その六世についてであるが、「性的ヨーガ実践のため還俗した」と見る向きもあれば、ダライ・ラマ一四世のように「ダライ・ラマの地位を父子相続するものに変えようとした」可能性を読み取る見解もあるようだ。

　こうした歴代ダライ・ラマの中から、ここでは政治的にも傑物とされる五世を代表して取り上げることとした。

クリスティナ

三十年戦争終結に貢献した理想主義者の女王、玉座を放棄し生涯独身を貫く

Kristina　1626～1689
スウェーデン女王。三十年戦争終結に貢献したが、国内政治では成果を残せず退位。カトリックに改宗しローマに移住した。

スウェーデン女王クリスティナ（在位一六三二～五四）は、軍事的英雄として知られるグスタフ二世（グスタフ・アドルフ）の娘である。父が三十年戦争で戦死すると、後継者として六歳で即位。一八歳で親政するまで男子同様の教育を受けている。親政を開始した後、一八四八年にウエストファリア条約を締結し、ドイツを荒廃させた三十年戦争の終結に貢献している。この条約で、スウェーデンは

・ポンメルン、ヴィスマール海港、ブレーメン、ヴェルデン司教領
・神聖ローマ帝国議会の議席と投票権
・五〇〇万ターレルの賠償金

を獲得し、その戦果を確定させている。もっともこれは当初の要求からは大きく妥協したものであったため、スウェーデン国内では「臆病な講和」という批判もあった。だがともかく、クリスティナの戦

争終結に対する強い意志が条約妥結、戦争終結を可能にしたという面はあるようだ。その理想主義によって長い戦災に終止符を打つのに一役買った、という点においてクリスティナはある意味偉人と呼べるかもしれない。

だが、内政における成果は必ずしも芳しくなかった。政治にはある程度の熱意をもって取り組んだようだが、寵臣らに王室領を与えるなどのふるまいは財政危機の一因となった。その一方で、彼女は学芸を愛好する君主でもあった。七か国語を習得し、哲学・神学に強い関心を持ち、乗馬・狩猟も好んだとされる。哲学者デカルトを王宮に招聘したのは有名であるが、他にも知識人を宮殿に招いたり、外国の高名な文化人と親交を結んだ例があるようだ。

クリスティナを有名にしたのは、自主的な退位とカトリック改宗であろう。彼女は従兄を婚約者としていたが、理想主義との齟齬もあってか統治への意欲を失い、自ら退位。その後、正式にカトリックへ改宗しローマで残りの生涯をすごしている。こうした経歴を考えると、彼女は統治者としては大いに問題があるかもしれない。

クリスティナは、生涯を独身で過ごした。子供時代にカトリックの独身を尊重する傾向がある事を知って共感を覚えたのが、後に改宗する契機となったという説もある。事実だとすれば、幼いころから結婚への忌避感があったということになろう。母親の結婚生活が幸福とは言い難かったのを目の当たりにしていたのが、その要因となったのではないかともいわれる。

生涯独身を通したためか、彼女について同性愛あるいは無性愛者だった可能性を指摘する向きもある。真偽は不明であるが、こうした説の存在から考えて、クリスティナが生涯通じて純潔を貫いた可能性は高いといえよう。

万有引力見出した偉大な科学者、
一面では生涯不犯の「最後の魔術師」

アイザック・ニュートン

Isaac Newton 1642～1727
英国の物理学者・天文学者・数学者。運動の法則、万有引力の法則の導入、微積分法の発明、光のスペクトル分析などの業績がある。

アイザック・ニュートンはイギリスの科学者で、リンカンシャーのウールスソープの自作農の家に生まれた。ウールスソープで初等教育を終え、グランサムのキングズ・スクールを経て一六六一年にケンブリッジ大学のトリニティ・カレッジに入学している。

ニュートンはこの時期にデカルト『幾何学』やケプラー『屈折光学』といった著作に目を通したという。なお、当時のヨーロッパでは、大学で自然科学を教える事はほとんどなかったという事実は注目されるべきであろう。自然科学を学ぶという点においては、彼は環境にも恵まれた。この頃のケンブリッジ大学には、ヘンリー・ルーカス（?～一六六三）が創設した講座において初代教授アイザック・バロー（一六三〇～七七）が数学・光学を講義していたのである。

こうした若き日の蓄積を基に、ニュートンは科学者として多くの偉業を成し遂げたのは言うまでもないだろう。自ら開発した微積分学を駆使して力学体系を作り上げ、一六八七年には著作『プリンキピア（自然哲学の数学的原理）』でその集大成をなしている。万有引力の発見者として有名な彼であるが、それ以外に反射望遠鏡を発明したり、ニュートン環（平らなガラス面上に上が平面・下が凸である大きなレンズを置き、真上から光をあてたときに見られる縞模様）を発見するなど光学研究においても業績を残した。

上述した業績により近代科学の礎を築いたニュートンであるが、当人は錬金術に強く関心を持っていたことが知られる。科学と魔術の境界がまだ不明瞭な時代を象徴する人物でもある。事実、経済学者ジョン・メイヤード・ケインズは彼を「最後の魔術師」と評したといわれる。

ニュートンは自らが興味の惹かれた研究に専念すべく、結婚は犯罪・異端と同様に遠ざけるべきものと考えていたようだ。無性愛者とする意見もあり、生涯童貞を貫いたのはほぼ間違いなさそうだ。真偽は不明だが、一説には生涯に精を漏らした事はないと伝える向きすらあり、宮沢賢治が童貞を貫く上で手本としたとも言われる。生涯童貞を貫いた「魔術師」という点で「一定年齢まで童貞を貫くと魔法使いになる」という都市伝説を思わせるものがある。

仏に帰依して生涯不犯、歌人としても名高い仁医

高森正因（たかもりまさよし）

1640〜1718
徳川前期の医師・歌人。宝永の飢饉において医師として人々の救命に従事した。歌人としても時の霊元上皇から評価され、歌集『東蘭亭和歌集』を残す。

高森正因は一七世紀の日本で活動した医師・歌人である。彼の実家は九州・阿蘇大宮司を務める家系の一つであったという。紀伊国（和歌山県）で生まれ、京都で医師として活動。宝永の飢饉においては、勝平散という薬を用いて困窮した病人に与え、多くの人々を救ったとされている。当時の人々にとっては、偉大な存在であったろう。

　彼は和歌もたしなんだ。霊元上皇（れいげんじょうこう）が柿本人麻呂（かきのもとのひとまろ）（古代における和歌の名手。後に歌聖としてあがめられるようになった）の社を造営しようとした際、正因は所蔵していた人麻呂像を献上し上皇から賞賛を受け、やがて法眼（僧に準じ、仏師・医師などに与えられた称号）の称号を与えられている。正因の和歌も上皇から評価され、「東蘭亭」の号を受けた。彼の作品は『東蘭亭和歌集』にまとめられている。医師として人々の救命に貢献しただけでなく、名のある歌人でもあった正因は当時における一種の偉人と呼べるのではないかと思われる。

正因は篤く仏教に帰依しており、そのためか生涯不犯を貫いた。それだけでなく食生活においても肉食はせず精進を保ち、患者に薬を与える際にも鳥獣の肉を用いる事はしなかったという。彼は最晩年にいたるまで健康であったが、自ら死期を悟ると法服をまとって端坐し世を去ったと伝えられる。生涯不犯であったため実子はなく、養子がその家を継いでいる。

カール一二世

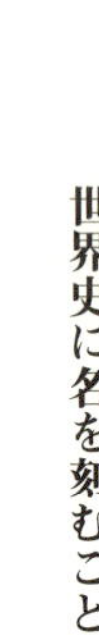

北地の軍事的天才は最強の童貞として世界史に名を刻むことを望んだ

Karl XII　1682〜1718
18世紀初め頃のスウェーデン王。ロシア等周辺諸国と大北方戦争を戦うなど、その治世の大半を戦場に過ごし、兵隊王の異名を取った。

激動の生涯を送ったことで知られるスウェーデン王カール一二世は、一六八二年の激しい嵐の日にストックホルムの王宮に生まれた。彼は優しい性格であったが、その一方で、頑固で衝動的、野心的な少年であった。若くして死んだ古代の大征服者アレクサンドロス大王の功業を学び、アレクサンドロスのような英雄になりたい、アレクサンドロスほど多くの国々を平定できるなら若くして死んでも惜しくはないと語り、父王カール一一世に将来の大成を期待されていた。一六九七年、カール一二世は一五歳の若さで国王となり、即位後まもなく親政を行うようになった。

幼い少年王の誕生は周辺諸国にとっては好機と見えた。周辺諸国は、スウェーデン侵略の隙を虎視眈々と狙い、その戦争準備の噂は、スウェーデン全土を恐慌に陥れる。しかしカールは全く恐れず、自信に満ちて臣下たちに言い放った。自分は正義にもとる戦は絶対に戦わないが、正義の戦を行うことになれば、敵を倒さずには断じて矛を収めない、戦を仕掛けてきた者に対しては、自ら進撃して一蹴する、と。そして一七〇〇年初頭に始まる大北方戦争では、カールはロシア、デンマーク、ポーランド、ドイツ東北方の国プロイセン等、多くの敵国と戦い、軍事的才能を発揮してその名を轟かせる。特に一七〇〇年一一月のナルバの戦いは、わずか一万の軍勢でロシア軍三万五千を打ち破る華々しいもので、大敗したロシア人は、スウェーデン人はみな魔法使いなのだと、恐れおののいた。

カールは大北方戦争の終盤、一七一八年に流れ弾を受けて戦死したが、カールの死を聞いた敵手ロシアのピョートル大帝はカールを、完全な戦士にして英雄であったと評した。

ところで、敵手ピョートルから完全な戦士と評されたこの英雄は、長身で、労苦をものともしない頑健な体を持ち、しかもその優れた肉体を、史上でも稀な強固な精神によって統御していた。カールはまさに完全な戦士というべき男であった。少年の日に戦争の決意を固めたカールは、厳格な軍規でもって部下を統率するために、自ら生きた模範となることを決意し、自らを厳しく律して禁欲的な生活を送る。彼はこれ以後、贅沢や遊戯、飲酒といった生活の慰めを放棄する生き方を貫いた。彼は贅沢な衣服を着るのが趣味であったのに、以後は、一兵士の軍服以外何も身につけることは無かった。それどころか彼がここで断念した慰めの中には、なんと女性も含まれていた。すなわち「かつて宮廷の一婦人との間に、艶聞を立てられたことがある。だが、此の挿話の真偽は別とし、一つ疑う余地のない事実は、今彼が女性に対して断念したことである。女性によって生活を左右されるのを恐れたばかりではない。最も厳格な軍規をもって部下を率いようとしていた彼は、自ら生きた模範を示そうとしたのである。」（ボルテール『英雄交響曲』丸山熊雄訳、白水社、八七、八八頁を漢字仮名改変）。そしてここに書かれたように、カールの異性関係が、これ以前にも真偽のよく分からない、艶聞が一つあるのみであったとすれば、おそらく彼は生涯童貞であったということになる。

なおこれについてボルテールは、「だが同時に次のようなことも考えられるであろう。即ち凡そ国王にして、此の抑制の至難な欲求を抑え得たものは、未だかつて存在しない。従って自分こそ史上唯一の例外として、後世まで謳われようと欲したのかも知れない」（前掲書、八八頁を漢字仮名改変）と。

もしボルテールの推測が正しいとするならば、カールは童貞を貫いた男として世界史上に自らを誇示し、未来永劫、童貞として世界から仰ぎ見られ讃えられることを望んだということになる。そして彼はその意志力によって見事に童貞を貫き通した。彼は歴史に名を残す英雄となることを望んで英雄となり、歴史に名を残す童貞たらんとして見事生涯童貞の名を残した。彼は童貞界最高の英雄と讃えられて良いのではないだろうか。

井上蘭台（いのうえらんだい）

折衷学派の魁となった偉大な儒者、女性を遠ざけ生涯不犯

1705〜1761
徳川中期の儒学者。自由な学風の下で多くの門人を育て折衷学派の基礎を築いた。著書に『馴象俗談』などがある。

徳川期に儒学が重んじられた事は有名であるが、その中に折衷学派と呼ばれる一派があった事はどの程度知られているであろうか。折衷学派とは、朱子学・陽明学といった先行する学説に偏らず、それぞれの長所を採用する穏当な解釈をしようとした人々をさす。そうした一派のさきがけとなった一人に、井上蘭台という学者がいた。

蘭台は江戸出身で、名を通熙（みちひろ）、通称を嘉膳といい、図南とも名乗った。父・井上通翁（つうおう）は徳川政権の医官である。幼いうちから聡明で学問を好み、一二歳の正月に漢詩を賦したという。天野曾原（あまのそうげん）に弟子入りした後、当時の中央政権に重用されていた林鳳岡（はやしほうこう）に学んだ。林家門下でも俊英として知られ、二五歳で林家員長となっている。

長じた後、蘭台は岡山藩池田家に仕え、江戸の藩邸に詰める事となった。寛延元年（一七四八）には朝鮮通信使と詩文のやり取りをしている。彼は朱子学を奉じた林家に学んだが、朱子学の教えを盲

信することを戒めた。そうした考えからか、それぞれの考えを尊重する自由な学風の下で井上金峨・渋井太室といった多くの門人たちを育てている。また、当時あまり行われていなかった古註本の刊行を始めたのも彼の功績だという。なお、彼自身は独立した学派を立ち上げた訳ではなく、「折衷学」を名乗るようになるのは井上金峨の時代からである。

『梧窓漫筆拾遺』によれば、蘭台は女性を遠ざけ生涯不犯であったという。姉と話す際も一室を隔てて敬意を表した上であったというから、念が入っている。老若を問わず女性と言葉を交わすのも避けたとか、酒宴に出席した際も女性が出てきたらすぐに立ち去ったといった話も伝わっている。

こうした逸話からは堅苦しい人物像を思い浮かべがちであるが、玩世教主という戯号を持ち漢文戯作を行うなど洒脱な一面もあったそうだ。もっとも、癖の強い人物だったのは間違いないようで、自宅の扉を閉ざして読書に耽っている際に来客があると蘭台自ら「留守だ」と答えたという話もある。蘭台曰く、「主人本人が留守だと言っているのだから、偽りな訳がないだろう」とのことだ。

生涯女性を遠ざけた事情から、彼の家を継いだのは養子の四明であった。四明も漢詩文に明るく、明和元年（一七六四）に朝鮮通信使と詩の応酬を行い名を高めている。

英国に平和をもたらす名宰相の子は、生涯純潔なディレッタント

ホレス・ウォルポール

Horace Walpole　1717～1797
イギリスの文人。名宰相ロバート・ウォルポールの子にあたり、当時を代表するディレッタントであった。代表作は『オトラント城奇譚』。

ホレス・ウォルポールは一八世紀イギリスを代表する文人で、第四代オーフォード伯である。政治家ロバート・ウォルポールの四男として生まれた。父ロバートは責任内閣制の始祖として知られ、バブル経済崩壊後のイギリスで政府負債を整理し対外的には数十年にわたる平和をもたらした名宰相である。ただし、ホレスの出生には疑問を持つ向きもあるようで、母とジョン・ハーヴェイの不倫の子である、という噂が囁かれている。

ケンブリッジ大学卒業。審美眼に優れたディレッタントで、古典主義の時代にありながらロンドン西郊にストロベリー・ヒルとよぶゴシック風の城を建てて印刷所を置き、友人トマス・グレーの『頌歌集』をはじめ自著を含む多数の出版を行った。

作家としての代表作はゴシック小説の先駆けとなった『オトラント城奇譚』(一七六四)である。なお、「ゴシック小説」とはゴシック風建築（ヨーロッパ中世の教会に多い、広い窓・高い尖塔・アーチなど

を特徴とする建築）を背景に超自然の怪奇を扱う恐怖小説の事である。『オトラント城奇譚』がゴシック小説の原型とされる理由は①作品の背景をなす道具立て②奇怪で超現実的な事件③悪人描写といった特徴的な要素を備えているからだという。

またホレスは友人・知人との間で交わした膨大な書簡を残しており、一八世紀イギリスの逸話・噂話を知る上で貴重な史料となっている。なお父同様にホイッグ党の議員として国会に籍を置いていたが、政治的活動としては特記すべきものはない。

父と異なり政治家として事績を残したとはいえないにせよ、当時の文学に少なからぬ影響を与え、また同時代の貴重な証言を残したホレスは同時代の偉人と呼んで差し支えないであろう。

ホレスは、生涯を独身で通した。そのため同性愛の可能性があると見られた事もあったが、一方で生涯純潔な無性愛者だったのではないかという推測もなされている。

ホレスは、父ロバートとある意味で好対照な存在といえる。ホレスは上述のように筆まめで当時を代表するディレッタントであった。一方、ロバートは自らについて語る事が少なく、文人保護にも不熱心だったという。これには、ロバートが政権につく直前に党派争いに文人が利用され、泥仕合が行われていた事実も大きく関係しているのではないかとされている。こうした相違点の大きさも、ホレスの出生に関わる噂の一因になったとする論者もある。

フリードリヒ二世

名将と名高い大王のもう一つの顔。文芸好きの草食男子、父の抑圧で性欲を失う

Friedrich II 1712〜1786
プロイセン国王。相次ぐ戦争と富国強兵政策によってプロイセンの国力を大幅に増大させ、大王の尊称で呼ばれる。

フリードリヒ二世は、軍人王の異名で呼ばれ富国強兵に励んだドイツ北東部のプロイセンの国王フリードリヒ・ヴィルヘルム一世の息子として生まれた。父王フリードリヒ・ヴィルヘルムは質素・倹約に努め、ただひたすら実利的・実務的な生涯を送った人物であった。フリードリヒ・ヴィルヘルムは粗末な軍服、庶民的な食事で暮らし、文学や芸術もほとんど好まず、愛人を持つことが王侯貴族のステータスシンボルであった時代の真っ直中で、妻ただ一人を子供製造機とみなして性愛のパートナーとする、無骨で無粋、素朴な生活を送っていた。この無骨な父王は、幼い息子フリードリヒが、太鼓はうるさいからお花で遊ぼうと誘う姉に対し、花なんかで遊ぶより太鼓をたたいた方が役に立つと反論したのを聞き、大いに喜んだという。太鼓の音とともに行進する堂々たる軍人たちをフリードリヒ・ヴィルヘルムは大いに愛していたが、ここで父王は幼い息子がやがて自分と同様軍人を愛するようになり、質素素朴

を旨として富国強兵に邁進してくれることを、息子が立派な跡継ぎにスクスクと育っていくことを大いに確信して、喜んだのであろう。

ところが、フリードリヒは父の望むように素直に成長したわけではなかった。勇ましい太鼓の音を好んだ子供は、しだいに文学や芸術を好み、フルートを奏でる優雅・柔和な気質の若者へと成長してしまった。この柔和な息子と無骨な父は当然そりが合わず、父はフリードリヒを厳しく抑圧した。父は粗暴な男であったため、フリードリヒがついに抑圧に耐えかねて国外逃亡を図るようなことさえあった。しかし結局、フリードリヒは武骨な父の下を逃れることはできず、厳しく監視・教育された。

そして父の死後、フリードリヒは、大国オーストリアとの大戦争を行い、自ら軍を率いて戦場を駆けめぐり、ヨーロッパ戦史に傑出する名将として才能を輝かせ、プロイセンの領土を大いに拡張した。フリードリヒ率いるプロイセンは国際的地位を大いに高め、ヨーロッパ列強の一国に数えられるようになり、フリードリヒは国民から大王の尊称で呼ばれた。報復を誓うオーストリアとの二度目の戦争では、オーストリアの外交術の前に、フリードリヒは他のヨーロッパ列強のほとんど全てを相手に戦うことになり、プロイセンの国民人口五〇〇万に対し敵国の人口は九〇〇〇万に上った。この圧倒的に不利な戦いをもフリードリヒは乗り切ったのである。その後もフリードリヒは、富国強兵、領土拡張に力を注ぎ、彼の治世のはじめに父から受け継いだ七〇〇万ターラーの国庫準備金は五〇〇〇万ターラーへと膨れあがった。なお、その間フリードリヒは質素な生活を送っていた。国民はフリードリヒのことを敬愛して、フリッツ爺さんの愛称で呼んでいたが、これはオシャレなどを気にかけず、時代遅れの格好で質素に暮らすフリードリヒへの、皮肉の意味も込められていたらしい。いつしかフリードリヒは、ほぼ父王の理想通りの国王に育っていたのである。もっともフリードリヒは、質素な軍人国王として富国強兵に励む一方で、文学や芸術を楽しむ優雅な文人気質も、保ち続けていた。彼は文人としてヨーロッパの大物知識人との交際を楽しみ、著作をものし、フルートを愛好するなどして過ごしていた。

ところでこのように輝かしい軍事的英雄にして、優雅な文人でありながら、フリードリヒの私的生活のある一面は、大変に地味であった。彼は男性の友人との交友は大いに楽しんだが、女性との関係が非常に乏しかった。すなわち彼は性的関心がかなり薄かったのである。信憑性に乏しい説なら様々に存在している。例えばフリードリヒが男色家であるとの説は、彼の生前からフランスのジャーナリズムによって話題にされていた。その一方で、フリードリヒの姉は、フリードリヒが色々な女性を相手にしていたと、彼の性的正常さをことさらに強調しようとしたと思しき証言を行っている。もっとも、姉がフリードリヒの愛人に数えている中には、後述の無傷の処女膜の存在が確認された女性も混じっており、性的無関心のあまり、世間から性事情について下種な勘ぐりをされるフリードリヒを、どうにか擁護しようとの意図が、透けて見えるかのようである。

だが実際のところは、フリードリヒは性的好みとして、一応女性への関心を持ちながらも、それが極めて微弱であったと捉えておくのが、妥当であると思われる。フリードリヒが一八歳であった王子時代には、好意を寄せた女性がいたこともあったのだが、聖歌隊の指揮者を父に持つこの娘は、フリードリヒの柔弱さに怒りの貯まっていた父王フリードリヒ・ヴィルヘルムの八つ当たり的な憎しみの対象とされ、「フリードリヒのお気に入りで、贈り物を受けたという罪によって、処女膜が無傷であることを医師と産婆によってたしかめられた上で、公開鞭打ち系に処された」(飯塚信雄『フリードリヒ大王　啓蒙君主のペンと剣』中公新書、五九頁)。フリードリヒが一六歳で父王のザクセン訪問に随伴した折、ザクセン選帝侯から、豪華なベッドに横たわった裸の美女を贈られたものの、父王がフリードリヒの目を遮ってその場から連れ出してしまったという、エピソードもある。質素素朴で小市民的な家族道徳を重んじるフリードリヒ・ヴィルヘルムにとっては、贈られた裸女だろうが、お気に入りの娘だろうが、しかるべき婚姻で子作り目的で励む以外に、異性に興味の目を向けるようなことは、許されざる罪悪であったのかも知れない。なお、ザクセンの裸女事件は、フリードリヒの性愛に関する無責任な噂を一つ生み出しており、「この時不幸にも淋病にかかった王太子が世継ぎを生めない体になった、という噂までおまけについた」（同書、三〇頁）。一八歳の時の未遂に終わった異性への思慕など、性的な関心は全く無いわけではないものの、全体としてフリードリヒの生涯は、性交できないと噂されるほど、異性関係に乏しかったということである。

なお異性関係につき父王に厳しく締め付けられ、不能説さえ出たフリードリヒも、国王という立場上一応結婚はしている。しかし彼は父王によって全く気の進まない政略結婚を強いられたのであって、「政略結婚であった王妃に性的に近づくことも、おそらくなかったのではあるまいか」（同書、二一一頁）と言われる。父が世継ぎを望んでいると大臣から聞かされた際には、「私の子作りについての御要望に対しては義務感を持っております。ちょうど今繁殖期にある牡鹿のような気分になれば、九か月後には、御要望の通りになることでしょう。そのことが私たちの甥や甥の息子にとって幸福となるか不幸となるかは私には分かりません。王国は常に世継ぎを見つけ出します。王の席が空席のままでいることはないのです。」（同書、六六頁）と答えているくらいだ。繁殖期の牡鹿のようにはなれない、子作りなんかしたくない、いくらでも他に適当なヤツが見つかるから世継ぎなんか望まないでほしい。そんな思いがにじみ出るかのような言葉である。

結婚前には性的に厳格な父に締め付けられ、結婚後は嫌々妻とした女性には性的には近寄らない。そして不能説が流れるほど異性への関心、異性との関係に乏しい。これらの状況を照らし合わせると、フリードリヒには性交経験が全くなく生涯童貞であった可能性が高いと言える。もともと薄めな性的関心が、性的に厳格な父によってへし折られ、抑圧され、ついには性的無関心に陥ってしまったのかもしれない。さんざん性的関心の芽をつぶしておいて、それに応じた精神的発達を遂げた後に、唐突にさあ子供を作れと言われたところで、今更どうしようもないというものである。

やがて一七八六年にフリードリヒが死ぬと、まるでフリードリヒが性的に正常であるとアピールするかのように、遺体の性器の大きさと形が正常であったとの侍医による報告が為された。そしてフリードリヒの甥のフリードリヒ・ヴィルヘルム二世がプロイセン王位を継いだ。

アダム・スミス

本当は子供が欲しかった。
老年に至るまで振られ続けた恋多き童貞経済学者

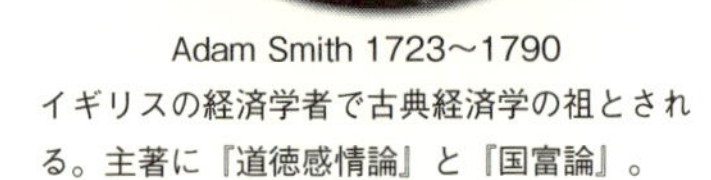

Adam Smith 1723～1790
イギリスの経済学者で古典経済学の祖とされる。主著に『道徳感情論』と『国富論』。

アダム・スミスはイギリス北部、スコットランドの港町カーコルディで、弁護士・関税監督官の息子として生まれた。誕生する前に父は帰らぬ人となり、彼は母の手で育てられることになった。アダム・スミスは一七三七年にスコットランドのグラスゴー大学で学び、一七四〇年からはオックスフォード大学のベリオル・カレッジで学んだ。一七五一年にグラスゴー大学の教授となり、一七五九年には『道徳感情論』を出版した。これは他の人間の同感・是認を得ようとする人間の性質上、人間は他人に同感されない不正等を避ける方向へと自己規制するので、人間関係が公平に開かれていれば、自然と正義が守られるようになるとするものである。この著書によって、スミスの名声は全ヨーロッパに轟いた。

　副学長を務めた後、一七六四年にアダム・スミスはグラスゴー大学を辞職、そこから三年間フランスに滞在して、現地知識人との交流により学識を深めた。そしてイギリスへ帰国した後、彼は主著『国富論』を著す。彼はここで、個人が利潤を求めて行う労働こそ富の源泉であるとし、個人の利己的な経済活動は見えざる手に導かれて富と秩序をもたらすと考え、自由放任経済を唱えた。なお、この見えざる手による秩序実現という考え方の背後には、同感理論に基づく人間の自己規制の考え方があり、『国富論』は単なる経済学の書ではなく、巨大な市民社会思想の一分肢である。事実、『国富論』は彼の法学講義の一部分だけを独立させ、肉付けしたものであった。

その後アダム・スミスはスコットランド税関委員やグラスゴー大学総長を務め、一七九〇年に死去した。

ところで、この生涯の間アダム・スミスはずっと独身であった。彼は名声も財産も手に入れたし、女性を好きになる心を欠いてもいなかった。彼の生涯には何人も好いた女性がいたし、子供を持ちたいという強い思いもあって、彼は五四歳になっても、もし子供が授かるならばと、断ち切れない望みを漏らしている。そして彼の所持品として絹のスーツやビロードのコートなどの服装が見つかっており、女性の同感・是認を得るに足りるだけの、場に応じた見苦しくない服装、それどころかかなり立派ないでたちをするべく、彼が努力していたことも伺われる。結婚する意欲が無いわけではなく、結婚するに足りる生活力やマメさが無いわけでもなかったのだ。時には彼に熱心に思いを寄せる女性さえいたのである。

しかし、彼が好いた女性には、彼の思いが受け入れられることはなかったし、彼を好いてくれた女性は、彼の好意の対象ではなかった。晩年にすら、アダム・スミスは恋していたと伝えられているのだが、これによっても結局、「伝記作者は、スミスの性生活という主題に関しては、昇華の歴史に一つの脚注を加えること以上の貢献はできないのではないかと思われる」（L・S・ロス『アダム・スミス伝』篠原久ほか訳、シュプリンガー・フェアラーク東京、

二四三、二四四頁）と言われている。そしてこのように性生活が「昇華の歴史」と言われていることから言って、どうやらアダム・スミスは生涯童貞であったらしい。

好きな女性も、子供が欲しいという思いもありながら、生涯童貞を貫いてしまったアダム・スミスの人生は、何とも寂しく苦しそうである。伝記作家は、スミスは独身生活に満足していたと言うが、それでも相当に苦しんだに違いない。ここでせめてもの救いは、アダム・スミスは、生涯の伴侶を得ることも、子供を得ることもできなかったが、家族・親族のおかげで、決して孤独ではなかったことであろう。まずアダム・スミスを一人で育ててくれた母は、九〇歳の長寿に恵まれ、スミスが死ぬ六年前の一七八四年まで生きた。アダム・スミスは非常に強く母を愛していたが、その最愛の母はスミスの晩年のかなりの部分で存命、彼と同居して、家のことを取り仕切ってくれていたのである。そして母の死後も、長らくアダム・スミスの家の家政婦役を担ってくれていた従姉が、アダム・スミスよりは先に亡くなったものの、かなりの部分母を失った彼の心の空隙を埋めてくれた。また晩年の彼の下には、従兄の息子である少年が預けられており、年配者だらけの家庭に若々しい活力を吹き込んでくれていた。

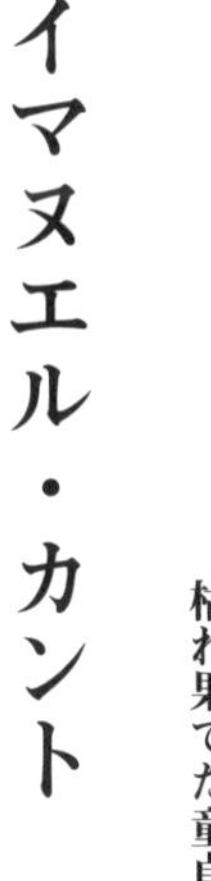

赤貧故に愛をあきらめ苦しみの中で
枯れ果てた童貞哲学者

イマヌエル・カント

Immanuel Kant 1724〜1804
18世紀後半のドイツの哲学者。経験論と合理論という当時の哲学の二大潮流を統一して近代哲学の原型を作ったとされる。著書に『純粋理性批判』など。

カントは一七二四年、現在のドイツの元になった国プロイセンの首都ケーニヒスベルクにおいて、あまり裕福でない馬具職人の家に生まれた。彼の母は深い信仰心を持った女性で、牧師にして高名な学者であるフランツ・アルバート・シュルツの信奉者の集まりに参加していたが、この縁のおかげでカント少年は一七三二年シュルツ牧師の支援の下、フリードリヒ学院に進学することができた。フリードリヒ学院はシュルツ牧師の指導下にある中等学校で、ここで学ぶことでさらなる進学の可能性が見えてくる。そしてカントはこの学校で非常に優秀な生徒として過ごした。彼は一七三三年に学年主席を獲得して以降、一七四〇年の卒業まで、学年主席の地位を手放すことはなかった。

一七四〇年にカントはケーニヒスベルク大学に進学し、一七四六年卒業、その後は田舎で家庭教師をしてかろうじて生計を立てつつ研究を続け、一七五五年ケーニヒスベルク大学の私講師となった。私講師は、いわば非常勤講師で、大学において は定員外の扱い、給料も学生の聴講料のみしか得られない。だがカントはおしゃれで誠実しかも優秀な教師として、学生の評判も上々であった。その後カントの名声は高まっていったが、他人を押しのけて求職するような性格ではなかったので、彼はなかなか正教授の職を得られなかった。この間、一七六六年にカントは王室図書館副司書の地位を得て、生涯初めての定収入を得た。彼が正教授となったのは一七七〇年であり、カントは四六歳にしてようやく恵まれた地位と収入を得ることができた。

カントは大学教師としては、不遇な私講師時代でさえも他の大学からの招きに見向きもせず、生涯をケーニヒスベルクの街と大学に捧げた。彼はケーニヒスベルクの街の誇りとして、同僚、学生、市民そして国からも絶大な尊敬を受けたが、一七九六年には老衰のために引退、一八〇四年に死去した。

カントの時代、哲学には対立する二大潮流が存在した。人間の認識の形成過程から、経験や感覚といった不確実なものを排し、認識を先天的な理性・原理によって為されるものとする合理論と、人間が確かめることのできる具体的事実を重んじ、先天的な理性や原理といった具体性を欠く抽象概念を拒絶、精神が経験を通じて観念を形成し、それによって認識が為されるとする経験論である。カントは、認識は、経験無しには成立せず、経験とともに始まるものであるが、時間や空間といった、人間理性の持つ先天的認識形式があって初めて普遍妥当な認識は可能になるのであり、認識が経験から生じるわけではないと考え、合理論と経験論を統一、哲学の一大画期を拓いたとされる。

以上が、カントの生涯であるが、上述の通り、カントは長らく経済的に恵まれない境遇で過ごした。そしてカント自身の認識としては、その経済的事情の故にこそ、彼は結婚ができなかった。壮年に達したカントは、自分自身についてはこう語る。「私が妻を必要とした時には、私は妻を養うことができなかった。私が妻を養うことができた時には、私はもはや妻を必要としなかった。」（アニセイ・グリガ『カント　その生涯と思想』西牟田久雄、浜田義文訳、法政大学出版局、七四頁より）。彼の忠実な弟子であるボロウスキーは、カントが、生涯において二度恋に落ち、しかしながら慎重すぎる態度のために、結婚できなかったと伝える。「彼はあまりに慎重すぎた態度を取り、そしておそらくは拒絶はされなかったと思われる申込みをちゅうちょした。――その間に、婦人の一人は遠い土地に移ってしまい、いま一人の婦人は、カントより早く決断して申し込んだ、ある率直な男性に身を任せたのである。」（『カント　その人と生涯』芝烝訳、創元社、八二頁）。この拒絶はされまいという評価は、必ずしも弟子の師に対する過大評価ではない。カントは、オシャレかつ話し上手で知られており、女性との社交も巧みであった。決して女性の扱いが下手なわけではなく、女性に好意を寄せられるに足る人物であった。求愛の手紙を受け取ったこともある。それなのに経済的事情の故に、カントは思い切って踏み出すことができず、十分に見込みのある結婚を逃してしまったのである、

しかし妻を必要としたと言うだけのことはあって、壮年のカントは、『美と崇高に対する覚書』で「男性は女性なくしては人生の満足を享受することができない。また女性も男性なくしては欲求を満たすことができない」（アニセイ・グリガ『カント　その生涯と思想』七四頁より）と述べている。そしてカントは人並み以上に女性美に敏感であり、彼の忠実な弟子であるヤハマンの伝えるところによれば、片目の視力を失っていた七〇歳を超える老カントは、友人宅に滞在中、その家の長男の婚約者に対し、「食卓に着くときにはいつも自分の健康な眼の方に座ってくれるよう頼んだものでした」（『カント　その人と生涯』一八八頁）。この異性の美を強く感じ取り、

異性の必要性を痛感していた男にとって、性的に満たされぬ人生はどれだけ苦しかったことであろうか。カントは老年に至って『人間学』で述べている。「社交的な裕福な生活を欠くキニク学派の潔癖と隠遁者の禁欲とは、徳の歪曲された形態であり、人々を徳へと誘うものではない。それらは優美の女神によって見捨てられており、人間性に対する要求を掲げることができない。」（アニセイ・グリガ『カント　その生涯と思想』七四頁より）キニク学派は質素・禁欲で注目された古代の哲学派であるが、老カントは、単に一般論として語ったのみならず、我が身が金がないためにキニク学派のような禁欲を強いられたことをも、思い浮かべているのであろう。妻を必要としなくなった後でも、若かりし頃の、性的な飢えは、彼の人格と思想に痕跡を残していると言える。

なお、カントが禁欲に耐えかねて、小銭を握って買春に走るような過ちを、一度や二度犯してしまったことはないのであろうか。しかし弟子ボロウスキーが異性関係を語る文章中で「カントの生活は（若い頃からの親友のうちで、誰もこの点で私に反対する者はいないと思う）最も厳密な意味で慎み深かった」（『カント　その人と生涯　三人の弟子の記録』八二頁）と伝えられるカントである（ボロウスキーの他の訳書では品行方正）。女性に関する品行で最も厳密な意味で慎み深いとまで言われるからには、そのような過ちは犯さなかったであろう。

以上よりして、カントは童貞であったと考えられる。しかも大いに女性美に惹かれ、女性を欲しながら得られず、童貞であることに苦しみ、年齢によって性的飢餓から一応解放された後も、飢えの苦しみの傷痕を深く精神・思想に残した、苦痛に満ちた童貞であったであろう。

村田了阿（むらたりょうあ）

生涯不犯を貫いて、学問三昧・考証三昧の国学者

1772〜1844
徳川後期の国学者・仏教学者。学問を好み、若くして出家し学問研究に生涯を注いだ。

村田了阿は徳川後期の国学者である。通称は小兵衛といい、江戸浅草の煙管問屋の家に生まれた。早くから学芸を好み、和歌・唐様書・漢学・仏教を学んでいる。商売は性に合わなかったのか、家業を継がず、二五歳で出家剃髪し学問三昧の生活に入った。博覧強記で、和歌の他に俳諧や狂歌にも長じていたという。故事出典を扱った『考証千典』を著すとともに、常磐津『老松』の注釈『おいまつ考』や潮来節の注釈『潮来考』も記すなど守備範囲の広い研究成果を残している。また日記『花鳥日記』『市隠月令』は当時の江戸における風俗を知る貴重な史料である。

了阿は国学者の祖・契沖（けいちゅう）にあこがれて出家したとされ、実家から生活を支えられる形で学問研究に徹した。当初は下谷坂本で過ごしていたが、後に浅草寺の金蔵院に移ったという。出家後は僧としての戒律も堅持しており、『古学小伝』によれば

「閑カニ世ヲ送ラレ、芝居、遊女町等ハ、方角サ

ヘシラザリケリ」（清宮秀堅著『古学小伝』巻三、玉山堂、二八頁）

「終身不犯ニテヲハラレタリ」（同書、二九頁）

とあり、生涯純潔を貫いたことになる。

なお、仏僧にして国学者、という意味で彼の先達であった契沖についてだが、彼が生涯不犯であったかどうかは不明である。親鸞（しんらん）の非僧非俗に近いものがあったのではないかという説もあるようだが、真偽は定かではない。

✤亡国を招いた「無能」な王様が信仰・純潔ゆえに美化された例
〜エドワード懺悔王（英）とセバスチャン王（葡）〜

もし、国家に災厄を招いた無能な国王がいたとしたら。その結果として、他国に国が乗っ取られるレベルの羽目に陥ったとしたら。その国王の評価は、通常なら散々なものとなるだろう。だが、何事も例外というものはあるものだ。上述のような悲惨な事態を招いたにもかかわらず、後世から理想化され美化された国王も存在はしているのである。そうした二人の国王について、ここで見てみよう。

まず一人目は、イングランドのエドワード懺悔王（Edward the Confessor　一〇〇二頃〜一〇六六　在位一〇四二〜一〇六六）である。彼はノルマン人にイングランドが征服される以前の、アングロ・サクソン系最後の国王であった。エセルレッド二世の子として生まれ、一〇一三年にデーン人の攻撃を受けるとノルマンディーに亡命。デーン人による王朝が絶えた後にイングランドへ戻って即位した。彼は非常に信仰心篤い人物であり、「懺悔王」というあだ名はそれに由来するという。彼は権臣ウェセックス伯ゴドウィンの娘エディスを妃として迎えたものの、信仰上の理由から禁欲し生涯純潔を貫いたという。妃も、夫に倣って共に純潔な生涯を送ったとされている。そうした信心深い生涯もあって、エドワードは一一六一年にカトリック教会によって列聖された。この点については、神聖ローマ皇帝ハインリヒ二世と共通している（当該項目参照）。

だが、エドワードは政治的な指導力を欠いていたようだ。そのため、彼の治世下ではしばしば混乱が生じている。義父でもあるウェセックス伯ゴドウィンが宮廷では権勢を握っていたが、エドワードは彼とやがて対立。ノルマン人貴族たちを寵愛するようになる。中でも、ノルマンディー公ウィリアムには王位継承を約束したとされる。こうしたエドワードの態度は、国が派閥争いで割れる原因となった。そして結局、実子のないエドワードが死去する直前に次期国王として指名したのはゴドウィンの子ハロルドであった。エドワード死後も混乱は収まらず、最終的にはノルマンディー公ウィリアムがエドワードとの生前の約束を理由にイングランドに侵入。以後、イングランドはノルマン系王朝が支配するようになる。

そんなエドワードであるが、後世には最後のアングロ・サクソン系国王として理想化されている。上述した禁欲的で純潔な生活態度や、ウェストミンスター寺院を壮麗に改築した文化的功績がそうした「過大評価」の一因となっているのかもしれない。

次に、ポルトガルのセバスチャン王（一五五四〜一五七八　在位一五五七〜一五七八）について述べよう。彼はポルトガル王ジョアン三世の孫として生まれた。出生時、既に父は死去していたこともあり、一五五七年に祖父が死去すると幼少にして即位。成長した彼は十字軍的な熱情に駆られ、異教徒を征服する事を夢見るようになった。時しも対岸のモロッコで王位をめぐる内紛が勃発すると、セバスチャンはこれに乗じて軍事介入を決意。一五七八年、周囲の反対を押し切る形でモロッコへ出兵した。だが無理を重ねての遠征であり、補給もままならず軍の練度も低かった。結局、アルカセル・キビールの戦いでポルトガル軍は壊滅し、セバスチャンも生死不明となる。

こうした最悪の結果を受け、ポルトガルは恐慌状態となった。大敗による混乱、そして国王空席。更に悪い事に、セバスチャンは信仰上の理由から純潔の誓いを立て、結婚を拒んでいた。そのため彼に実子がいないのだ。後継者不在の中、とりあえず僧籍に入っていた王族のエンリケを王位につけるも、彼も高齢であり間もなく病死。ポルトガル王家の直系は断絶し、隣国スペインの国王フェリペ二世がポルトガル国王も兼任する事となった。セバスチャンの軽挙が、結果として亡国の悲哀を招いたと言えよう。

だが、ここに奇妙な現象が生じた。スペインの支配下になるという屈辱を味わったポルトガル国民の間に、やがてある伝説が語られるようになる。

「セバスチャン王は死んだのではない。いつの日か、救世主としてポルトガルに帰還し栄光を回復する」

第三者からすれば、災厄をもたらした張本人にすら思えるセバスチャン。彼はなぜ救世主として待望されるようになったのだろう。異教徒との戦いにおける「悲劇の英雄」として持て囃されたためであろうか？　信仰心深く純潔な生涯であった事が好印象に働いたのか？　理由は明らかでない。

政治は結果が求められる世界である。もし政治的混乱を招いたり、他国に征服される原因を作ったならば、その国王は「無能」と評されるのもやむを得ないであろう。だが、そんな国王たちですら、理想化され後世から渇仰される事例が存在するのは何とも面白い。そのような存在としてここで取り上げた二人が、「敬虔」で「純潔」という共通点を有していたのは注目すべき事実である。後世におけるイメージを好意的なものとするため、「敬虔」と「純潔」が少なくとも西洋においては大きな役割を果たし得る可能性をこれらの事例は示唆しているのかもしれない。

✤イスラーム世界の事情
～生涯純潔には一般的に否定的（例外はあるが…）～

仏教やキリスト教とは異なり、イスラーム世界から生涯不犯・純潔を貫いた偉人の姿を見出すのは難しい。日本でイスラームの偉人のそうした事情に関して詳細に知ることが難しいのも一因だが、イスラーム世界の性格にも大きな要因がありそうだ。

イスラーム社会では結婚して子孫を残す事を推奨し、仏教・キリスト教と比して生涯独身・生涯純潔への視線が厳しい傾向が一般的なのである。無論、純潔に肯定的な目を向ける価値観はあるが、それもいずれ婚姻を迎える時までというのが前提であるようだ。イスラームの聖典『コーラン』は合法的な男女の婚姻を強く推めているのである。もっとも、実際には結婚相手を養えない低所得層などには独身を強いられる例も少なくなく、そうした人々は除外対象とされることもあったらしい。またイスラームの広まりや年月の経過に伴い多様性が生じているため、場所や時代によっては独身への圧力も温度差があったであろうとは思われるので、それを考慮する必要はあるだろう。

上述したように、純潔を貴ぶ風潮が皆無だったわけではない。少なくとも個人レベルにおいては物質世界への拒絶傾向を示し生涯独身を通した神秘主義者の例はある。また、その流れをくむスーフィー（イスラーム神秘主義）教団にも独身を尊ぶ気風が見られることはあった。しかしそうした教団も、コーランにおける結婚推奨の文言を尊重して独身は飽くまで一時的なもので最終的には結婚をするという形のものが多かった。

しかし中には例外もある。スーフィー教団の一派、ベクタシュ教団の一部がそれである。彼らは教団指導層が生涯独身を貫くべきだと定めているのだ。ベクタシュ教団は一三世紀にホラーサーンからアナトリアへ移住した神秘主義者ハジュ・ベハジ・ベクタシ・ベリを始祖と仰ぐ教団である。彼らはやがて社会的な逸脱があるとみなされるようになっていたが、バリム・スルタン（?～一五一九）という指導者を得て転機を迎えた。バリム・スルタンはギリシアのディメトカ出身である。彼はオスマン帝国皇帝バヤジット二世の後援の下、教団の組織化を進め発展の基礎を築いた。そうした功績からバリム・スルタンは教団「第二の始祖」と称えられ、ハジ・ベクタシ・ベリの墓所近くに葬られている。

バリム・スルタンは教団の指導層が生涯独身を貫くべきであると唱えた。なお、ハジ・ベクタシ・ベリが生涯独身であったかは説が分かれているようだ。バリム・スルタンが生涯純潔であったか否か、判断するに足る詳細を筆者は知り得なかった。

教団はイエニチェリ（常備歩兵軍団）の間にも広がったが、そのためマフムート二世がイエニチェリを廃止した際に抑圧を受けてもいる。

バリム・スルタンの主張を契機として、ベクタシ教団は生涯独身を尊ぶ一派とそうでない一派に分かれたという。独身を尊ぶババヤン派はアルバニア周辺に広まり、米国ミシガン州のアルバニア人共同体にも信徒が存在する。

なお、ババヤン派も結婚自体の価値を否定している訳でなく、「結婚する者は正しい、そして独身を守るものは清い」といった文言もあるという。指導層が生涯独身を通すのは、個人の家族でなく共同体全体に責任を持つ必要がある、という理由からだともいわれる。

✤インドの宗教的純潔について
～附：対英抵抗の英雄となった聖職者ジャイー・ラジュグル～

インドには、ブラフマチャリアという概念がある。「ブラフマン（宇宙の最高原理）に従って身を処する」という意味で、

①この世の束縛から脱しようとする熱心な修行者が、生涯にわたり純潔を保つこと。

②人生の学習期間。一二～二四歳の間に相当し、導師グルから指導を受けベーダ聖典を学ぶ。その期間は純潔を守り、その後に家庭生活を営む。

という二つの意味合いで用いられている。生涯にわたり純潔を保つ①についてもう少し述べると、単なる身体的な純潔にとどまらず、全ての感覚・思考・言葉に至るまで浄化された状況を指すとか。性愛への執着だけでなく、五感からの誘惑を絶つことは、ヨーガの中でも重視されているという。どの程度厳密に行われるかは地域・時代によって温度差はあろうが、おおむね、ヒンドゥーにおいてこうした考えは尊重されているようだ。インドには、タントラのように性愛を適切な方法で取り扱う事で精神的覚醒に導く事ができる、という信仰もある一方で、こうした純潔・禁欲を重んじる思想もまた存在するのも事実なのである。

ここで、生涯にわたり厳密に独身を貫いたとされるヒンドゥー聖職者の一例を紹介する。

ジャイー・ラジュグル（一七三九～一八〇四）はオリッサ地方のクルダ国王の導師を務める家系に生まれ、彼自身もサンスクリット語や古典に長じた王宮聖職者であった。一七九八年に国王ガジャパティ・ディヴャシマ・デヴが没し、幼年の王子ムクンダ・デヴ二世が即位すると大臣として国政を補佐

した。行政組織の効率化や軍規粛正に力を注ぐ。

この頃、インドにイギリスがその勢力を伸ばし、一八〇三年にはオリッサの主要部分も占領するに至った。危機感を覚えたジャイーは周辺諸国と語らって対抗する態勢を取り、一八〇四年にマハナジ河畔でイギリス軍を攻撃。自ら軍を率い、ゲリラ戦術を用いてイギリス軍を苦しめるが最終的には敗北し処刑された。この際、国王を安全な場所に逃れさせ、イギリス軍による裁判でも全責任を己がかぶったという。

オリッサ地方の電子雑誌は以下のように述べている。

「彼にとって母国への関心以上に興味を抱くものはなかった。彼はこの理由から、あらゆる個人的な楽しみを遠ざけた。彼がその道義的義務を果たすため、徹底的に独身を守ったのは言うまでもない。どんな障害であれ制限であれ、彼の決意を翻すことはできなかった。」

彼の生涯独身は、祖国に身を捧げるためという側面が強いのか、聖職者としての宗教的義務という側面なのかはにわかに判断が難しい。ただ、少なくとも表面的な事実として、生涯禁欲を貫いた聖職者の一例と呼ぶことはできよう。

ジャイー・ラジュグルはイギリスの勢力伸長に抵抗して国家に殉じた愛国の士として現代インドでは英雄視されている。

✤ 中国社会の童貞観と、とある純潔志向？の中国偉人
〜元仏僧の参謀・姚広孝（道衍）〜

前近代の中国社会において、生涯童貞はどのようにとらえられていたのか。それについて、宗教・思想の面から考察していく。

まずは思想的なメインカルチャーであった儒教からである。儒教においては、祖先の祭祀を絶やさないため子孫を残すことが重んじられた。そのため、妻をめとり、子をなす事が道徳的であると考えられたのである。例えば『孟子』は三つの「不孝」として「祖先を祭らない」「親に孝養を尽くさない」に並び「子をなさない」を挙げている。

次に、道教。不老長寿を得る方法とされたものの中に、しかるべき交接方法を説いた房中術がある。むやみな射精は禁じられているが、定められた方法での男女の交接は尊重されている。逆に、交接を長く行わない事は良くないと考えられていたようだ。

以上から見ると、儒教・道教とも生涯童貞に対しては否定的な視線を向けていると考えてよいだろう。

残る仏教は、ブッダが出家者に性行為を禁じており純潔を重んじる性格がある。その点で儒教・道教と異なるが、在家に対しては夫婦間の行為は禁じていない。

中国社会で公的に重んじられた思想はやはり儒教であったから、そうした中で生涯童貞を貫き子孫を残さない事への抵抗は強かった。そのため、中国史で偉人とされる人物に生涯童貞だった人物を見出すことは難しい。無論、宦官や仏僧は別であるが。そうした中、生涯童貞かどうかは不明だが、女性を遠ざけていたと思しき偉人は存在したので紹介したい。

姚広孝（ようこうこう）（一三三五〜一四一八）は明初期の高僧で、後に還俗し永楽帝（えいらくてい）の謀臣として知られた人物である。江蘇省長洲県（蘇州）の出身で、家は医者であった

が家業を継ぐことをよしとせず一四歳で出家。僧としての名は道衍である。仏教だけでなく、詩文にも明るく陰陽術数の学も学んでいる。

道衍はやがて仏僧として高い評価を受けるようになり、日本までも名が轟くようになった。そして洪武帝から招かれるに至り、皇后が死去した際には供養のため皇帝の子・燕王の下に派遣された。この燕王こそ、後の永楽帝である。真偽不明だが、燕王に対面した際に道衍は

「私が臣下として御仕えしたならば、大王に白帽をかぶせて御覧に入れます」

と言ったと伝えられる。「王」の上に「白」をかぶせると「皇」になることから、自分が将来に燕王を帝位につかせる、という意味だという。以後、彼はその智謀と教養をもって燕王に仕えた。

洪武帝が死去し孫の建文帝が即位すると、中央政府と燕王ら各地に赴任した皇族の軋轢が表面化。帝は王族の権勢を制限しようとし、燕王らはそうさせまいとする。やがて両者の対立は抜き差しならなくなり燕王は挙兵、最終的に建文帝を打倒し自ら皇帝となる。この事件は靖難の変といわれ、即位した燕王は永楽帝と呼ばれる。この際、道衍は智謀を活かして作戦指導を担当し、本拠地防衛にも功績をあげ永楽帝政権誕生の最大の功臣となった。

余談ながら、こんな逸話が残されている。燕王が出陣する際、急に風雨がおこって宮殿の瓦を落とした。燕王や将兵は不吉だとして危ぶんだが、道衍は

「龍が天に上るのに風雨が出るのは当然で、瓦が落ちるのは皇帝のそれに入れ替えるためだから吉兆である」

と励まし士気を盛り上げたという。

永楽帝政権の下で、道衍は皇帝の命で還俗。本姓「姚」に戻って広孝の名を賜り太子少師の地位についた。帝としては自らの政権を安定させるためには、最も信頼できるこの謀臣を重要な地位につける必要があったのである。姚広孝は国家の重職を務める一

方で文化的素養を活かし『太祖実録』『永楽大典』の編纂にも参加している。

勅命で還俗した姚広孝であるが、それ以降も仏教への信仰は変わらなかったようだ。高官となった後も『道余録』『仏法不可滅論』といった仏教を弁護する著作を出しているし、私生活においては仏僧としての生活を継続していた。蓄髪せず寺院に居住し、宮女を下賜されてもかたく辞退、宮中では臣下として衣冠を身に着けても外では僧衣をまとう、といった具合だったようである。

少壮年については詳細不明なところがあり、彼が生涯童貞であったかは断定できない。だが、功成り名遂げた後も上述したような生活をしていた事からは、還俗後も女性を、そして性愛を遠ざけていたであろう事が推定される。身分は俗人に戻っても、当人としては心は僧のままであったのだろう。後継者が養子であった事もこの見方を補強する。

とはいえ、殺生を禁じる仏教の教えと、謀反に身を投じ戦乱で多くの人を殺めた己の生き様にどう彼自身が整合性をとっていたかは議論の対象となっている。事実、戦乱・謀反を主導した生き様には当時から批判も強く、故郷に帰った際には姉や旧友から面会を拒絶されたり「和尚誤てり、和尚誤てり」と言葉を投げつけられたといった逸話が伝わる。謎の多いその生き様は後世の史家によって興味の対象とされ、幸田露伴は「魔王の如く、道人の如く、策士の如く、詩客の如く」（『運命』）と評している。

なお、似たような立場の人物として、元のフビライに仕えた劉秉忠（りゅうへいちゅう）がいる。彼も仏僧として名声を高めた後にフビライに仕え、ブレーンとして官制整備や国号・元号制定などに大きく貢献した。やはり勅命によって還俗し高官となったが、その後も仏僧時代と同様に質素な生活態度に終始した点でも姚広孝と共通している。なお、劉秉忠は高官の娘をめあわされたという話もある。

Chapter 3 premodern

第3章 近代

愛したものは女性よりも革命の大義？

マクシミリアン・ロベスピエール

Maximilien-François Marie-Isidore de Robespierre
1758〜1794
フランス革命の指導者。恐怖政治期に主導的な立場に立つが、反対派によるクーデターにより捉えられ処刑された。

ロベスピエールはフランス革命期に活躍した政治家である。弁護士として活動し社会的弱者を守るため奔走する機会が多かった事から、旧体制の矛盾を痛感するようになり、政治を志すようになったとされている。革命後はジャコバン派の指導者として国王処刑や穏健なジロンド派の粛清を勧め、様々な改革を遂行した。その間に多くの政敵が処刑された事から「恐怖政治」として批判され、最終的には反対派によるクーデターで命を落とした。

気高い理想を掲げたフランス革命であるが、今日のわれわれからすれば、「恐怖政治」時代のような多くの犠牲が生じた事に関しては、釈然としない思いを抱かずにいるのは難しいところだ。

だがまず、ここでロベスピエールを少し弁護しておこう。彼の指導下で実行された革命裁判所設立・最高価格令などは軍事的危機・食糧危機といった非常事態に対処するため相応に必要性があると考えられたものであった。またそもそも、「恐怖政治」の前提となった周辺諸国との戦争に関しては、開戦時にロベスピエールは民衆が窮乏するという理由で反対している。また、彼は決して闇雲な過激派だったわけでなく、少なくとも当初はジャコバン派内部における過激派・穏健派の仲介者という役どころであった。だが結局は、民衆結社を弾圧し急進派・穏和派双方の排除に向かったのであるが。

とはいえ、ロベスピエール自身もこの時期に指導的立場にいた以上はこうした犠牲に対する責任を問われるのは免れないところで、批判対象となるのはやむをえない話だろう。ロベスピエール自身は高潔な理想主義者であったが、それをもってしてもこの件については免罪するのは難しかろう。思えば、やはりフランス革命期の政治家であるシャルル・モーリス・ド・タレイラン・ペリゴール（一七五四〜一八三八）は不倫・浪費・汚職と数々の悪徳に彩られ、ロベスピエールとはある意味で好対照であった。一方でタレイランは、自由主義者であり、また勢力均衡による平和を模索した人物であり、ナポレオン戦争後には卓越した外交手腕でフランスに大きな国益をもたらした人物でもある。無論、タレイランとは方向性が異なるが、ロベスピエールもまた大きな業績を残した政治家である。しかし、犠牲もまた大きかったのを思うと、人格をもって政治家を評価することの是非を、考えさせられる。もっとも、同じフランス革命期といいながら、ロベスピエールとタレイランでは置かれた状況も課題も異なっていたため、両者を単純評価する事は必ずしも適切ではないのだが。

さてこのロベスピエール、フランス革命やナポレオン時代を扱った漫画『ナポレオン　獅子の時代』（長谷川哲也作）で童貞として描かれることもあって、「童貞の偉人」といえば彼を連想する人は多いかもしれない。これがどの程度信用おける話なのか、少し見てみることとしよう。

ロベスピエールの妹シャルロットによる『二人の

兄についての回想録』によれば、彼の女性関係はプラトニックなものばかりであったようだ。また、ロベスピエールの伝記を記したマルク・ブゥロワゾォも

彼はおそらく純潔だったが、女嫌いだったわけではない。彼は女性の貞操と慎みを尊重したのである。つやごとがあったとしても、それはかりそめの、とるにたらぬものだった。（マルク・ブゥロワゾォ、遅塚忠躬訳『ロベスピエール』白水社文庫クセジュ、二〇頁）

と記している。これらの記録から見る限り、ロベスピエールが生涯童貞を貫いた可能性は十分にあると言える。

といってもロベスピエールは容姿端麗で女性から好意を寄せられる事は少なからずあったとか。また、特定の相手がいなかったわけではないらしい。例えば弁護士時代にデゾルティという女性と結婚をも意識する仲になったそうだが、ロベスピエールが政治生活へ身を投じたのを契機に離れ離れになりそれきりであったと言われている。また、後にも下宿先のレオノール・デュプレイという娘と仲睦まじかったという話もある。もっとも、それも本によっては

まったく情熱のない愛著をもった唯一の女性（S・M・トムソン著、樋口謹一訳『ロベスピエールとフランス革命』岩波新書、二〇〇頁）

などと書かれている始末なので、童貞説を否定できるレベルの話ではない。一方で、デュプレイ嬢の方はロベスピエールに好意的だったようで、彼が処刑された後は生涯独身を通したともいわれている。

もっとも、ロベスピエールの外見的魅力については異説もあり、

婦人たちの気に入るような身体的な特性を、ロベスピエールは一つももっていなかった。三十歳をようやく越したばかりのころ、すでに彼は干からびた老年の男やもめのような感じを人々に与えた。（E・クレッチュマー著『天才の心理学』内村祐之訳、岩波文庫、二六四頁）

と述べるものもあるようだ。

（異説はあるようだが）女性から見て魅力的で、しかも相思相愛の相手までいたというロベスピエールが、なぜ（おそらくは）童貞を通したのか。それに関して、ブゥロワゾゥは以下のように推定している。

だが、一七八九年初頭以来、彼は自己に一つの使命を課していた。すなわち、生命を賭けても民衆（ブゥプル）の神聖にして侵すべからざる権利を擁護することである。その他のことは彼にとってすべて問題にならない。《正義・人間性（ユマニテ）・自由に対する愛は、恋と等しき情熱である。それに支配されている人はそこにすべてを捧げるのだ》。（マルク・ブゥロワゾォ、遅塚忠躬訳『ロベスピエール』白水社文庫クセジュ、二一一頁）

要するに、特定の個人を愛するのではなくすべての情熱を革命へと注ぎ込む、という事であろうか。良くも悪くも革命に情熱を燃やし高潔であったとされる彼らしい話ではある。もっとも、実際に生涯純潔であったかどうかは、神のみぞ知るというところであろう。

ヤーコプ・グリム

童話集の編集で有名な童貞学者。
弟に対して永遠の愛を抱きつつ、
ついに誰とも結ばれなかった

Jacob Grimm 1785〜1863
19世紀ドイツの法学者。法学研究に資するために言語学や文学をも研究し、ドイツ説話学の創始者となった。『グリム童話集』を編集したことで有名。

ヤーコプ・グリムは一七八五年ドイツ中部のハーナウ市の書記官の息子に生まれ、市民的教養層として成長、教育を受けた。一八〇二年にマールブルク大学法学部に入学、一九世紀ドイツ法学の最大の学者となるサヴィニー教授の強い影響を受けつつ法律学を学んだが、ヤーコプ・グリムの知的関心は単なる法律学の範囲を超えてゆき、彼は一八〇七年に師のサヴィニーに宛てて、法律学を断念する旨の書簡を書き送っている。ヤーコプ・グリムはここで国家試験合格を目標とするような実用法律学の道を放棄したのであった。

ヤーコプ・グリムの知的関心は、実用的な法律学ではなく、文化的存在としての法律を、学問的に深く探求するという方向へと向かっていた。ヤーコプ・グリムにとっては、健全な理性さえあれば、それだけで適用可能な実用法律学などというものは、学問と呼べるほどの深みを持たないのであった。ヤーコプ・グリムは、法を民族の神話や歴史、民話、言語、詩歌、習俗などと混然と一体を為す文化的で深遠な存在として捉えており、その深遠な法を探求するため、言語や詩歌や伝承を研究し、法学・民族学・神話学・言語学・文学にまたがる数々の業績を挙げていく。ヤーコプ・グリムはこうして法の文化的歴史的研究の先駆的な開拓者となった。

このように法に対する文化的歴史的関心の下、広範に及んだヤーコプ・グリムの学問的仕事であるが、その中で今日とりわけ有名なものは、民話収集の成果、一八一二年に第一巻が刊行された『グリム童話集』であろう。ところで、この『グリム童話集』編集がヤーコプ・グリム一人によって為されたのではないことを、多くの方がご存じのはずである。多くの方はグリム兄弟の『グリム童話集』と耳にしているであろうから。『童話集』は、ヤーコプと弟ヴィルヘルム・グリムが協同して編集したものであった。

ヤーコプと一歳年下のヴィルヘルムの兄弟は非常に仲が良く、子供時代のヴィルヘルムのサイン帳にはヤーコプによって為された書き込みがあり、ヤーコプの弟への深い愛情が記されている。「愛の海でぼくはおまえを取り囲みたい。／唯一の友人にぼくはおまえを選ぶだろう、／もし自然の力がおまえをぼくに任せてくれないとしたら。／永遠の至福の愛がぼくたち二人に住みつきますように！／死も、甘き生も、ぼくたちを分かちませんように。」（ガブリエーレ・ザイツ『グリム兄弟』高木昌史・高木万里子訳、青土社、一六頁）。兄弟は互いに深い愛情と、敬意を持ち続け、共同生活をし、しばしば研究も共同で行っていた。この共同生活は、割と社交的であった弟ヴィルヘルムが三九歳で結婚してからも続いた。ヴィルヘルムの結婚相手は、兄弟の母が自分の子供のように愛し、兄弟も妹のように愛していた女性、ヘンリエッテ・ドロテーア・ヴィルトであったが、「ドロテーア・ヴィルトに決めたことは、ヴィルヘルムばかりでなく、ヤーコプにとっても幸運であった。一瞬も住居や生活や仕事の上での共同を解消することが論じられたことはなかった。共同生活は兄弟の人生の終わりまで変わらなかった。」（同書、三六頁）。なおヤーコプの方は、割と社交的な弟とは異なり、独身主義者であった。ヤーコプにもわずかに結婚に向けて気持ちが揺らいだことは無くはないらしいのだが、結局彼は独身を貫いた。それどころかヤーコプ・グリムはどうも童貞をも貫いたらしい。ヤーコプの性愛事情については、「ヤーコプはおそらく生涯にわたって、女性に対して兄弟のような関係以上のものは持たなかった。ただ一度だけ、この独身者に結婚という考えがちょっとだけ脳裏をかすめたことがあったようだ。すなわち、彼は一七九八年生まれの二親等の姪ルイーゼ・ブラートフィッシュに出会ったのだが、それに関してはわずかな証拠しかない」（同書、二二頁）と言われている。

もっともヤーコプは、独身でも童貞でも寂しくはなかった。愛する弟との共同生活は解消されることなく続いたし、ヤーコプは、「彼の兄弟姉妹ヴィルヘルム、ロッテそしてルートヴィヒの子供たちに夢中になり、彼のことを『アパパ』と呼んでいたその子たちの巻き毛を集めていたほどであった。」（同書、三七頁）から。ヤーコプは彼に愛情を向けてくれる相手も、彼の強すぎるほどの愛情を向ける相手にも全く不足していなかったのだ。

非社交的な人間が、肉親によって愛情的に満足してしまうと、外に異性などわざわざ求めず、童貞のまま過ごしてしまうものなのかもしれない。

童話王が失恋続きの結果に得たものは
清い身体と清い精神、清い生涯

ハンス・クリスチャン・アンデルセン

Hans Christian Andersen　1805〜1875
デンマークの作家。『人魚姫』『醜いアヒルの子』など世界的な傑作童話を残す。小説『即興詩人』でも名高い。

デンマークが生んだ世界的な童話王といえばアンデルセン。読者にも、子供時代に彼の童話作品に触れた方は多いのでないかと思う。彼の名はデンマーク語ではアナセンと発音する。彼はオーデンセの貧しい家庭に生まれ、少年時代は空想にふける事が多かったと伝わる。一四歳の時に演劇で一旗揚げたいと考え、首都コペンハーゲンへ向かい端役ながらも王立劇場に出演。やがて周囲の人々の好意で、基礎教育を身に着けるべく学校へ送られた。

学校では色々と苦労もあったようだが、文筆方面でその成果は徐々に現れたようだ。一八二七年には詩『臨終の子』をものし、この頃から若手詩人として一部から期待を持たれるようになった。そして小説『即興詩人』の成功を契機に作家としての地位を獲得。やがて創作童話を数多くものすようになり、『人魚姫』『親指姫』『醜いアヒルの子』を始めとして約一五〇編を残している。他にも連作童話『絵のない絵本』や自伝『わが生涯の物語』といった著作があり、詩『デンマークにわれ生を受く』は全デンマークで愛唱されたという。

アンデルセンは生涯独身を通し、彼の伝記を記したジャック・ザイプスによれば生涯童貞であったとされている。そのため、一時は同性愛ではないかと見られた事もあったようだ。しかし、彼は異性相手の性愛・恋愛に関心がなかったわけではなく、幾人かの女性を相手とした恋愛をした事が記録されている。また、日記からは彼が自慰を行っていたことがうかがえる記述があるという。なお、余談ながらこれについて「彼による唯一の性的行動」と記す伝記作家もいるそうだ。彼も流石に気恥ずかしかったのか、日記ではギリシア文字で一見して分かりにくいような書き方にしていると伝えられる。

彼の恋愛について述べると、残念ながらいずれも実を結ぶことはなかった。若き日の恋は、相手に婚約者がいたり、自身がまだ無名詩人のため相手実家の許可を得られなかったりといった理由で失恋。また、作家として名声を確立した後の一八四〇年代には、旧知の歌姫イェンニイ・リントを愛するようになった。彼は恋文や彼女からインスパイアされた童話『ナイチンゲール』を贈って愛を告白したが、結局は報いられなかったという。もっとも求愛は受け入れられなかったものの、リントからは「私の兄になってください」と言われており、異性としてはともかく人間としては敬愛されていたと見てよいだろう。

こうした失恋の結果なのか、アンデルセンは五十歳ごろからは家庭を作る望みを捨て、生活を楽しむ事や創作活動に全てをつぎ込んでいたようだ。一連の彼の創作童話作品は、自らの実らなかった愛を昇華させていたものだとも言われている。

彼は、女性から見て異性として魅力的なタイプとは言い難かったらしい。お洒落ではあったものの風采は上がらず。「デンマークのオランウータン」という酷いあだ名をつける向きもあったという。とはいえ、これは原因として決定的なものとは必ずしも言えまい。何しろ、彼はデンマークの国民的作家。そして、本人も決して女性が嫌いなわけではないのだから。むしろ、本人が内気で極度に繊細で、積極的に女性の心をつかみ取りに行くタイプではなかった事が、大きな問題だったと思われる。また、性愛に限らず潔癖・純粋な価値観を有していた事も理由としては見過ごせない。心が通じ合う相手でなければ、彼は事に及ぶのを潔しとしなかったのではあるまいか。ともあれ、アンデルセンが童話作家として大成したのには、そうした純粋さも大きな要因であったのは間違いないかと思われる。

ニコライ・ゴーゴリ

独特の筆致でリアリズム小説の魁となった大作家、生涯を通じ女性を近づけず

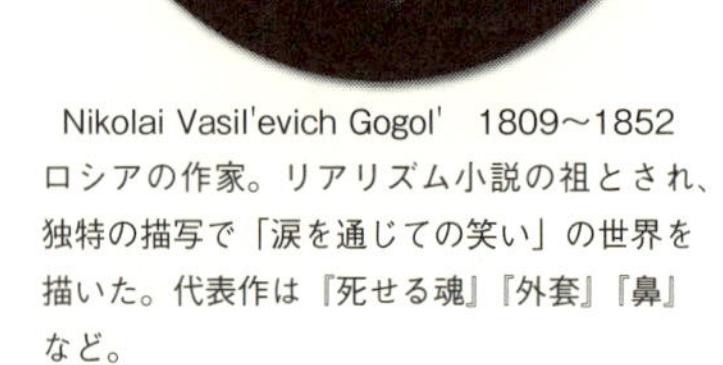

Nikolai Vasil'evich Gogol'　1809～1852
ロシアの作家。リアリズム小説の祖とされ、独特の描写で「涙を通じての笑い」の世界を描いた。代表作は『死せる魂』『外套』『鼻』など。

ニコライ・ゴーゴリはロシアの作家であり、本名はゴーゴリ・ヤノフスキーという。ウクライナの小村で小地主の子として生まれた。高等学校時代に文学に興味を持ち、一八二八年にペテルブルクへ出る。翌年、『ガンツ・キューヘリガルテン』を自費出版するも評価を得られず、内務省下級官吏として生計を立てた。一八三〇年に『ビサウリューク、あるいはイワン・クパーラの前夜』を発表したのを契機にプーシキンらと面識を得る。一八三一年から翌年にかけて、故郷ウクライナの民俗・伝説を取材した『ジカニカ近郷夜話』を刊行し作家としての名声を確立した。

『ネフスキー通り』や『肖像画』『狂人日記』などではペテルブルク下層市民やウクライナ小地主の日常生活を活写し、人の愚かしさに対する絶望を反映したユーモアが見られるようになっている。これは「涙を通しての笑い」と呼ばれ、ゴーゴリ作品の特徴とされている。短編『鼻』もこの時期の作品としゴーゴリは、生涯独身で、誰とも恋愛をした様子もないという。個人生活レベルでも作品描写でも、女性に対して冷淡で無性愛的な性格が伺えるとされる。彼の日記から同性愛傾向を指摘する論者もあるが、宗教的理由から実生活では性愛的な欲求を出さず生涯抑圧したものと考えられているという。

て知られる。

一八三五年には喜劇『検察官』で成功して更に名声を高めた。この頃から、外部からロシアの現実を観察・洞察する目的で一二年にわたり外国生活に入り、その間に大作『死せる魂』の執筆に従事している。また短編『外套』もこの時期の作品である。

この頃から次第に信仰への傾斜を強めたが、これが従来の支持者であった急進的知識人から反動と見られ激しい批判・弾劾を受けるようになる。また、ゴーゴリ自身も「神の啓示なしに作家に留まる」事への罪悪感を感じるようになり、一八五二年には完成間近であった『死せる魂』第二部の原稿を焼却、まもなく死去している。

ロシア文学におけるゴーゴリは、リアリズム小説創始者のひとりと位置づけられている。その一方でリアリズムにとどまらず、上述した「涙を通しての笑い」のような彼自身の主観も特徴であり、特異な位置づけの作家ともいわれる。

ヘンリー・デイヴィッド・ソロー

自然を重んじた思想家、純潔も重んじる

Henry David Thoreau　1817～1862
アメリカの思想家。エマソンの影響を受け、自然を重んじる思想に基づいた著作を残す。『ウォールデン』『市民としての反抗』で知られる。

ヘンリー・デイヴィッド・ソローは、物質主義批判や不服従といった思想により後世に大きな影響を残した人物である。彼はマサチューセッツ州で鉛筆製造業者の家庭に生まれた。ハーバード大学を卒業した後に教師となるが、当時広く行われていた笞による罰に反対して辞職。その後は様々な仕事に従事するも定職にはつかず、観察・思索に関した記録を残すようになる。友人であった詩人エマソンの「人は自然にしたがって生きるべきである」という考えに大きな影響を受ける。

またソローは奴隷制反対論者であったことから体制を批判し、人頭税納入を拒否したことで一八四六年に逮捕された経験を持つ。それを基にした著作が一八四九年の『市民としての反抗』である。そこに述べられた、「個人の良心に基づく不服従」はガンディーやキング牧師に大きな影響を与えたとされている。

ソローの逸話で最も有名なものといえば、ウォールデン池畔での生活であろう。彼は二年二か月の間、そこに小屋を建てて自然のままに生活した。そして、その経験を一八五四年に『ウォールデン（森の生活）』としてまとめている。この際、ソローは対象を精密に観察するのみにとどまらず、その向こうに存在する普遍性について時間をかけて思索する態度をとっている。この『ウォールデン』は彼の主著として知られ、アメリカの物質主義に警鐘を鳴らした作品として評価されている。

他の著作に、兄とのボート旅行経験をまとめた『コンコード川とメリマック川での一週間』や、『メイン州の森』などの旅行記がある。

ソローは生涯独身を通した。また生活態度は性愛を遠ざけている風で、純潔を賛美する態度が常であったという。そのため、コベントリー・パットモアコベントリー・パットモアの恋愛・結婚を称える詩に肯定的な感想を漏らしたことが伝記で奇妙がられている。一八四〇年にエレン・シューワルに求婚したが拒絶されたという話はあるようだ。彼は潜在的な同性愛であったとも、非性愛者だったとも言われる。いずれにせよ、生涯純潔であった可能性は高そうである。

アントン・ブルックナー

惚れっぽく少女相手に失恋を繰り返した大作曲家

Josef Anton Bruckner　1824〜1896
オーストリアの作曲家。交響曲や宗教曲に傑作を残した。

アントン・ブルックナーはオーストリアの作曲家で、交響曲で有名な存在である。彼はリンツ近郊の村で校長の子として生まれ、幼少時より音楽に才能を示した。一八三五年から本格的な音楽教育を受け、補助教員・オルガン奏者で生計を立てるようになる。そして一八五五年にはリンツ大聖堂オルガン奏者の地位についた。この期間に作曲理論や音楽形式論・管弦楽法を学んでおり、それが交響曲作家へと成長するのに役立つこととなる。その後、ニ短調・ホ短調・へ短調のミサ曲で独自の作品を切り開いていく。

一八六八年からはウィーンに活動の場を移し、宗教曲『テ・デウム』や合唱曲『ヘルゴラント』などを作曲。また数々の交響曲も作成しており、ドイツやオーストリアにおける交響曲の伝統を復興させた存在として評価されるに至っている。弟子には名ピアニストとして知られるパハマンや大指揮者となるモットルが存在し、教育者としても音楽界に大きく貢献した存在であるといえる。

さてブルックナーは一〇代後半の女性に対し惚れっぽかったようで、彼女たちにやみくもに求愛・求婚しては拒絶されるという経験を繰り返していた。一方で彼は結婚以外での性交渉に関しては厳しく否定する考えを持っていたようで、それだけに失恋の苦しみは大きかったようだ。結果として、彼は生涯独身であった。状況から考えるに、彼は生涯を通じて純潔であった可能性が高い。

失恋を繰り返した結果として生涯純潔であった点は、アンデルセンを始めとする何人かの文化人と共通している。ブルックナーもアンデルセンらと同様、心を通じ合わせた相手と以外で、そしてしかるべき形以外で何とかするのは潔しとしない純粋さや節義を持っていたと言えそうである。

ウィリアム・ウォーカー

中米を私兵で荒らした「冒険家」は、亡き婚約者に操を立てたロマンチスト

William Walker　1824〜1860
19世紀半ば、中央アメリカのニカラグアに侵攻して大統領となったアメリカ人の冒険家。

時は一九世紀半ば、アメリカ合衆国には「明白なる天命（マニフェスト・デスティニー）」というイデオロギーがあった。すなわち、合衆国は北米全土を領有し開発すべき、という考え方である。この思想の下で、アメリカはテキサスを併合し、さらに戦争でメキシコの領土を奪取するなど膨張主義を強めていたのだ。

そうした風潮を背景に、中米で私兵を率いて暴れまわった冒険家がいた。その名は、ウィリアム・ウォーカー。彼はテネシー州ナッシュビルに生まれ、パリ大学・ハイデルベルク大学等で学び医師となる。病弱であった母親を治すことを夢見ての事であったが、それを果たす事はならず母は病死。彼は次は法律の勉強に力を注ぎ、やがて新聞記者を志すようになった。

その時期に、ウォーカーはエレン・マーティンという女性と出会い、相思相愛となる。彼女は聴力・発語に障害があり、筆談によって意思疎通をしていたという。彼はエレンと婚約するに至るものの、それから間もなく彼女はコレラに罹患して病死してしまう。母・婚約者と愛する人を続けて失って落胆したのか、彼は以降は女性を近づける事もなく、「明白なる天命」へと情熱を注ぐようになり冒険家への道を歩んでいったという。

一八五三年、ウォーカーは私兵を率いてメキシコ領南部カリフォルニアに侵入。ソノラ地方を占拠して同地の大統領を宣言したが、これは失敗に終わった。

彼がある意味で名を轟かせたのは一八五五年の事。当時内紛状態にあったニカラグアへ、自由主義派の手引きで侵攻したのだ。そしてこの国の実権を握り、翌年には大統領となった（在任一八五六〜五七）。なお在任中、彼は黒人奴隷制を復活させている。しかし、結局は中央アメリカの周辺諸国による連合軍に敗北して追放される羽目になった。

その後もウォーカーは懲りる事はなく、ホンジュラスでも争乱を画策するものの失敗。この時に捕らえられ、ホンジュラス政府により処刑された。こうした事績から、ウィリアム・ウォーカーは現在でも、当時の米国による横暴を象徴する人物として中米で記憶されているという。徒手空拳から始まり、私兵を率いて中米諸国を騒がせたその様は、ある意味で「偉大」と言えなくもないのかもしれない。「偉大さ」のベクトルが正負どちらを向いているかはともかく。

さて、ウォーカーが婚約者エレンの死後は女性を遠ざけたのは先ほど述べた通りである。どうやら彼女への想いを生涯持ち続けていたようで、婚約時にエレンから贈られた十字架の首飾りを死に至るまで身に着けていたと伝わる。「冒険家」の道を進んでからのウォーカーは、思考・言動・行動いずれの面においても絶対的な純潔を保ち禁欲的で、飲酒・淫行・冒涜を嫌悪したとされている。少なくともウォーカーが禁欲を重んじていたのは間違いないようで、兵士たちにも飲酒・猥褻行為を行った場合は厳罰で臨んでいたそうだ。こうした話からすると、婚約者との関係がどうであったかが気になるところであるが、エレンはカトリック教徒であったのも考慮すれば婚前交渉はなかった可能性は残る。だとすれば、ウォーカーは生涯にわたり純潔を貫いた可能性も否定はできない、のかもしれない。

欧・米両文化の相違を描いた作家、
従姉妹の死を契機に純潔を誓った？

ヘンリー・ジェームズ

Henry James　1843〜1916
アメリカの作家。アメリカ・ヨーロッパをしばしば往来し、両地域の文化的相違に着目した独自の視点で多くの作品を残した。代表作は『アメリカ人』『黄金の盃』など。

ヘンリー・ジェームズはニューヨークの富裕な家庭で生まれた。祖父がアイルランドから移住して商売を成功させ資産家となり、父はエマソンやソローらとの交友を通じて独自の宗教思想を持つようになった。そして息子たちにも宗教的純潔等を重んじた家庭教育を施している。心理学者・哲学者ウィリアム・ジェームズはヘンリーの兄にあたる。

ジェームズ家はしばしばヨーロッパ旅行に連れ出され、父の意向で最上の教育を求めヨーロッパ各地を転々とした。ただし、ヘンリーの場合、病気のせいもあってやがては家庭教師による教育が主となったようだ。また一八歳の際に消火作業中に負傷し、おりから勃発した南北戦争には参加していない。これが彼の心理的な抑圧として作用したとする説もある。また、兄ウィリアムが聡明で活発な人物であった影響もあって、ヘンリーは対照的に観察型の人格を形成したともいわれる。こうした背景が、彼の作風に大きく影を落としているとされる。一例を挙げると、夏目漱石（なつめそうせき）によれば、ヘンリーは文体の難解さもあって「ヘンリーは哲学のような小説を書き、ウィリアムは小説のような哲学を書く」（『思い出す事など』）と世間で言われたということだ。

さて、ヘンリーは生育した環境もあってかヨーロッパ生活を志向する。まず一八七五年にはパリに居住して多くの作家たちと交流した。翌年以降はイギリスに定住している。そして一八七七年の『アメリカ人』を皮切りに作家デビューし、『デイジー・ミラー』『ある婦人の肖像』といったアメリカ・ヨーロッパにおける文化・風習の相違が生んだ悲喜劇をテーマとした小説群を発表し名声を確立した。

彼は上記の性格もあってか、鋭い観察眼を基に、特定の人物の視点を通じて世界を描き出す文体を開拓。やがて演劇とかかわった経験を活かし「視点の劇化」と呼ばれる描写にも挑戦した。その時期の作品として『ねじの回転』がある。やがて作風を円熟させたヘンリーは、欧米両文化統合や独自の視点といった特徴に加え、人生の挫折・裏切りといった主題を織り込むようになっていく。そうした代表的な作品には『鳩の翼』『使者たち』『黄金の盃』が挙げられる。

ヘンリーは長らくイギリスで過ごしていたが、死去する直前の一九一六年にアメリカ市民権を放棄しイギリス臣民となっている。

彼は生涯独身を通したが、その私生活には謎も多く原因は不明である。作風から同性愛の可能性を推測する向きもあるが、明らかな証拠はないという。他にも、上述した外傷が原因で性的な欲求が失われたという説、無性愛であったという説、女性嫌悪説もある。こうした諸説のうちで興味深いものとして、一八七〇年に結核で早世した従姉妹ミニー・テンプルとの関係を指摘するものがある。ヘンリーは彼女と親密であり、ミニーは「もし貴方が従兄弟でなければ求婚していたでしょう」という言葉を残しているという。ミニーの死後、ヘンリーは純潔の誓いを立てたのではないかというのである。

　真相がいずれであるかは明らかでないが、ミニーとの関係は彼女の病気や近親である事、彼女が結婚を望んでいなかったことなどから実際的な問題にはならなかったとみる向きもある。ヘンリーが父から宗教的に厳格な教育を受けていた事も考慮すると、生涯純潔を貫いた可能性は十分ありそうだ。

アントニ・ガウディ

独自の作風を持つ建築家、純潔を貫き祈りを捧げる

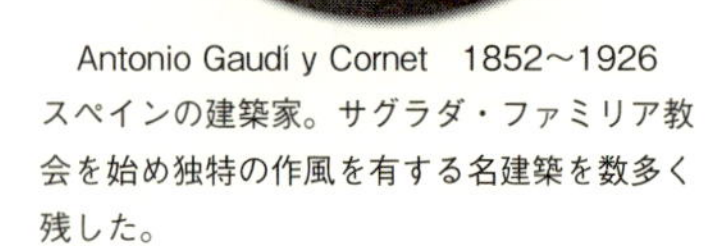

Antonio Gaudí y Cornet　1852〜1926
スペインの建築家。サグラダ・ファミリア教会を始め独特の作風を有する名建築を数多く残した。

近現代スペインを代表する建築のひとつ、バルセロナのサグラダ・ファミリア教会。その設計者がアントニ・ガウディである事は御存じの方も多いであろう。ガウディはカタルーニャのレウスで銅細工師の子として生まれた。一八七四年にバルセロナの建築学校へ入り、ビリャールやフォントセレら建築家の仕事を手伝いながら学んだ。やがて自らも建築家としてマタロ労働者協同組合機械工場、ビセンス邸、エル・カプリチョ、グエル邸などを設計。これら初期の建築には、イスラム風デザインの影響が見られるという。

一八九〇年代になると、ガウディは聖テレジア学院、アストルガ監督教会司教館などの作品にゴシック風デザインを取り入れるようになった。

二〇世紀以後、ガウディは従来の様式から離れ、独自の作風を示すようになる。例えば、曲線・曲面を巧みに用い、多彩な装飾で幻想的な空間を現出する作品が主になっている。そうした作品としては、

カサ・カルベットやカサ・バトロ、カサ・ミロ、グエル公園などが有名だ。

冒頭で述べたサグラダ・ファミリア教会の設計に関与するようになったのは一八八三年。ビリャールから設計責任者の任務を引き継いだ事が契機であった。ここでも、先ほど述べた彼独自の様式が取り入れられている。

しかし教会建設も半ばの一九二六年に交通事故死。その後、サグラダ・ファミリア教会建設は第二次大戦後に再開され、現在に至っている。

ガウディは生涯独身であった。樺山紘一氏は彼について、「ひとり孤独に童貞をまも」（樺山紘一『カタロニアへの眼』中央公論社、三五一頁）りイエスに祈りを捧げた人物であったと評している。

ニコラ・テスラ

交流技術を完成させた偉大な電気技術者は、性愛方面には淡泊だった？

Nikola Tesla　1856〜1943
電気技術者、発明家。交流技術により大電力の輸送を可能とした。

ニコラ・テスラはクロアチア（当時はハプスブルク帝国の一部であった）のスミリャンに生まれる。早くから数学・科学に興味を持ち、グラーツ工科大学、プラハ大学で学んだ。ハンガリーのブダペストで中央電話交換局の製図工として、またパリの大陸エジソン・カンパニーで働いたとされる。一八八四年アメリカにわたり、トマス・エジソンの下で短期間働いている。

渡米前の一八八二年、テスラは既に回転界磁型電動機を考え出していた。更に一八八七年には同様な原理からなる発電機とあわせて特許を申請、交流による大電力輸送を可能とする技術の基礎を作り上げた。その上で、交流と直流のいずれが優れているかを巡る「交直論争」を通じて、交流が安全である事を示す実験のため様々な開発を行っている。高電圧を発生させるテスラ・コイル、テスラ回路、高周波高電圧技術がそれである。

そして一八九五年、これらの特許権を買い取ったウェスティングハウス社（現ＣＢＳ）がナイアガラ滝の発電所からの送電に利用し、大成功を収めた。すなわち、テスラによって大電力の輸送が可能となったのである。こうした業績を称え、磁束密度（磁界の強さを表す単位）を表す単位が「テスラ」と名付けられている。

その後、テスラは一八九一年にアメリカ市民権を獲得。一八八六年から一九二八年の間に一一二の特許を獲得したという。無線操縦の船を試作したり、無線送電や敵機を撃墜する光線を構想した事でも知られている。一九四三年にニューヨークで死去。

テスラは生涯にわたり独身で、女性との性愛を経験しなかったであろうとＣ・Ａ・ピックオーバーは推定している。彼は何人かとの恋愛をしていたがプラトニックなものばかりだったとも、遠くから女性を崇拝する態度であったともいわれる。自ら純潔の誓いを立てたかのように女性を遠ざける生活をしていたといわれる一方で、同性愛である証拠もないとのことである。性愛への関心が淡白であったものであろうか。

また、彼は「既婚者によって成された偉大な発明を挙げることはできないだろう」（Ｃ・Ａ・ピックオーバー『天才博士の奇妙な日常』新戸雅章訳 勁草書房、二四四頁）と述べているそうで、発明活動への妨げになるとの考えから性的な禁欲を保ったという要因もあるようだ。

オーレル・スタイン

仕事一筋の探検家は中央アジアを花嫁として、人間の女に目を向けることはなかった

Sir Mark Aurel Stein　1862～1943
ハンガリー生まれの考古学者、探検家。イギリスに帰化した。中央アジアを探検して輝かしい業績を残し、東西交渉史の発展に貢献した。

スタインはハンガリーの首都ブダペストに生まれた。最初ドイツの大学で学んだが、その後はイギリスに移りオックスフォード大学およびロンドン大学で考古学、東洋学を修めた。ロンドン大学のローリンソンの推薦によって、現在のパキスタンにあるラホールの東洋学校校長となった。その地で彼はインド史に関する著作をものするなどの業績を残していたが、やがて探検家として中央アジアへと乗り出した。彼は一九〇〇～〇一年に第一回探検、〇六～〇八年に第二回探検、一三～一六年に第三回探検を行った。ホータンや敦煌など、様々な遺跡を調査し、絵画や古文書多数を発見した。探検の成果は、素早く報告書として公刊され、探検家としてのみならず、考古学者、東洋学者としてのスタインの名声を確固たるものにした。彼の探検の成果は、中央アジアを介する東西交渉史の研究を大きく推し進めるものであった。なおこの間の一九〇四年にスタインはイギリスに帰化している。

ところでスタインは、探検、研究に打ち込む余り、終生独身で通した。人生の最優先課題である仕事が彼の生活の全てを支配し、そこには「結婚が介入してはならなかった。独身でいた。彼は結婚を考えることすら傍によけ、独身でいた。が、何の悔いもなかった。」(J・ミルスキー『考古学探検家　スタイン伝』杉山二郎、伊吹寛子、瀧梢訳、六興出版、三二頁)。とはいえ、スタインが結婚という習慣を嫌悪していたわけではない。彼の両親は固い絆で結ばれ、その絆はスタインの成長の確かな基盤となっていたとされる。そのように恵まれた家庭で育った彼は、結婚生活というものに重い敬意を払っていたと言って良い。そしてスタインは女性というものにも敬意を抱いていた。スタインは兄嫁や、友人の妻の資質を高く評価し、彼女たちと親しくつきあうことも楽しんでいた。ただスタインの選んだ探検家の道は、尊敬すべき女性と緊密な絆で結びつくという、彼の認識する結婚とは、両立できるものではなかった。彼がはるか中央アジアに旅立つとき、女性との結びつきはとうてい緊密なものたり得ないだろう。彼は家庭を持たず仕事に打ち込む人生を選び、彼の生涯においては、「結局、フォックステリア犬が彼の生活の中で唯一の伴侶であった。」(同書、三〇頁)。犬はスタインより当然寿命が短いが、彼は何度もフォックステリアを飼い、いつもそれにダッシュと名付け、最後はダッシュ七世までいった。

そしてスタインは、結婚しなかっただけでなく、異性と全く性的な関わりを持たなかったと思われる。たびたび引用しているJ・ミルスキーの『考古学探検家　スタイン伝』は「スタインは生涯結婚しなかったばかりでなく、異性との何らかの関わりを示す手がかりもない。」(同書、三一頁)としている。そしてこの点に関しては、別の伝記作家であるアナベル・ウォーカーが、スタインのセックスライフにつき踏み込んだ推測を打ち出している。氏は、著書の中でスタインが男集団の中で過ごすことを好んだことを述べており、インタビュアーにその話題をさらに発展してスタインの性的志向を論じるよう求められたことがあった。氏は後に、これは純粋な推測になってしまうので、その要求には応えられなかったとした上で、よりあり得る推測としてこう述べる。

私は男友達に、スタインにセックスライフが全くなかったと考えるのは現実的でないと言われたことがある。しかし私はこう感じている、彼のエネルギーと衝動の全ては仕事に向けられたのだ。彼の友人の一人はかつて彼に対し、君は中央アジアを「花嫁に」選んだのだと書き送り、スタインはその論評について「そう言われるのは幸せなことだ、喜んでその通りだと認めよう」と応えた。

（Annabel Walker, "A Biographer's Dilemma"）

これによれば、仕事に全エネルギーが向かうスタインには男相手にせよ、女相手にせよ、現地妻や商売女相手にせよ、セックスライフが全くなかったと考えることが、最も現実的ということになる。仕事への情熱に加えて、現地妻や、商売女に手を出すには、結婚観や女性観が生真面目にすぎた可能性もあるだろう。したがって、おそらくスタインは、仕事に殉じる誠実な男の当然の態度として、自然に生涯童貞を貫いたと言えよう。

インド最大の宗教団体の生みの親、
清貧・純潔の誓いを貫く

ビベーカーナンダ

Sir Mark Aurel Stein　1862〜1943
近代インドの宗教家。現代インド最大の宗教団体であるラーマクリシュナ・ミッションを創設し、世界的に伝道した。社会事業にも業績を残す。

ラーマクリシュナ・ミッションの創立者であるビベーカーナンダは、本名をナレーンドラナート・ダッタという。カルカッタのクシャトリアとして生まれ、カルカッタ大学で近代的教育を受け文学士となった。一八八二年に宗教家ラーマクリシュナと出会い、その思想に共鳴して弟子入りする。ラーマクリシュナは修行の末に神と合一した体験から、

「執着を捨てるべきである」

「すべての宗教は帰一する」

と主張する人物であった。彼の門下としてビベーカーナンダは五年間の修業を行い、ラーマクリシュナが一八八六年に病死した後にビベーカーナンダはその教えの伝道に努める事となる。当時、ベンガルの知識層の間には、キリスト教勢力との衝突やイギリス統治下での差別待遇などに耐えかね芸術・文学・宗教に精神救済を求める者が多かった。そうした中、ビベーカーナンダは、引き裂かれた誇りを取り戻し西洋にも負けまいとしていたのである。彼ら

一行は托鉢を行いながらインド全土を廻り、インド社会やカースト制の持つ問題を痛感した。この際の経験から、ビベーカーナンダは貧しい人々を対象とした社会福祉に尽力するようになる。

一八九三年、ビベーカーナンダはシカゴの世界宗教会議へ南インドのヒンドゥー代表として出席。あらゆる宗教は一つに帰すると主張し、西洋社会に対しても存在感を示すことに成功した。これを契機に、彼の名声は世界的なものとなった。アメリカ各地を講演し一八九五年にはヒンドゥー団体ヴェダンタ・ソサイエティをニューヨークで創立。更にインドに帰国した後、一八九七年に宗教団体ラーマクリシュナ・ミッションを設立した。その後も彼はアメリカやヨーロッパの各地を伝道している。また上述した若き日の経験から奉仕活動を重んじ、サラダ・デビ（ラーマクリシュナの夫人）と共に貧しい人々の救済を行い、病院設立や教育活動でも業績を上げた。全ての人が救済されない限り個人も救済されえない、というのが彼の考えであったという。女性の社会的・宗教的な地位向上にも熱心で、多くの女性を同志と扱っただけでなく女性を対象とした教育・福祉を推進した。著作として『カルマ・ヨーガ』があげられる。ビベーカーナンダは一九〇二年に三九歳の若さで没したが、彼の働きもあってラーマクリシュナ・ミッションは現代でもインド最大の宗教団体の一つとなっている。日本にも支部があるという。ビベーカーナンダは、宗教家・社会活動家として大きな足跡を残し、近代インドの偉人と呼んで差し支えないであろう。

さて、このビベーカーナンダは生涯独身であった。清貧・純潔の誓いを立て、生涯にわたりそれを貫き通したとされる。事実、女性と親密であった事はあっても性的な関係であった形跡はないという。

スヴェン・ヘディン

自暴自棄の果てに人間の女を諦め
探検一筋中央アジアと結婚することを選んだ

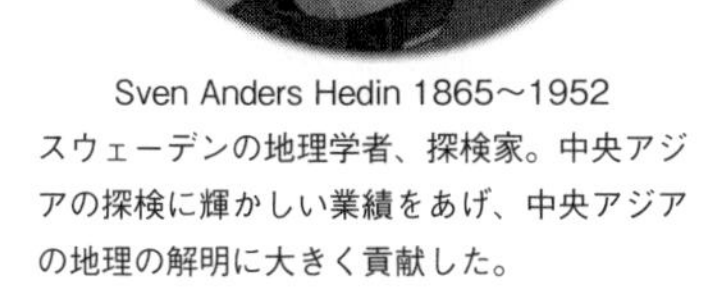

Sven Anders Hedin 1865～1952
スウェーデンの地理学者、探検家。中央アジアの探検に輝かしい業績をあげ、中央アジアの地理の解明に大きく貢献した。

ヘディンはスウェーデンのストックホルムに生まれた。少年の日のヘディンは極地探検家ノルデンショルドに憧れを抱き、極地探検家となることを夢見ていた。

ヘディンは二〇歳から二一歳にかけてロシアや中東を旅して回っており、この時、既にヘディンの精神は探検家へと成長しつつあった。そのためスウェーデンに帰国した一八八六年、ヘディンはそれまでの医学部進学志望を撤回し、急にストックホルム単科大学で地理学を学ぶことにし、一八八八年にはウプサラ大学の地理学科に移籍している。やがてスウェーデンの地理学のレベルでは学ぶこともなくなったため、一八八九年にはドイツのベルリン大学に留学、高名な地理学者リヒトホーフェンに学んだ。

そしてヘディンは一八九三年からはたびたび中央アジアを旅し、各地を調査探検した。彼の探検は、当時はまだ不明な部分の多かった中央アジアの地理の解明に、大きく貢献した。ヒマラヤ山脈北方にこれと平行するトランスヒマラヤ山脈の発見や、インダス川の河源の発見はヘディンの仕事である。またヘディンの探検は地理学のみならず、考古学にも大きな貢献をした。彼は様々な古代遺跡の存在を発見し、後の考古学者スタイン等による調査探検の先駆けとなったのだ。ヘディンは近代における世界最大の探検家であった。

ところでこの偉大な探検家については、かつて研究者を惑わしていた伝説がある。すなわち「ヘディンの研究者をいまもって迷わしているのは、ヘディンは探検のために生まれて来たような男であり、女性とは生涯縁のない人物のように思われている伝説である。」（金子民雄『ヘディン伝　偉大な探検家の生涯』新人物往来社、七三頁）実際のところ、ヘディンは探検以外のものに一切興味がないわけではなく、女性に目が向かない訳では決してなかった。彼が旅先で多くの女性のスケッチを残しているあたり、むしろ女性によく目の向く人間であったと言って良い。

もっとも女性によく目が向くからと言って、女性に慣れており、女性の扱いが上手いとも限らない。例えば近東旅行からの帰途で、ブルガリアを通った際「ヘディンはここで黒い瞳をしたブルガリアの美しい少女たちを見て、心臓が動悸し、なるべく目をそらすようにしたと言っている」（金子民雄『ヘディン　人と旅』白水社、三〇頁）。美少女の姿を目にするだけで動悸する女性美への感受性の鋭さと、女性美を愛でながら目をそらしてしまう女性に対する小心さ、ヘディンの中では両者が共存していたようである。そして、小心ながら女性には惹かれるこの男は、小心さ故に状況が上手く見えないのかして、恋すると、短慮に燃え上がり、うまくいかずに、こっぴどく振られるのが常であった。「ロシア人の若い女性から愛された思い出もあるヘディン」（『ヘディン　人と旅』一〇六頁）なのだが、彼の側が恋を感じて、動いた場合には、なぜか愛は得られないのだ。

一八八八年頃、ヘディンは妹の友達であった一六歳の少女に一目惚れしたのだが、思いを暖め、駆け引きしつつ慎重に距離を詰めるなどということは考えもしないのかして、いきなり結婚を申し込み、あっけなく玉砕した。そして拒絶に腹を立てたヘディンは、少女の目の前で、海に薄く張った状態の悪い氷の上でスケートをし出したという。おまえが拒絶したせいで、自分は氷の海に落ちて死ぬ、とでも言いたいのであろうか？　およそ二三の男が恋愛で取る態度ではあるまい。

また一八九一年頃にもヘディンの恋心は燃え上がる。その美貌からマリアの異名で呼ばれる社交界の花形、一七歳のミレ・ブロマンにヘディンは激しくのぼせ上がった。しかしヘディンは中央アジアへの探検を計画していた。もし探検にでれば、数年は戻れない。中央アジアへの探検には行きたいが、彼女と結婚もしたい。悩んだヘディンは彼女に、帰ってくるまで待っていてくれるか尋ねたところ、だいたいこのような反応を得たらしい。

――私って、まだそんな重要なことを決めるには若すぎるでしょ。それに私自身もあなたも数年の間、騙し合うことなんかできやしないと思うわ。ヘディンにとって、このあいまいな返答がはっきり理解されたかどうかわからない。（『ヘディン伝』七四頁）

あいまいどころか、かなりハッキリと拒否されている気のする返答であるが、とにかくヘディンはミレと口約束をしたつもりで一八九三年に旅立った。ところが一八九五年、ヘディンは旅先で、ミレが他の男と婚約したという噂を伝える知人からの手紙を受け取る。「彼女あってこそ、アジアの心臓部も、チベットもゴビ砂漠の大探検も可能だった。……が、彼女は一度として私に夢中になってついてきてはくれず、他の男に愛を捧げてしまったのだ」（『ヘディン伝』七五頁）、ヘディンはそう絶望のうめきをあげ、生きる希望をなくし、砂漠で渇き死ぬのもかまわないと、ろくな準備もせずにタクラマカン砂漠に突入した。そして砂漠で水もない危険な生死の狭間を歩き続け、ヘディンはタクラマカン砂漠横断に成功した。これは中央アジア探検史上に長く記憶される偉業となった。

「私は死ねない。なぜ、あんな不誠実な女性のために死ななくてはならないのだ。彼女は何を私に捧げることができるというのだろうか。この恋は、これから長い人間の一生に体験していく様々な運命よりも、価値があるというのであろうか」(『ヘディン伝』八四頁)と、ヘディンは砂漠の中で悟りを開いた。「ヘディンがアジアを花嫁と呼んで、生涯をアジアの探求に捧げたのは、実にこの事件があってからであった。」(『ヘディン伝』八八頁)

なお、「この事件」は砂漠の横断で完全な終了ではなかった。この事件の完全な終結にはさらに二年の時を要する。一八九七年、ヘディンが四年ぶりにスウェーデンに帰国してみれば、他の男と婚約したミレは、ともかく他の男とは結婚せずにいたらしい。ここでヘディンは、彼女にもう一度思い直してくれるよう懇願してみるのだが、ミレは、探検をとるのか、自分を取るのかハッキリするように迫った。おそらく二人とも九五年の時点で、もはや結論は出しており、ここでのやりとりはその結論を儀式的に確認した程度のものではないかと思われる。ヘディンはミレではなく探検家としてアジアを花嫁にすることを選んだのだ。

結局、若き日のヘディンは、女性をかなり好みつつも、自分の好んだ女性からの愛をうまく引き寄せられない人物だったと思われる。こうして「ヘディンは探検のために生まれて来たような男であり、女性とは生涯縁のない人物のように思われている伝説」は消えた。若きヘディンには初めは探検の全てを好いた女のためと言うようなところさえあったのだから、ヘディンは元々は探検のために生まれてきたと言われるような人格ではなかった。そして、伝説のうち、女性とは生涯縁のないという部分だけが残った。ヘディンの関係者を尋ねて証言を集めるなどして彼の生涯を研究し、ミレ・ブロマンの存在等を示して、伝説を否定した金子民雄氏は、ヘディンの恋愛・性愛関係を次のような表現で総括している。「終生、女性とは縁がなく、あるいは裏切られ、あるいは肘鉄を食わされてきたヘディン」(『ヘディン伝』一九九頁)と。そして、美少女から目をそらしたエピソードや、女に振られて暴走する性格は、ヘディンのある種のピュアさを物語っており、彼は娼婦を買いに走れるような図太さを欠いているように思われる。この「終生、女性に縁がなく」とは、商売女を含めて良いのではないだろうか。つまりヘディンは生涯童貞を貫いた可能性があると考えても許されるのではないだろうか。

飛行機を完成させたのは、結婚すら入る余地のない絆を持った兄弟だった

ライト兄弟

兄ウィルバー
Wilbur Wright　1867～1912
アメリカ出身。飛行機を完成させ、人類初の動力飛行を成功させる。

弟オービル
Orville Wright　1871～1948

ライト兄弟は、アメリカ合衆国のオハイオ州デイトンで牧師の子として生まれた。二人は一八九〇年に印刷業を始め、一八九三年には自転車製造業者となった。その一方で、ドイツの航空先駆者O・リリエンタール（一八四八～一八九五）などに刺激を受け、空飛ぶ機械を構想している。

人類最初の飛行は、一七八三年にフランスのモンゴルフィエ兄弟が気球で成功させたことによるものであった。その後、リリエンタールは鳥の飛行に興味を持ち、翼形を研究し『飛行術基礎としての鳥の飛行』を出版。一八九一年よりグライダーの制作を開始して二〇〇〇回の滑空飛行を行ったが、練習中に墜落し死亡した。一方でアメリカの鉄道技師シャヌートも複葉のグライダーを作って滑空に成功し、飛行機械に関する構想も練っていたという。ライト兄弟が動力飛行を手掛けたのもこうした流れを受けてのことであった。二人も彼らに倣ってグライダーで実験を重ねた後、その成果を糧に飛行機制作を行う。かくして一九〇三年、軽量だが馬力の出るガソリンエンジンを搭載した複葉機を完成させた。この飛行機を用いて二人が人類初の動力飛行に成功したのは、同年一二月一七日のことである。この時、彼らは四回の飛行を成功させており、飛行時間は一二秒から五九秒にわたるものだったという。これが、その後の人類にとって大きな画期となったのは言うまでもない。

その後、兄弟は飛行機の改良と特許権の確保に尽力し、一九〇六年にアメリカでの特許を獲得し出資者確保のため精力的に飛行実演を行った。だがその後、補助翼を用いたグレン・カーチス（一八七八～一九三〇）に代表されるように、ライト兄弟以外にも異なる方法で飛行機の改良をする者が相次いだ。ライト兄弟は彼らとの間で、特許を巡っての数多くの訴訟を行う羽目になった、加えて兄ウィルバーの病死といった不幸もあり、彼らはその偉業を事業における成功に結び付けることはできなかった。

このライト兄弟であるが、彼らの妹を含め、誰も恋愛に関心を持たず結婚もしなかった。弟オービルが妹の友人と一時期結婚を考えていた可能性はあるが、推測の域を出ないようだ。いずれも女性に無関心だったらしく、求愛をした形跡はないともいう。一方、二人が同性愛であった証拠もないともいわれている。少なくとも、同性愛である可能性を周囲が考慮する程度には異性との接触がなかったということであろう。彼らが性愛への関心が薄かったと判断され、生涯純潔を貫いた可能性は十分ある。一方で家族内部のきずなは強く、飛行機の完成にもこれが大きく物を言ったようだ。

空を制した大胆な飛行家は
異性にはシャイで童貞を貫いた？

アルベルト・サントス・デュモン

Alberto Santos-dumont 1873〜1932
ブラジルの発明家、飛行家。飛行船、飛行機を制作して、人類が空に乗り出す先駆者となった。

サントス・デュモンは一八七三年ブラジルの裕福なコーヒー農園主の末っ子に生まれた。子供時代のサントス・デュモンはジュール・ヴェルヌのSF小説を、実話でないことを知らないまま、むさぼり読み、空を飛ぶ機械へのあこがれを抱きつつ、心の中で飛行機や航空機を考案しながら育った。彼は小型熱気球や、ゴムの弾性で動く麦わら製の飛行機のおもちゃを作ったりしていたという。また彼は父や兄が馬に乗って視察に出て行く間に、コーヒーの加工作業場で、様々な機械装置を扱って遊び、機械の操作、長所・短所を体得していった。サントス・デュモンが一八歳の時、父親は落馬によって体に回復不能な麻痺を残し、家族に財産を分け与えて、程なく世を去った。サントス・デュモンは、その年のうちに、父から分け与えられた莫大な財産をもって、パリに移住する。

パリでサントス・デュモンは自ら空を征服することを企てる。小説とは異なり、現実世界では、気球は未だ風任せ、操縦することのできない乗り物であった。彼は個人教師を雇って科学知識を向上させつつ、気球の製作に乗り出した。そして次々手を広げ、結局、一八九八年から相次いで、一二機の気球および飛行船を製作し、飛行船の大型化と性能向上に様々な貢献をした。

このうちサントス・デュモン最初の大きな成功とされるのは、一九〇一年の自作のガソリンエンジンによる葉巻型飛行船で、彼はこれでエッフェル塔の周囲を半時間ほど操縦飛行してみせた。彼はこれによって動力付きの操縦による飛行を世界で初めて行ったことになり、空の征服者、航空術の父となった。サントス・デュモンの名声は国際的に鳴り響き、世界中から叙勲の申し入れが殺到した。発明王エジソンも、自分の写真を送って寄越し、サントス・デュモンを自分たちの仲間に迎え入れた。

やがて一九〇五年頃より、サントス・デュモンは飛行機の製作に転じ、一九〇六年、一〇〇〇人を超える立会人の前で「世界初」の重航空機による飛行に成功する。人間が空を制したとの見出しが新聞を飾り、彼が空を制した地バガデルには「一九〇六年一一月一二日、フランス航空クラブの立会いのもと、ここでサントス‐デュモンは世界初の航空記録をうちたてた。」（ナンシー・ウィンターズ『空飛ぶ男サントス‐デュモン』忠平美幸訳、草思社、一二六頁）との石碑が立てられた。ところが、この「世界初」の記録は、後に覆される。アメリカのライト兄弟が、わずか五人の見物人の前で一九〇三年に世界初の重航空機による飛行に成功していたと主張し始めたのだ。この新たに現れた世界初は、なかなか世界に認められず、兄弟の母国アメリカですら簡単には認めなかった。例えばスミソニアン博物館は、証拠がないとの理由で、ライト兄弟の飛行機の展示を長らく拒み続けた。そしてこの新たな世界初の主張に、サントス・デュモンも大いに不満であった。だが結局、サントス・デュモンからは世界初の栄誉は失われ、彼はヨーロッパ初の重航空機による飛行者ということになっている。もっとも、こうなってもサントス・デュモンは航空術の父としての地位を占め続けてはいる。彼の名が世界初として世界に君臨し、彼の名が世界の空を目指す人々を鼓舞し続けたことは事実であるから。彼は、自称、空のスポーツマンであり、発明によって利益を図る心もなく、ただ空にあこがれ、発明成果を特許も取らずに広く公開し、人に分け与え続けた。この点でも、航空術の父と言った趣がある。なお時間が測定され、審判員が立ち会った公式の飛行という限定がつけば、彼の重航空機による飛行は今でも世界初ということになる。

この他、サントス・デュモンは一九〇九年に世界初の軽航空機ドゥモワゼル号を製作し、全国横断飛行を成し遂げてもいる。この飛行機は極めて安全高性能で、多くの国々で製造された。飛行機のコピーが製造されたのは、ドゥモワゼル号が世界初であるという。なお多くの飛行家が墜落で命を落とした時代にあって、ドゥモワゼル号で人が死んだことは無かった。

ところで、サントス・デュモンは空を制した偉業のみで世間の注目を集めたわけではなかった。彼はオシャレなライフスタイルによっても世間の注目の的であった。彼の高くて白い襟は、サントス・デュモン襟と呼ばれ大流行した。彼の着用するオペラクローク、ブレスレット、ベルト、ブーツ、スパッツも流行った。彼はファッションの最先端でもあった。

ちなみにサントス・デュモンの食事も華やかで、飛行船上でシャンパン付きの豪華な昼食を楽しんだり、飛行船でお気に入りのレストランやカフェに舞い降り、食事や酒を楽しんだりした。

この華やかな生活からすると、サントス・デュモンは夜の生活もさぞかし華やかであろうと思われる。それが夜会等による、資産家や貴族、名士との交流という意味でなら、確かにとても華やかであった。しかし恋愛、性関係という意味でならば、それはとたんに華やぎを失う。サントス・デュモンの生活は無性愛者説が出るほど、異性関係を欠いているのだ（例えば、ブラジルの物理学者にして作家であるエンリケ・リンス・ヂ・バロスはサントス・デュモンを無性愛としている）。そして彼の異性関係の乏しさに、彼を同性愛とする説もある。同性愛者説は、サントス・デュモンのライバル、ライト兄弟の母国アメリカの歴史家に比較的強く支持される見解だ。一方、サントス・デュモンを英雄視する故国ブラジルの歴史家は、彼の同性愛を否定しようとする傾向が強い。事の真相はいったいどこにあるのであろうか？

これについては、結局どのような説を採るにせよ、十分な証拠が残っておらず、確証を欠くことになるのだが、いくつか伝えられる事実を組み合わせて推測されるサントス・デュモンの趣味は同性愛ではなさそうである。彼が友人カルティエに製作してもらった、ルビーをちりばめた腕時計には、「ヌイイの美女へ」と刻まれており、彼が美女に腕時計を進呈したことが分かっている。そしてもう一件、サントス・デュモンがキューバの上流階級出身の少女をいたく気に入り、二人の間にロマンチックな関係は生じなかったものの、彼が長らく少女の写真を机の上に飾っていたことも知られている。サントス・デュモンに女性に想いを寄せる感性が備わっていたことは確かであろう。とはいえ無性愛説が出るくらいであり、それ以上の深い異性とのエピソードを彼は持たない。友人のグールサがサントス・デュモンについて「極端にはにかみ屋で、無口」（同書、五五頁）という論評を残しており、おそらく、サントス・デュモンは女性にほのかに想いを寄せつつも、そこから上手く女性を手繰り寄せるには、強引さを欠いており、また一念発起して強気に出る必要を感じるほどには、女性への欲求は強くなかったのではないだろうか。彼は男性の友人ともそれほど親密にはしなかったとされており、女性とも、多少は惹かれつつも、親密な人間関係まで踏み込むのは嫌だったのかも知れない。

なお女性への欲求が強くなかったらしいサントス・デュモンは、咲き誇るパリの売春文化にも何ら興味がなかった。

美しく着飾った有名な高級娼婦たちが、夜にはレストランやカフェに姿を見せ、毎朝ブーローニュの森で小犬を散歩させていた……しかし、その裕福な若いブラジル人は、この種のことにはひとつも興味がなかった。パリに見に行くべき「新しいもの」とは、本人の言によれば「操縦できる気球と自動車」なのだった。（同書、二一九頁）

パリで美しき娼婦たちを無視して、気球に向かった彼は、成功の後にファンにサインを求められた際、飛行船と飛行機の絵を素早く描いて、そこに書き添えた。「わたしの家族」（同書、五五頁）と。

以上からしてサントス・デュモンは、無性愛に極めて近い、肉体関係無しの異性愛者として生涯を終えたと推測される。つまりおそらくサントス・デュモンは生涯童貞であったろう。とはいえ彼は、人類にとっての処女地、大空をその手に入れ、飛行船や飛行機という家族に囲まれて過ごした。この充実した日々にあって、人間ごときの中に性愛のパートナーを手に入れられなかったことが、彼の苦しみとなることはなかったであろう。

自然と人間を美しく描いた女流作家、
その愛の実情は？

ウィラ・キャザー

Willa Cather　1873〜1947
アメリカの作家。北米大草原の開拓者を題材にした小説で知られる。代表作は『おお、開拓者たちよ』『私のアントニア』など。

ウィラ・キャザーは二〇世紀前半のアメリカ文学を代表する女流作家の一人である。彼女はバージニア州で生まれ、九歳でネブラスカ州へ移住した。この時に大草原での開拓者やヨーロッパ系移民による社会を経験したことが、彼女の人生観に大きな影響を与えたようだ。ネブラスカ州立大学を卒業した後、キャザーは教師や編集者の仕事に従事しながら、作家の道を目指す。そして一九一二年、長編小説『アレグザンダーの橋』で文壇にデビュー。以後、北米大陸中西部の大草原を舞台として開拓者女性の姿を活写した『おお、開拓者たちよ』を始めとする多くの作品を残した。彼女の作品は自然・運命に立ち向かう人間の姿を美しく描き出すと評されており、『われらの仲間』ではピュリッツァー賞を受賞している。他にも『私のアントニア』『迷える夫人』『死を迎える大司教』『岩の上の影』などで知られる。

　キャザーは生涯独身で過ごしており、無性愛的なイメージを持たれる事もあった。だが実際のところは、事情が異なるようだ。キャザーはルイーズ・パウンドやイザベル・マックラングと親密な関係を持っており、キャザーは彼女たちに恋愛感情めいた想いを持っていたらしい。だが一方で、キャザーがこうした友人たちと肉体関係を持ったという確かな証拠もまた存在しないようだ。彼女が生涯を通じて純潔であった可能性は否定できないと思われる。

カナダ史上歴代最長政権の主が
生涯独身を通した理由は？
～「母に勝る女性がいなかった」説も～

ウィリアム・ライアン・マッケンジー・キング

William Lyon Mackenzie King
1874～1950
カナダの政治家。3度にわたり首相を務め、歴代最長政権を保つ。第二次大戦への対応や福祉政策に業績を残した。

カナダの歴代首相の中で、最も長くその職にあった人物。それが、ウィリアム・ライアン・マッケンジー・キングである。彼はオンタリオ州の生まれで、有名な急進的政治家であるW・L・マッケンジーを母方の祖父として持つ。トロント大学やシカゴ大学で労働問題を学び、ハーバード大学で社会学の博士号を取得しており、エリートと言って差し支えない経歴と言える。さて、キングは一九〇〇年に新設の労働省次官となったのを皮切りに、一九〇七年には日系・中国系移民の排斥を叫ぶバンクーバー騒動の調停に当たるなど実績を積み上げていく。そして一九〇九年、ローリエ首相から要請を受けて自由党より出馬し、下院議員となり労働大臣に就任。本格的に政界入りする事になった。首相の座にあったのは第一次が一九二一～一九二六年、第二次が一九二六～一九三〇年、第三次が一九三五～一九四八年である。政権にあった間の事績としては、年金制度（一九二六）・失業保険（一九四〇）・児童手当（一九四四）の創設や初の女性上院議員を任命

（一九三〇）といったところが挙げられよう。そして何より、第二次内閣で第二次大戦という大きな波を乗り切ったのは特筆すべきである。

さてこの偉大な首相であるマッケンジー・キングであるが、生涯独身を貫いた事で知られている。といっても全く女性に興味がなかった訳ではないようで、まだ青年であった一八九七年にシカゴで一二歳年長の看護師マチルデ・グロッセートに出会い求婚した事もあった。しかし、これは家族からの強い反対にあって破局に至っている。その後、様々な人物が彼に女性を引き合わせ結婚させようとしたが、結局彼はいずれにも満足しなかったようだ。紹介されたどの女性に対しても、彼は己の母親と比較し不満を抱いていたとも言われている。「もし私のお母さんのような素晴らしい妻を手に入れさえすれば、私はどれだけ幸せになれることか！」と日記に記したこともあるらしい。

一説では、父親の借金を返済したり、母親からの金の要求に応える必要があった事も、結婚に二の足を踏む理由だったのではないかとされている。つまりは、家庭を負う事によって負担が増大するのを嫌った可能性もあるという事だ。

かくして以降の人生は、女性を遠ざけていたキング。彼について詳しい歴史家ジャック・グラナトシュタインは、マッケンジー・キングが生涯童貞だった可能性を示唆しているようだ。しかし一方で、、アラン・ジェラルド・レビンによれば、ポール・ローゼンがキングの使用人にインタビューした際、彼のズボンから女性の陰毛が落ちた[※]のを見て執事が驚嘆したという証言もあるそうだ。実際のところどうだったのかは不明というべきであろう。いずれにせよ、女性との親密な接触をしている場面を想像しにくい人物だったのは間違いないようだ。実際、非性愛的なキャラクターとして戯画化されたり、同性愛の可能性があると見られたりしたこともあるという。

（※）Allan Gerald LevineKing: *William Lyon Mackenzie King: A Life Guided by the Hand of Destiny*Douglas & McIntyre

附：リチャード・ベッドフォード・ベネット
一八七〇～一九四七

カナダの政治家。首相を務め、自主憲法制定を可能にするなどの事績を残す。

なお、キングの政敵というべき政治家に、リチャード・ベッドフォード・ベネット（首相在職一九三〇～一九三五）がいる。彼はニューブランズウィック州生まれの保守党政治家。弁護士を経て政界入りし、法務大臣・大蔵大臣を歴任している。そして大恐慌最中の一九三〇年、マッケンジー・キングの自由党を破って政権を奪取し首相に就任した。首相期間中の事績としては、

一九三一年　ウェストミンスター法を受諾、カナダは自主憲法を制定できるようになった。
一九三二年　アメリカとセント・ローレンス運河に関する条約を締結
一九三二年　カナダ放送協会（ＣＢＣ）を設立
一九三五年　カナダ銀行を設立

といったものが挙げられる。

彼もまた、生涯独身を通している。多くの女性を愛したとも、身体的な理由で性的接触ができず女性を避けていたとも言われているが、真偽は不明である。

生涯童貞であったかはともかく、同時代のカナダで政権を争った二人の大物政治家が共に生涯独身というのは興味深い事実といえる。

ロベルト・ワルザー

独特の文体で読者を魅了した放浪の作家、生涯純潔を貫く？

Robert Walser　1878～1956
スイスの作家。放浪生活の中で独特の作風を持った詩・小説を残した。代表作は『ヤーコプ・フォン・グンテン』など。

独特の作風で知られるスイスのドイツ語作家ロベルト・ワルザーはベルン州ビエルに生まれた。若い頃は俳優を志したが果たせず、保険会社・銀行など様々な職業を経験しながら詩作に励んだ。一八九八年にベルンの新聞に詩が掲載され、一九〇四年には散文集『フリッツ・コッファーの作文』を刊行。一九〇五年から一九一三年の間はベルリンに居住し、散文をヘルマン・ヘッセらから高く評価された。また、この時期に『タンナーきょうだい』『助手』『ヤーコプ・フォン・グンテン』といった自伝的長編小説を著した。中でも『ヤーコプ・フォン・グンテン』は夢想と現実を交錯させる事で深淵を覗かせる作風と評され、フランツ・カフカが愛読したと言われている。

その後、ワルザーはドイツ・スイスを放浪し、やがて長い入院生活で断筆を余儀なくされた。一九五六年、散歩の途中で雪の中で倒れ亡くなったという。

彼の作風における特徴としては、「小さな形式」と呼ばれるスケッチ風散文がまず挙げられる。また、小説に関しても、一見稚拙で放漫に見える文体の裏にリアリティーを秘めた、とか細密な描写を通じて幼児的な夢想と繊細な感情をロマン的にアイロニーを交えて表現した、などと評されている。

ワルザーは生涯にわたり、一定の場所に長く住むこともなく、持ち物も少なく、他人との交際も濃密とは言い難かったという。W・G・ゼーバルトはワルザーに関して**「生涯童貞だったと断じておそらく差し支えない」**（W・G・ゼーバルト『鄙の宿』鈴木仁子訳、白水社、一一八頁）と述べている。借りていたホテルの屋根裏部屋で壁の穴から下女を垣間見た、ラインラントのレジー・ブライトバッハという女性と長く文通をしたといった女性に関する逸話は残っているものの、深い関係には至らなかったようだ。彼だけでなくその兄弟姉妹も、誰一人として子を残していないという。

オットー・ヴァイニンガー

女性蔑視？　女性嫌悪？
自ら命を絶ち衝撃を与えた早熟の思想家

Otto Weininger　1880～1903
オーストリアの思想家。『性と性格』で一種独特の思想を開陳、その直後に若くして自殺した。

オットー・ヴァイニンガーは、オーストリアの思想家である。かつては、近代日本において、知識人の間で広く知られた存在であった。例えば、森鴎外は小説『青年』中の登場人物に「僕なんぞはニイチェから後の書物では、あの人の書いたものに一番ひどく動かされたと云っても好い」（『青年』）存在だと述べさせているし、内田魯庵も「日本の思想界を賑わした」（『灰燼十万巻（丸善炎上の記）』）一人としてトルストイやニーチェらと並んでその名を挙げている。その他にも、倉田百三・中島敦を始めとして錚々たる面々が、彼の言葉を引き合いに出している。そして、その思想は与謝野晶子・奥むめおといった婦人運動に従事した人々からも言及されている。後述するが、婦人活動家にとって、ヴァイニンガーの言葉は聞き捨てならぬものであったろう事は、想像に難くない。

　共鳴するにせよ反発するにせよ、ヴァイニンガーは当時の文化人・言論人にとっては知らずには済まされぬ存在であった事が伺える。なお、当時は「ワイニンゲル」と表記されていたが、本文では現代の慣例にならい「ヴァイニンガー」と記す。

かくのごとくかつては令名高かったヴァイニンガーであるが、現代日本では余りその名を耳にすることはない。これは決して理由のない事ではないのだが、それに関する事情は後に述べることとして、先に彼の略歴・思想を概観する。

ヴァイニンガーは一八八〇年、ウィーンでユダヤ教徒の家庭に生まれた。幼いころから聡明であったと伝わる。一八九八年にウィーン大学へ入学。数学・自然科学・哲学等を学び一九〇二年に卒業した。卒業論文を発展させた著作『性と性格』を世に問うたのは翌年のことである。本書に展開された該博な知識と独特な思想とは、ドイツ・オーストリアの学会に賛否両論の反響を呼び起こしたそうである。それをよそに、ヴァイニンガーはイタリアへと旅行して同年九月末に帰国。それから数日後、ベートーベンが死去した家の一室でピストル自殺を遂げた。この時、わずかに二三歳であったという。

そんな彼が残し、世間に喧々諤々を巻き起こした思想はいかなるものであったろうか。それについても述べねばなるまい。とはいえ、筆者は哲学・思想については門外漢である。そのため、ここでは辞書的な説明の要約を記すにとどめる。内容が内容であるため、現在からすれば適切でない表現も見られるかもしれない。御了承願いたい。

彼によれば、生物世界に純粋な男女というのはなく、いずれも中間的存在であるという。それを前提にして、「男性」は感覚・感情の区別が明確だが「女性」はそうでないと彼は述べる。もっとも、この「男性」「女性」は観念的な概念であり、実際の男性・女性は必ずしもこの通りでないとも言っている。その上で彼は「女性」を二つに大別した。母としての役割に興味を感じるタイプと、性的行為に関心を持つタイプだという。これらは少なくとも今日の価値観からすれば、相当な問題発言であるように思われる。

これにとどまらず、作中には女性差別・女性否定と受け取られてもやむを得ない表現が散見されるようだ。曰く、「女性」は判断力に劣り、記憶が充分にはできず、論理もない。曰く、たとえ底辺の男性であっても最上位の女性よりは無限に上である。曰く、人間教育の仕事は女性には任せられない等々。こうした発言は、女性が道徳的にも精神的にも本質的に男性に劣ることを論証しようとした、と評されることになる。

さて、ヴァイニンガーは以下のようにも述べたという。こうした女性は、男性の性欲によって存在を保っている。したがって、男性が性欲を否定すれば、そうした女性は存在できなくなる。ゆえに、女性を解放するために最善の方法は、女性は性愛的な存在である事をやめ男性は純潔を保つ事である。そうなれば人類は滅亡するかもしれないが、たとえ肉体は滅びようとも霊的には救済されるのだという。

ヴァイニンガーの唱える所を掻い摘むと、上記のようになるらしい。『性と性格』は極めて難解な著作であり、解釈において正確を期する事ができているかは非常に心もとない。だが、その言動が、今日からすれば受け入れる事が難しいのは容易に察せられよう。女性蔑視・男女差別を普遍化しようとした、として忌避されるのも当然に思える。ヴァイニンガー自身は、女性否定をしたものではなく寧ろ女性を最も尊敬した書物だ、と述べているそうだが、どうであろうか。仮にこの点に関する彼の言い分を了解するとしても、余りに厭世的・現世否定的なものに響くのは致し方ない。それだけでなく、他に反ユダヤ的な表現も指摘されている。現代日本で顧みられることが著しく少なくなったのも、故なきことではなかろう。

穿った見方をすれば、彼が一時期持て囃された事実と、その自死とは決して無関係ではあるまい。少なくとも我が国においては。早熟さや潔癖にも思われる思想と相まって、彼の最期は近代日本の青年たちに強い印象を与えたものではなかろうか。

一例として、ここで芥川龍之介が世を去る直前に発表した小説『河童』を参照しよう。作中には、自ら死を選んだ詩人が登場する。彼の幽霊は、来世における友人として数人を列挙したが、多くは自殺した著名人であったらしい。そしてその中にヴァイニンガーの名もあった。この事例は、上述した推測を支持するもののように思われる。

哲学的命題を思わせる言葉を残し、若くして自ら命を絶ったエリート青年。そう考えると、本邦における藤村操（ふじむらみさお）に通じるものがありはしまいか。奇しくも、彼ら二人が没したのは同じ一九〇三年である。

さてこのヴァイニンガー、その思想から考えても生涯純潔を貫いて不思議はない。彼は音楽以外の娯楽を持たず、空腹を感じる事もなかったと伝えられており、禁欲的な為人であったのは間違いなさそうである。事実、彼が純潔であったと考える向きはあるようだ。

思想家・吉本隆明は宮沢賢治に関する一つの伝説について言及している。それによれば、賢治は「体内から一滴も精液を出さなかったのは、世界でワイニンゲルとじぶんと誰それの三人だけだ」（吉本隆明『初源への言葉』青土社、二七〇頁）と語ったそうだ。この伝承が事実かどうかは、知らない。だが、ヴァイニンガーを生涯純潔の象徴的存在と捉える者が、後世において少なくとも一部に存在した事を示唆する逸話である。

ロンドン大学バークベック校教授（歴史学・古典学・考古学）であるチャンダク・セングプタは、ヴァイニンガーが女性と性的関係を有した経験を持つという証拠はないと述べている。一方、彼が同性愛者であったかもしれないとする論者もあるという。また幼少期に性的虐待を受けていた可能性を指摘する者もいるそうだ。この問題に関しては、明らかでない点も多いらしい。

　ヴァイニンガーは生涯純潔であったか、否か。真相は藪の中だが、公算は皆無ではない。その辺りが結論になりそうである。

※藤村操　一八八六〜一九〇三
　明治期の学生。東洋史学者・那珂通世（なかみちよ）の甥にあたる。一高（現・東京大学教養学部）在学中の一九〇三年五月二二日、日光華厳滝で入水自殺した。その際、『巌頭之感』と題する遺言を残す。その中の「万有の真相は唯だ一言にして悉す曰く不可解我この恨を懐いて煩悶終に死を決するに至る」という文言は有名。この事件は大きな衝撃を与え、多くの若者が追随したという。

代数学の抽象化に大きな役割を果たした
無性愛の女性数学者

エミー・ネーター

Amalie Emmy Noether 1882〜1935
ドイツの数学者。「ネーターの法則」を発見するなど、代数学で多くの功績を残した。

エミー・ネーターはドイツの数学者である。父も著名な数学者であるマックス・ネーターであり、弟フリッツも数学者であった。ドイツのエルランゲンで生まれ、彼女自身も数学の道を歩む。父が教授を務めるエルランゲン大学で数学・語学の聴講生として学び、一九〇三年にゲッチンゲン大学へ移り翌年には正規学生となった。一九〇七年に代数学の論文により博士号を取得した。エルランゲン大学では六つの論文をものし、父が病気の際は代理で講義をするほどに優秀であったという。一九一五年には再びゲッチンゲン大学へ移り数学者ダフィット・ヒルベルトらと共に働き始めたが、当時は学問の世界における女性への風当たりは現在とは比べ物にならないほど強かった。彼女も女性ゆえの差別に苦しみ、教職にはなかなかつけなかった。だが彼女はヒルベルトの尽力もあって一九一九年には講師となり一九二二年に非公式(無給・無責務)ながら准教授の地位についている。

数学者としての彼女の業績で知られるものには、一九一八年に発見した「ネーターの定理」がある。これは、「空間や時間などの座標をずらしても同じ法則が成り立ち、同じ方程式が使える」というもので、対称性と物理量の保存則を数式で結び付けたものだそうだ。空間をずらす対称性から運動量保存が、時間をずらす対称性からエネルギー保存が導き出せるという。他に、彼女は抽象代数学において大きな役割を果たしたという。ネーターの学風は数学の抽象化に影響を及ぼし、正田建次郎（しょうだけんじろう）、ファン・デル・ワールデンらがその影響を受けたとされている。

一九三三年にナチスがドイツの政権を掌握すると、ユダヤ系であったネーターも職を追われた。彼女はアメリカにわたり、ブリンマー大学で客員教授となり、一九三五年にその地で没した。アインシュタインは彼女について

「現存する有能な数学者たちの意見によれば、ネーター嬢は女性高等教育が始まって以来最も著しく創造的な数学的天才であった。代数学という領域は、数世紀にもわたって最も優秀な数学者たちが取り組んできた分野であるが、そこで彼女がなした発見は、現在の若い世代の数学者たちによってその重要性が示されるほどのものだ」

とニューヨークタイムズ紙にコメントを寄せたという。

彼女は生涯結婚しなかった。衣装で身を飾る事には関心が薄かったらしく、ゲッチンゲン時代には牧師を思わせるような足首まで覆うコートをまとい肩からバッグをかけた恰好をするのが常であったという。その姿を見かけた少年は、ネーターを男性と勘違いしたといわれる。ネーターの性生活について言及されることは少ないようだが、数学者ヘルマン・ワイルはネーターが没した直後に書いた回想録で彼女は無性愛と推測し「数学の才が非常に優れていた

反面、性愛等に関しては無関心であったようだ」といった趣旨の発言をしている。そうした話が出ることから考え、おそらく彼女は生涯純潔であった可能性が高いと思われる。

オットー・ワールブルク

学問への愛故に、愛欲をあきらめた孤高の天才。
心を許すは下僕と犬だけ

Otto Warburg 1883〜1970
ドイツの生化学者。20世紀前半の生化学のパイオニアの一人で、1931年のノーベル医学生理学賞を受けた。

オットー・ワールブルクは一八八三年ドイツの優れた物理学者エミール・ワールブルクの息子に生まれた。少年時代の彼は成績は優秀ながら、素行の悪い生徒であって、一八九六年には学校から彼の両親に宛てて、彼が悪辣な非行に荷担し、他の生徒を扇動し、徹底的な叱正が必要だと手紙を送っている。しかし、この素行の悪さは彼が大人になるにつれ、跡形もなくなった。オットー・ワールブルクは厳格で、規律意識にあふれ、ただひたすら学問的真理の探究に邁進する、完璧主義の研究者へと成長していった。彼は一九〇一年からフライブルク大学で化学を学び、その後、ベルリン大学へ転学、学位論文を終了した後には医学へと興味を移してハイデルベルク大学医学部に進んでいる。一九〇八年には初めてオリジナルの論文を書き、卓越した研究者として名声を確立する。そして一九一一年に彼は医学博士号を取得した。オットー・ワールブルクの研究業績は大きく分けて、細胞呼吸、光合成、癌に関するものであるが、そのうち細胞呼吸のメカニズムに関する研究は、細胞呼吸研究の端緒を拓くもので、この研究によって彼は一九三一年にノーベル医学生理学賞を受賞している。学生の頃より、ドイツの物理学者として最高の地位を得た父エミールを上回る業績を上げたいと公言していたが、それは成し遂げられたと言えるだろう。

ところで先にオットー・ワールブルクを、厳格で、規律意識にあふれ、ただひたすら学問的真理の探究に邁進する完璧主義者と言ったが、彼は研究のためにその他の全てのものを犠牲にして悔いることのない男であった。彼は仕事の虫で、彼の研究所では所員は死ぬとき以外は仕事を休む正当な理由にならず、風邪で休むなどもってのほかであった。所員が役所の手続きのために数時間研究室を空けることも論外。休暇があるのだから、それ以上の休みを取ってはいけないと言うわけである。彼は言う、「きみたちは、夜になれば医者へ行く時間がたっぷりあるじゃないか。そのうえきみたちは、七、八週間もの休暇が自由に使えるんだよ。」（H・クレブス『オットー・ワールブルク　生化学の開拓者』丸山工作、丸山匠訳、岩波書店、一〇五頁）。彼は自分が勲章を与えられることになり、市庁舎に呼び出された際にも、研究が忙しい、そんなことで研究室を離れるわけにはいかない、勲章は郵送しろ、と役人に電話で答えている。

そしてオットー・ワールブルクの厳格さ、規律意識は彼の私生活をも規定した。彼は、規律にあふれ、無能を排し、部署を守って黙々と任務をこなし続ける軍人が大好きであった。そして無能に見て見ぬふりをし、道徳的にゆるみ、勝手気ままに動き回り、自分たちの義務をしばしば放置する、学者仲間が大嫌いであった。彼は学問上の同僚たちとは疎遠で、学者仲間よりはまだ軍人たちとの方が親しく交際していた。もっともオットー・ワールブルクは、人付き合いの必要をほとんど認めておらず、軍人たちと親しく交際したと言っても、そのつきあいは決して深くはなかった。そもそも彼には、唯一の例外である忠実な下僕ヤーコプ・ハイスを除いては、親密な人間など一人もいなかったのだ。彼は、研究、スポーツ、読書、レコード（特にベートーヴェンとショパン）があり、馬と犬とハイスが居れば満足であった。特にハイスと犬は別格であった。彼は愛犬ノーマンを自分のベッドの上に上げるほどで、ノーマンにはベッドの上でぴょんぴょん跳ねたご褒美（どこが褒美に値するのか彼以外には意味不明であろう）として、毎夜極上の餌が与えられていた。そして下僕ハイスとは、最初は主従関係であったものの、いつしか二人は深い友情で結ばれるようになり、二人は日常生活のみならず、余暇も、休暇も共に過ごしていた。ワールブルクは自分に対する反論を嫌い、批判や反論を受けると、激怒し、相手が自分を蔑視していると邪推して、不当なまでに攻撃的な態度に出るような男であったのだが、ハイスからの反論には敬意を表していた。

さてこの他人と親しまず、日常のみならず余暇も、休暇も下僕を伴侶として過ごし、愛犬をベッドに引きずり込む男は、その生活に親しい女性を組み込む余地を持たない様に見えるだろう。もちろんその通りで、オットー・ワールブルクは独身主義者であった。彼の父エミールは上品な生活態度や、研究への専心によって、息子の模範となっており、「パパは、ママの寝室がどこにあるのかさえ知らないのよ」（同書、一五八頁）と娘たち、すなわちオットーの姉たちにからかわれていた。そのエミールですら、一応は結婚をしているし、妻の寝室さえ知らないと言われながらも、かつては妻と寝て子供を残すことはしているのだが、研究者として父を超えることを目指した息子オットーは、この点でも父を遙かにしのいでいた。

学問への愛は、彼の生涯を支配する原動力であった。この情熱のために、現実的には他の感情は全て

犠牲にされたのだ。彼は、生涯、結婚しなかった。たしかにフライブルク大学の学生時代に、しばらくのあいだ父親の同学の娘を愛してはいたものの、のちに別の機会の場合にもそうであったように、結婚生活は自分の学問上の大望とは相容れないものと決定を下したのである。（同書、一〇一頁）

愛が一時でもかなっているならば、「全て犠牲にされた」とまでは言われまい。おそらく彼は、女性と深い関係を持ったことは無く、生涯童貞を貫いているであろう。

なお、このように下僕のハイスを除いては、男女問わず人付き合いの必要を全く認めていなかったオットー・ワールブルクであるが、人と波風立てずに接する社交の能力は実は十分に持っていた。彼はくつろいだ場では、やさしい男であり、深いつきあいこそ持とうとしないものの、「個人的な交際では、チャーミングな紳士であった。」（同書、一一五頁）。その上、「ワールブルクは、まぎれもない独身主義者であったが、婦人連中とも、ものやわらかにしごく上品に応対するすべを心得ていた。」（同書、一一六頁）と言われる。

独身を通し経済再建した学者出身の独裁者、生涯純潔かそれとも…？

アントニオ・デ・オリベイラ・サラザール

António de Oliveira Salazar　1889～1970
ポルトガルの政治家。独裁体制の下でポルトガル経済を再建したが、工業化の遅れなどマイナス面も目立った。

学者出身でありながら、第二次大戦前から戦後にかけてポルトガルの政治を牛耳ったという異色の独裁者サラザール。彼は、一八八九年にビゼウ県サンタ・コンバ・ダンの貧農の家に生まれる。一一歳で神学校に入った後、一九一〇年にコインブラ大学法学部に入学。やがて同大学の経済学教授となった。思想的にはローマ教皇レオ一三世が唱える社会カトリシズム等の強い影響下にあるとされる。戦間期には第一共和制に反対する右翼保守陣営の論客として知られ、中産階級から支持を集めた。

当時のポルトガル政界は混乱にあり、経済的にも苦境にあった。そうした中、一九二六年五月に軍部がクーデタをおこし独裁政権を樹立。サラザールは軍事政権によって蔵相に起用されたが、自らの改革案が通りそうもないと判断し数日で辞任する。だが二年後、いっこうに改善しない経済状況に危機感を覚えた政府は、サラザールに再び蔵相就任する事を懇願する。この時、サラザールは財政支出の全権委譲を条件に再び蔵相となった。彼は徹底した経費節減によって財政再建・通貨安定を実現する。二〇世紀に入って初めて経済的安定を手にしたポルトガルが、彼を救世主とみなすようになったのも不思議ではなかった。

かくして、サラザールの政治的な発言力は著しく強まる。まず軍事政権の懇望により一九三二年に首相兼蔵相に就任。一九三三年には権威主義とカトリック的社会正義が主潮をなす新憲法を制定、カトリック的な国家統一党以外の全政党を禁止した。一九三六年にはさらに外相・国防相も兼任し独裁体制を固めていく。

「エスタド・ノヴォ（Estado Novo　新国家）」と呼ばれたこのサラザール体制は、全体主義的性格が強い点で他国のファシズム政権と共通してはいた。一方、指導者の個人崇拝や急進的政策は避けられており、その意味において他のファシズム政権とは距離を置いた独特のもので「大学教授型独裁制」と呼ばれてもいる。だが強い思想統制の下であらゆる媒体が検閲対象となり、反体制分子とみなされた人々を摘発し強制収容所に送り込んだのは事実である。

対外的には第二次世界大戦に対し不干渉・中立の立場をとっている。とはいえスペイン内戦に公式民兵組織「ポルトガル軍団」を送り込んでフランコ将軍を援護した事からもわかるように、サラザールの心情としては枢軸国寄りであった。しかしそれはそれとして、彼は大戦の流れを傍観、形勢が明らかになると連合国側に消極的協力をする事によって生き延びている。結果としてこれはイギリスから評価され、北大西洋条約機構（ＮＡＴＯ）が結成された際にはポルトガルも創設メンバーに加えられているし、一九五五年には国際連合加盟も果たしている。

ひとたびは経済安定化に成功し、第二次大戦の荒波を乗り越えて長きにわたり権力を保持したサラザールはこの時代を代表する傑物の一人であろう。とはいえ思想統制は多くの人を苦しめポルトガルの文化力を衰退させる一因となったし、彼の思想的理由に基づく工業化拒絶がポルトガルの立ち遅れを招いたのも否定できない。また、戦後になると世界各地で植民地が独立を果たしていくが、ポルトガルは独立を求めるアフリカ植民地勢力との泥沼の戦いに陥ってしまう。

そうした中で一九六八年、サラザールは休憩中に頭部を打撲、脳出血をおこした。首相の座は法学教授であるマルセロ・カエタノにとってかわられる。かくして三六年にわたる首班から退く事になったサラザールだが、周囲は彼に失脚した事は知らせなかった。それを知ったショックによって彼が死去する危険性を医師たちが恐れたためである。その後、サラザールは自分が依然として祖国を動かしていると信じながら余生を過ごしたという。彼が没したのは一九七〇年のことである。

時代への対応がままならなくなっていた老独裁者の失脚は、ポルトガルにとっては救いであったと思われた。だがカエタノもサラザール同様に植民地維持に執念を燃やす人物であった。一九七四年、状況に業を煮やした軍部によってクーデターが起こされ、ポルトガルは植民地放棄へとようやく方針転換することとなる。

サラザールは生涯独身であり、質素な生活をし熱心なカトリック信者であった。女性を近づけない生活だったため、周囲からも奇妙に見られたという。一九四五年、結婚するという噂が流れたはしたものの、噂にとどまっている。ただし、男女一人ずつを養子に迎えたという。トム・ギャラガーは、無性愛者とされるジョン・エドガー・フーバーを引き合いに出す形で、サラザールの厳格な性への無関心を指摘。またホイット・ホブスやジョイ・アジギアンは、彼はおそらく非性愛だった、と述べている。

サラザール本人は、結婚や家庭生活は公的生活・国家への奉仕と両立しないと考えていたようだ。昭和十年（一九三五）の『満州日報』でも独身を通しなく生涯純潔であった可能性はありうる。真相は藪の中であろう。

浮いた噂一つないと評されている。財政危機に対処するため官僚・大臣の給与を大幅にカットした際、「貴方は独身だから良いが、我々は妻子持ちなので暮らしていけない」と苦情を申し立てられ「私は独身だから諸君より俸給を少なくしている。それでも十分に贅沢に暮らしてみせるぞ」と言い放ったという。

ただし、トム・ギャラガーも可能性レベルとして触れてはいるが、女性と縁がなかった訳ではないようだ。一説によると、青春時代にフェリスミーナという女性と恋仲になったが低い出自故に結ばれなかったともいう。またフランス人女性ジャーナリストが愛人という話も存在はするようだが真偽不明である。

一九四〇年の『ＬＩＦＥ』誌やリチャード・オズボーン等、彼が若き日の失恋以降に彼は純潔の誓いを立てたと述べるものは散見される。彼が熱心なカトリック信徒であったのを考慮すると、婚前交渉は

✤ 名物ＦＢＩ長官は「無性愛」？ 〜ジョン・エドガー・フーバーの秘匿された私生活〜

サラザールの項で、無性愛の一例として名が挙げられていたジョン・エドガー・フーバー（一八九五〜一九七二）。彼がどのような人物であったか、そして本当に無性愛であったのか、少し見ておきたい。

フーバーは四八年の長きにわたり警察権力を握り、八人の大統領と一八人の司法長官に仕えた公務員である。二〇世紀アメリカにおいて、良くも悪くも大きな役割を果たした人物であった。

彼はジョージ・ワシントン大学夜間部で学んだ後、一九一七年法学修士号を取得。同年には司法省捜査局（連邦捜査局　ＦＢＩの前身）に入局し、一九二四年には長官に就任した。それ以降、フーバーは終身にわたりその職を守り続ける。そして彼はその在任中、ＦＢＩに劇的な変化を与えたのである。まず捜査官の人選・訓練が厳格になった。次に、世界最大の指紋記録ファイルを作成し、犯罪の科学的な解明に努めた。こうした改革は、ＦＢＩの権威を高めるのに大きく役立つ。連邦国家アメリカにおいて、諸州にまたがる犯罪に対抗する役目を担うＦＢＩでのこうした処置は大きくものをいい、一九三〇年代のギャング対策でも成果を上げている。こうしてＦＢＩは能力を拡充させ、それに応じて権限も拡大した。その結果、フランクリン・ルーズベルト政権の下で共産主義者・ファシストや国際スパイの摘発にも従事し、第二次大戦中・冷戦期に大きな役割を果たしている。フーバーは、アメリカの警察能力向上に大きく貢献した人物といえよう。

だが一方で、彼は黒い噂にも事欠かない人物であった。まず、彼はＦＢＩ局内で強圧的な支配をしていたとされる。また、情報・警察力を握っていた関係から、有名人に対する恐喝や圧迫を行っていたという。一九六〇年代前半に大統領となったJ・F・ケネディも女性関係を盗聴されたと伝わる。また、ある政治家がFBIの盗聴疑惑を追及した際、フーバーは彼にスキャンダルの証拠を突きつけ黙らせた事もあった。自由の国としてそれはどうなのか、という感を抱かずにいられない話ではある。また、マフィアとの癒着についても取りざたされている。間違いなく有能ではあるが、権力濫用ぎみで公私混同の激しい人物だったのは否めないようだ。

なお、フーバーは冷戦期には上述した共産主義者取締の他、ベトナム反戦運動弾圧やキング牧師ら黒人活動家に対する取締にも積極的に関与した。これには彼が共和党びいきであった事も関連しているとされ、悪名の一因になっていると思われる。ただし一方で彼は人種差別集団クー・クラックス・クランに対しても取締の対象としており、左派のみを目の敵にしたわけでは必ずしもないという話もある。

フーバーは生涯独身を通した。同時代から既に同性愛かあるいは無性愛者であろうと推測する向きがあったという。女性との関係がないというイメージを世間から持たれていたのは、間違いないであろう。事実、アスラン・G・セオハリスやジョン・ステュアート・コックスのように「フーバーは性的欲望を知らないかのようだ」と記述した者もある。

一方で、FBI局員と同性愛関係にあったと証言する人々も存在した。また一説によれば暗黒街の大物がその証拠写真を手に入れフーバーを脅迫したとも伝わる。更に、女装趣味があったと唱える向きもある。ただし、フーバー本人は不名誉な話としてそうした噂を打ち消そうとしている。当時において、性的少数者への風当たりは非常に強いものであったからだ。事実、フーバー自身も公職にある人物を同性愛者として名誉を傷つけた事例がある。

更に、フーバーが女性との関係が皆無だったかどうかも、疑問の余地があるらしい。青年時代にある女性と恋愛関係にあったが破局したという話があるからだ。また、映画女優ドロシー・ラムーアと恋愛関係にあったという噂もあったが、これに関する真偽は不明なままだという。

人によっては「無性愛」の一例として名をあげる事もあるフーバー。その性愛事情については、彼が自らの私生活に関する情報を多く隠滅したためもあり、不明な点も多い。だが、上記の事情を考慮すると、「無性愛」ではなさそうであり、生涯童貞であった可能性は残念ながら極めて低そうである。

✤「ラストエンペラー」は生涯童貞？

中国の「ラストエンペラー」といえば、清王朝最後の皇帝・愛新覚羅溥儀（一九〇六～一九六七　清王朝皇帝在位一九〇八～一九一二　「満洲国」皇帝在位一九三四～一九四五）。彼は「偉人」とは言い難いが、中国史上における有名人には違いない。そこで、ここでは彼に関する話題に触れよう。

彼の略歴は以下の通りである。一九〇六年、清王朝・光緒帝の弟である醇親王載灃の子として生まれた。一九〇八年、光緒帝が崩御するとそのあとを継いで幼くして皇帝に即位。宣統帝と呼ばれる。だが清王朝は既に末期状態にあり、一九一一年に辛亥革命が勃発し翌年には退位を余儀なくされた。とはいえその後も、清王朝にとってかわった中華民国政府から資金援助を受け、紫禁城への居住を許されていた。一九一七年、軍閥に擁立される形で皇帝復位を宣言するが、まもなく再び退位を余儀なくされる。更に一九二四年、クーデターで北京を追われ天津の日本租界に移住した。

一九三一年、関東軍（中国東北部に駐屯した日本軍部隊）が「満洲」（中国東北部）を占領する（満洲事変）と、関東軍の手引きで天津を脱出。翌年には関東軍が建国した「満洲国」の執政となり、二年後にはその皇帝となる。「満洲国」皇帝としては康徳帝と呼ばれる。以降、「満洲国」は日本への密接な協力関係を結ぶ形となり、総務長官を始め実権を握る要職には日本人が任命され関東軍の意向が強く反映されていた。そうした事から、「満洲国」は傀儡国家と評されている。

一九四五年、第二次大戦で日本が敗北すると共に「満洲国」も崩壊し溥儀も退位する。その後、ソ連軍に捕らえられ抑留された後、翌年には東京裁判に証人として出廷。一九五〇年には身柄を中華人民共和国に移され、戦犯管理所に収容された。翌年には特赦を受け、一九六一年に中国人民政治協商会議文史研究委員会の専門委員となった。一九六四年に自伝『わが半生』を出版、また政治協商会議全国委員に選出されている。死去したのは一九六七年である。

この溥儀であるが、生涯に数度の結婚をしている。最初の結婚は一九二二年で、皇后として婉容、皇妃（第二夫人）として文繍を妻に迎えた。この時、既に退位はしていたが引き続き紫禁城で暮らしていたのは上述の通りである。少なくとも当初は、夫婦関係は必ずしも険悪ではなかったようだ。溥儀と婉容は個室間の直通電話で直接会話をし、また単身で溥儀が彼女の部屋を訪れて共に過ごしたりもしたという。

ところが紫禁城時代も天津へ移住してからも、溥儀は彼女たちと夫婦らしい関係をまともに持とうとはしなかったという。これは夫人たちにとっても大きな問題であった。文繍は最終的に離婚を選び、一方で婉容は寂しさを紛らわすためアヘンに溺れ悲惨な末路をたどる。なお、婉容は「満洲国」皇后時代の一九三五年に出産しているが、溥儀は自分の子ではないと主張している。

溥儀の弟・溥傑によれば溥儀が「生理に欠陥」があったという。戦後に迎えた最後の妻・李淑賢も同様の証言をしており、彼女は結婚以前にそれを聞かされていなかったため憤慨したという逸話が残されている。

では、溥儀は生涯童貞であったのか。残念ながら、そう判断することはできないようだ。彼が男色を好んだという話や、性的能力に問題が生じたのは幼少時に宦官・女官から弄ばれたトラウマで性にマイナスイメージを抱くようになったためだという話も残されているためである。

✤ 生涯非婚を貫いた中国女性たちの話～「金蘭会」と「自梳女」～

一般論として、女性にとって前近代は過酷な環境である事が多いようだ。「現代だって充分過酷だ」という声はあるかもしれないが、前近代においては現代と比べてより過酷であった事は間違いないだろう。中国もその例にもれなかったようで、若年女性の自殺率は世界的に見ても高い水準だったとされる。確かに一九〇五年の台湾（当時は日本領であったが）において二〇代前半の女性は一〇万人あたり五七～五八人が自殺しており、同時期のスウェーデンでは一〇万人に五人未満であったのと比較すると著しく高い。ちなみに同時期の日本本土では一〇万人中二三人だから、台湾程でないにせよやはり高い。

こうした過酷さが生まれた大きな要因として、結婚生活において屈従を強いられる機会が多かった事が挙げられる。そうした中、時代がたつにつれて女性の中に結婚への忌避が起こったとしても不思議はない。

『両航秋雨盦随筆』という書物によれば、一九世紀初頭の広州には未婚女性による「金蘭会」という団体があったという。その構成員たちは、相互に義姉妹関係を結んで結婚を拒否していたそうである。彼女たちは、周囲の圧力によって結婚を余儀なくされたとしても、あくまで形式上にとどめて夫との同居を拒否する。義姉妹全員が結婚した場合に初めて夫の家に向かうのだとか。また、周囲が強制的に嫁ぎ先へ連行しようとした際には、義姉妹が集団自殺する事で対抗したそうだ。清王朝の乾隆年間（一八世紀半ば）における書物『順徳県志』に同様の記述があることから、少なくともこの時期まではそうした風習が遡れると思われる。

さて広東・広西周辺の非漢族の間では、一定期間別居する婚姻が一般的であった。また、未婚の娘が夜は集団で過ごし義姉妹関係を結ぶ風習も彼らの間にはあったという。そして、この地域では養蚕業が発達し、女性は労働力として存在感があり経済的に自立している例も多かった。そうした背景もあり、生涯非婚を比較的貫きやすい環境にあったといえる。生涯独身を通した女性たちは、やがて「自梳女」と呼ばれるようになる。既婚女性と同様に髪を結い上げる事に由来する呼び名だという。結婚せず子孫を残さない場合、中国では一般的に死後の祭祀が問題になる。だが、彼女たちは共同で「姑婆山」に埋葬され生きている仲間が墓参するという形で死後の祭祀についても対処した。

一九七〇年代には工場制機械工業が発達し、女工として就職する事で経済的な自立傾向はさらに強まった。経済的な余裕は、彼女たちの間での結婚拒否傾向をさらに強める。結婚への圧力をかけられた「自梳女」達の中には、貧しい家の女性を買い取って代わりに相手の男性へあてがう、死亡した男性と形だけ結婚するという形式で応じる例も見られた。また、メイドとして広州・香港・シンガポールへ出稼ぎに行く「自梳女」も存在した。

この時期、生涯不婚を貫き宗教的救済を手にする女性を描いた経典「宝巻」が多く知識層女性に読まれたのもこうした傾向に拍車をかけたようだ。この「宝巻」から影響を受けた女性には、結婚を強いられて自殺する例も多数あったと伝わる。

非婚を貫く女性が増えた背景には、経済的な余裕や志を同じくする者同士のつながりがあった。圧力をはねのけたり、孤独を避ける事で、初志を貫徹するのにそれらが大きな力となったのは間違いない。

✤童貞こそ英雄に相応しいと信じる人たち

ヘディンの項で、研究者の間に、ヘディンは探検一筋で女に縁が無いとの伝説が存在したことを紹介した。実のところ、ヘディンは縁は無くとも女は好きなのだが、研究者の願望が、伝説を生んだのだろう。俗に「英雄色を好む」と言うが、世の人々は、必ずしも好色な英雄を好ましく思っていないと窺える。女に目もくれず、童貞を貫く人物こそが英雄に相応しい、そう信じる人も世の中にはいるのだ。

それどころかそう信じる人は、歴史的には世の主流である可能性すらある。例えば、童貞に否定的な道徳を持つ中国ですら、民衆間に英雄に童貞を期待する風潮が存在した。中国で歴史的に大衆的な人気を誇った小説『水滸伝』は、女に興味の無い英雄を多数登場させているが、英雄の一人はこう言う。

好漢としてもっとも恥ずべきこと、人から笑われること、それは溜骨髄（精気を漏らす）の三字でしょう。（駒田信二訳『水滸伝（三）』講談社文庫、六六頁）

中国ですらこれであるから、他は推して知るべしであり、水滸伝の英雄と日本の英雄を比較検討した中国文学者の高島俊男氏は、人々が英雄に求める資質として性的な潔癖があるとする。

言うまでもなく、中国の民衆英雄とわが国の民衆英雄とは、よほどその性格を異にしている。……そのような違いにもかかわらず、女色に対する潔癖ということの点において両者は共通している、…。

そこに、民衆が求め、愛する英雄というものの一つの側面を見てとることができるのではないか。

（『水滸伝の世界』ちくま文庫、六五頁）

Chapter4 Modern Britain

第4章
近代イギリス

人間嫌いの変人博士。女は見るのもおぞましい

ヘンリー・キャベンディシュ

Henry Cavendish 1731～1810
18世紀の科学者。化学、物理学において多方面に先駆的な業績を残した。彼の行った地球の密度の測定は物理の教科書で「キャベンディシュの実験」として取り上げられるなど、非常に有名である。

一七三一年、ヘンリー・キャベンディシュはイギリス名門貴族の家に生まれた。父のチャールズはイギリスで最も歴史ある自然科学学会王立協会の副会長をも務めた優れた実験家で、キャベンディシュはこの父の強い影響を受け、父の助手として実験を行うなどしつつ、科学への関心を育んだようである。

キャベンディシュは一七四九年から一七五三年にかけてケンブリッジ大学のセント・ピーターズ・カレッジで学んだが、学位を取得せぬまま大学を去った。大学に存在する宗教の試験を受けたくなかったからだと言われている。彼は宗教には全く無関心であったのだ。というよりは、科学以外に全く興味がなかったのだと思われる。

キャベンディシュは、四一歳あるいは五一歳まで、父親からわずかばかりの小遣いと潤沢な実験器具を与えられ、科学一筋の貧しい生活を送っていた。彼は望めば難なく手に入ったであろう外交官や軍人といった職を求めることもせず、大学に研究者の籍を

求めるでもなく、父から与えられた実験室に安住し、趣味人として研究を続けていた。一七七三年の叔父の死か、一八八三年の父の死かのいずれかによって莫大な遺産を相続し、キャベンディシュは非常に裕福となったが、科学一筋の生き方はそれによって全く変化しなかった。彼は科学が好きである一方、非常に内気で極度の人間嫌いであり、王立協会への出席など王立協会と関係を持つ以外は、外部との社会的な関係を持とうとせず、半隠遁の趣味的研究者として一生を過ごした。

キャベンディシュは、水が水素と酸素から成ることの発見、地球の密度の測定、その他電気学や熱学、天文における多彩な業績を残したが、多くの業績は非公表のままであり、死後に発見されることになった。彼が公表しなかった研究成果の中には、オームの法則やクーロンの法則といった、彼より後の時代における大発見さえ既に記述されていた。

ところで、この人間嫌いで内気な天才科学者は、当然女も嫌いであった。キャベンディシュに関する最初のまとまった伝記を書いたジョージ・ウィルソンはキャベンディシュのことを「ミソジニスト」とし「実際、彼の同時代人によって、彼は明確に女嫌いであったと伝えられている」と書いている（George Wilson, "The Life of Honourable Henry Cavendish", Cavendish Society, 一六九頁）。彼は生涯未婚であったし、確実に童貞でもあっただろう。

もちろん世の中には女嫌いと言いながら実は女に執着しているというタイプもいる。女に対して興味津々にもかかわらず酸っぱいブドウよろしく負け惜しみで女嫌いであるとか、女は嫌いだが女体は好きだとか。だがキャベンディシュの女嫌いは、そのようなレベルをはるかに超越していた。キャベンディシュは、女だとか女体だとかが、物体として嫌いであり、目にするのも嫌であったのだ。

キャベンディシュは自分の屋敷の外の女性とは全く交流を持とうとしなかったし、屋敷で働く家政婦にさえテーブルに置いたメモを読ませる形で連絡し、自分に姿を見せないよう命じて、口もきかないようにしていた。彼の前に姿を見せて解雇されてしまった家政婦もいるし、仕事中の家政婦と階段ですれ違ってしまったことが嫌で、彼は屋敷に婦人専用の階段を作らせることさえした。王立協会の仲間と食事中に向かいの家の窓にかわいらしい女の子が見え、仲間一同ご機嫌で眺めていたときなど、月を眺めていると勘違いしたキャベンディシュもそこに加わってきたのだが、見ているものが女の子であると気づくと、彼は嫌悪の声を発しながら離れていってしまった。

このような男であるから、キャベンディシュが女性と性的な関係を持てたとはとても考えられない。若気の至りや気の迷いで、娼婦を買ったようなこともほぼ確実に無いであろう。

なお、キャベンディシュの名誉のために付け加えるならば、彼は極度の女嫌いによる断固たる決意ある童貞だったと考えられるが、だからといって、女性に対し嫌悪をそのままぶつけるような不躾な振舞いには及んではいない。彼は女性に対するに、行為の面では十分立派に振る舞った。例えば、ある日散歩中の彼は、一人の女性が猛り狂った牛に襲われているのに出くわした。そこで彼は女性と牛の間に割って入り、牛を脇へとそらせて女性を保護、そのまま何事もなかったかのように、散歩に戻って立ち去ったという。キャベンディシュは女嫌いであるが、一方で女性に対して立派な紳士であった。

エドワード・ギボン

ローマの衰亡を追った大歴史家、青年期の失恋以後は色事に縁なし？

Edward Gibbon　1737〜1794
イギリスの歴史家。大著『ローマ帝国衰亡史』で知られる。

一八世紀イギリスを代表する偉大な歴史家とされるエドワード・ギボンは、ロンドン南部のバトニーで生まれた。幼少期は病弱で小学校通学もままならなかったという。オックスフォード大学入学後、カトリックに改宗したため父の怒りを買い、スイスのローザンヌへ移されカルバン派牧師の下で教育を受ける事となった。この時の教育が、彼の知的教養を形成したといわれる。

一七五八年からしばらくハンプシャーにある父の田園で読書生活を送り、一七六一年にフランス語で初の著作『文学研究論』をものした。一七六三年から三年にわたりフランス、スイス、イタリアなどを周遊。この旅行中にローマのカンピドリオの丘で着想を受けて練った構想をもととして、一七七六年に『ローマ帝国衰亡史』第一巻を刊行した。

ギボンはこれによって歴史家としての名声を確立し、一七八八年に全六巻で完成させている。なお、彼は一七七四年から一七八三年まで下院議員を務めたが、著述に専念したいという理由から辞職している。

『ローマ帝国衰亡史』はローマ帝国絶頂期を皮切りとしてローマの衰退期を描いた大著である。当初は全三巻で西ローマ帝国滅亡にて終結とするつもりであったが、好評であったこともあり一四五三年のコンスタンティノープル陥落によるビザンツ滅亡まで扱う結果となったそうだ。

ギボンは、本書においてローマ衰退の原因として以下の要因を挙げている。すなわち「文化的・道義的衰退」「ゲルマン人の清新さ」、そして「キリスト教の影響による隷属的精神」。その上で、ローマ衰退は「野蛮と宗教の勝利」と結論したのである。当然ながら、これらの記述はキリスト教会から批判を受けた。

それ以外にも、文献への批判的視点を欠いているとか、人物評価などに偏りがあるといった批判も受けている。そのため、学問的観点からすれば問題も少なくないとされている。だが一方で、格調高い名文もあって単なる歴史書ではなく当時のイギリス文学における代表的作品と評価され、長らく古典的名作として愛読されているのも事実である。

さて、最後にギボンの性愛関係について述べておこう。彼は一七五七年にローザンヌで牧師の娘スザンヌ・キュルショーと恋愛関係に陥るが、父の反対を受け断念している。ちなみにスザンヌは銀行家ジャック・ネッケル（一七三二〜一八〇四）と結婚した。その娘が、フランス革命期に活躍した作家スタール夫人である。

恋破れた後のギボンは、結婚・同棲とも経験せずに生涯を終えている。佐伯彰一氏は、ギボンが生涯童貞だったのではないかと推測している。

ウィリアム・ピット（小ピット）

無性愛？の名宰相、ドーバー海峡をはさみフランス革命と敵対～あわや童貞偉人対決か～

William Pit the Younger 1759～1806
イギリスの政治家。首相として17年の長期政権を維持し、財政再建に成功した。フランスと敵対し対仏大同盟を結成した事でも知られる。

ウィリアム・ピットはイギリスの政治家である。同名の父（通称大ピット）も首相であった事から、区別するため小ピットと呼ばれる。アメリカ独立戦争後の疲弊した状況下、国王ジョージ三世から抜擢され二四歳の若さで首相となった。それまでは特記すべき政治的事績はなかったが、国王の後押しを背景に選挙で多数を取って政治基盤を確立。以後は十七年間にわたる長期政権を運営した。

当時のイギリスは戦争後で財政が逼迫していたが、国債処理や関税軽減、密輸の取り締まりといった政策を打ち出す事によって再建に成功。またカトリックへの法的規制を緩和させたり、奴隷解放にも好意的だったりと今日の価値観から見ても進歩的な一面があった。

一方で対外的にも勢力強化に成功している。一八〇〇年にはアイルランドとの合同を実現。またインドの総督・知事・司令官の任免権を政府が掌握する事と定め、東インド会社を通じたインド支配を強めたのも彼の時代であった。

　一方、フランスを敵視し対仏大同盟を数度にわたり組織した事でも知られる。フランス革命やそれに続くナポレオン・ボナパルトの台頭は国際的な不安定要因である、というのが彼の考えだった。しかし対仏大同盟はフランス側の攻勢によってしばしば頓挫。特に第三次対仏同盟は一八〇六年にアウステルリッツの戦いでオーストリア・ロシアがナポレオンに大敗した事によって崩壊する、という結末を迎えた。この頃のピットは病床にあったが、同盟の崩壊を知って落胆。そのせいか、直後に病死している。

　小ピットは、生涯を独身で通した。女性の目からすると彼は十分に魅力的だったようだが、彼自身は女性には興味がなかったとされている。一方で、三〇〜四〇代になっても若い男性たちと過ごすのを好んでいた。そのため同性愛の噂も立っているが、少なくともその証拠はないようだ。生真面目で取っつきにくい為人であったともいわれる。


　ウィリアム・ヘイグは小ピットについて、『ザ・テレグラフ』紙上で「生涯を通じて無性愛であった」「政治家としての成長が早かったのが、人としての成長を妨げた一例」と評している。政治に情熱を燃やし性愛方面ではエネルギーが傾けられなかった事例と見るべきなのかもしれない。

　性愛方面以外でも彼は無趣味に近かったが、その反面で酒好きだったようだ。議会で立て続けにポートワインをあおり、手が震えていたという話も伝わっている。ある時など、友人と一晩でワイン七本を開けてから議場に入り、

「議長が見えんな」（小林章夫『イギリス名宰相物語』講談社現代新書、六七頁）

　などとうそぶいたことすらあったという。なお、同伴の友人の返事はこうだった。

「馬鹿いうな。あそこに二人いるじゃないか」（同書、同頁）

さて長期にわたり政権にあった小ピットだが、金銭的には清廉であった。地位を利用した蓄財をする事はなく、逆に没した際には四万ポンドの借金があったという。彼の長年にわたる貢献に感謝する意味で、この借金は国庫から返済されている。

なお、これは余談であるが、ピットが対仏大同盟を結成した契機はルイ一六世の処刑であった。すなわち、その時のフランスで勢力を有していたのがあのマクシミリアン・ロベスピエールに代表されるジャコバン派。ということは、ドーバー海峡を挟んで、それぞれ英仏を率いた二人の童貞偉人が激突しようとしていたと言える。残念ながら、ロベスピエールがクーデターにより失脚し処刑されたので、こうした形勢は長くは続かなかったのだが…。

ハーバート・スペンサー

人間社会の「進化」を夢見た哲学者の無性愛的な生涯

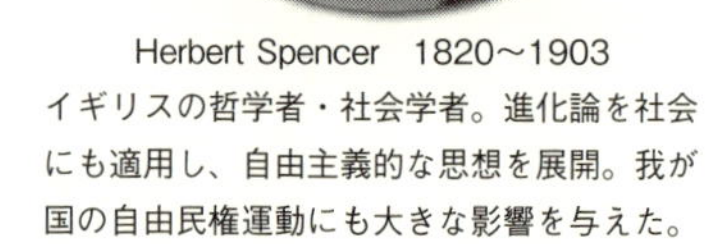

Herbert Spencer　1820〜1903
イギリスの哲学者・社会学者。進化論を社会にも適用し、自由主義的な思想を展開。我が国の自由民権運動にも大きな影響を与えた。

進化論が、かつて人間社会にもあてはめられた時代があった。そうした思想を提唱した代表者が、ハーバート・スペンサーである。スペンサーはイングランドのダービーで非国教会家庭に生まれた。叔父の学校で数年間学んだが、それ以外にはほとんど学校教育を受けなかったという。鉄道拡大の時代であったことも背景に鉄道技師として勤務する。だが、やがて社会学・経済学に関心を持つようになり、一八四八年には『エコノミスト』誌の編集補佐となる。

一八五一年、彼は『社会静学』を刊行。そこで、彼は「全ての人は己の意志の通り振る舞う自由がある。他人の同様な自由を侵害しない限りにおいては。」という思想を展開し、市民社会の到来を予測している。国家は、人が有する自然な権利を守るための必要悪として位置づけられた。

一八五二年の『発達仮説』で、彼は創造論を否定し進化論を展開。ラマルク同様に、環境に適応して新たな性質を身に着け進化する、という考え方を取っている。なお、「適者生存」という言葉を生み出したのは、ダーウィンでなくスペンサーである。

スペンサーの思想の特徴は「進化」を自然のみならず人間社会にも適用できると考えた事であった。やがて彼は形而上学・心理学・倫理学にもこれを応用した哲学体系を構想するに至る。一八五三年以降、彼は様々な執筆活動を行いながら、主著『総合哲学体系』の作成に着手。これは「第一原理」「生物学原理」「心理学原理」「社会学原理」「倫理学原理」からなる大著で、完成を見たのは一八九六年であった。

彼は「社会学原理」で、人類社会は権威主義的・画一的な「軍事型社会」から自由で多様性を持つ「産業型社会」へ移行すると予測。「倫理学原理」では人間は等しく自由な存在であると述べている。産業・資本主義の発達が、戦争や抑圧から人類を解放すると理想主義的な考え方を持っていた。

もっとも、実際にはスペンサーの予測はあまりに楽観的に過ぎた。産業・資本主義の発達は新たな摩擦・戦争の原因となる。また、「進化論」を社会に応用する考え方は「社会ダーウィニズム」として、植民地政策や白人優越主義、強者による弱者の駆逐を正当化するのに利用された。

問題点も大きかったとはいえ、スペンサーがこの時代において存在感を示した思想家である事は間違いない。我が国でも『社会静学』が松島剛(まつしまこう)によって『社会平等論』として翻訳され、自由民権運動に大きな影響を与えている。もっとも、スペンサー本人は、森有礼(もりありのり)・金子堅太郎(かねこけんたろう)ら日本政府の要人に社会段階に即した漸進的な政治制度を採用するよう述べたといわれている。

彼は生涯独身であり、その生涯や手紙を調べた限りでは性愛の影をうかがわせるものは明らかでないという。彼が生きたビクトリア時代は性愛に対し厳格であったが、当時の基準をもってしても無性愛ぶりは際立っていたとされる。ジョージ・エリオットと一時的に関係があったのではないか、と疑う説もあるが、証拠はないようだ。スペンサーの伝記を記述したマーク・フランシスは、スペンサーは生涯童貞であったとしており、それに反駁できる有力な材料はないそうである。

「神のお告げ」に従って、
生涯純潔で使命を果たす
～人呼んで「ランプを持った貴婦人」～

フローレンス・ナイチンゲール

Florence Nightingale 1820～1910
イギリスの看護師。クリミア戦争時に野戦病院で救護活動に従事し、その後は衛生管理・看護の重要性を世に広めた。

フローレンス・ナイチンゲールはイギリスの看護師である。裕福な家庭の出身であり、両親がフィレンツェに滞在しているときに誕生したことから「フローレンス」と名づけられた。成長ののち、看護活動に関心を持ち諸国の病院を訪れる。やがてドイツのデュッセルドルフ郊外にあるプロテスタント婦人奉仕団病院で正規の看護師訓練を受けた。この病院はセオドア・フリードナー（一八〇〇～六四）が設立したものであるという。当時のイギリスでは、看護活動は技術も軽視され低く見られていた。だが、その中で彼女は高度訓練を受けた看護師の重要性を学んだ。

そしてクリミア戦争のときには、多くの看護婦を率いて野戦病院で傷病者の救護にあたる。夜にはランプを掲げて病棟を巡検するのが常であったことから、ロングフェローの詩もあって「ランプを持った貴婦人」と呼ばれる。

もっとも、看護そのものもさることながら、彼女にとってより重要な任務は資材確保・補給や病院秩序の確立であった。必要物資を手に入れるため私財を投じる必要が生じることもあったという。彼女らの尽力にもかかわらず院内での死亡率は高かった。これに対処するためロンドンから調査団が派遣されるとこれに協力、下水・換気などの改善を提言し事態を改善させている。

戦争終結後は、病院の補給・衛生状況の改善に政治家ハーヴァートを通じて取り組む。その際、イギリス中の病院や地域の患者に関する統計を駆使して説得力を持たせたことで知られる。王室統計学会会員、アメリカ統計学会の名誉会員となっている。病院建築についても改革案を提示している。『看護覚書』『病院覚書』などの著作を残し、衛生管理・リスク管理や看護の重要性を認識させる。

そんな彼女は、生涯独身を貫いたことでも知られる。その契機は一八三七年に「神から使命を果たせとのお告げがあった」と感じた事にあった。この時点では具体的な内容はまだ分からなかったが、「自分は使命を果たすべく命じられた」と確信。そんな彼女を家族は心配し、結婚により家庭を築くことを希望した。また、政治家リチャード・ミルンズら複数の男性から求婚があったが、フローレンスはすべて拒絶している。その後、エジプト旅行中にも再び「お告げ」を聞き、「子供じみた愛や結婚とはおさらばだ」と改めて決意したという。

以降、厳格に独身を貫き、純潔を守り神から命じられた使命を果たす生活に入った。政治家・軍人とも積極的に面会し交渉したが、スキャンダルは全く囁かれなかったという。

少年・少女を愛した英国の文人たち、
実生活では純潔を貫く?

ルイス・キャロル
ジェームズ・マシュー・バリー
ジョン・ラスキン

Lewis Carroll 1832～1898

James Matthew Barrie 1860～1937

John Ruskin　1819～1900

ルイス・キャロルはイギリスの童話作家で『ふしぎの国のアリス』などを著す。ジェームズ・マシュー・バリーは劇作家で『ピーター・パン』などで有名。ジョン・ラスキンは批評家で、『近代画家論』などで知られる。

ビクトリア時代のイギリスには、禁欲的な雰囲気が強く、男性間の友愛、貴婦人へのプラトニックな崇拝と愛情といった徳性が重んじられた。一方、その裏側で少年・少女を愛の対象とする現象も見られた。ただ、それが性的なものかどうかは場合によるようだ。ここでは、その例として比較的有名な、純潔を貫いたと思しき三人について触れよう。

童話作家ルイス・キャロルは本名をチャールズ・ラトウィッジ・ドジソンといい、チェシャー州で牧師の息子として生まれた。名門ラグビー校を経てオックスフォード大学に進学し、学士号取得後も数学および論理学の講師として、終生大学の学寮にとどまったという。彼は幼い少女たちに愛を注ぎ、中でも学寮長の娘であるアリス・リデルには『ふしぎの国のアリス』を捧げている。この作品は、『鏡の国のアリス』とともに現代でも児童文学史の傑作として名高い。それ以外にも長編『シルビーとブルーノ』が彼の作品としては知られている。

またルイス・キャロルは写真を好んだことでも有名で、当時最新のカメラを駆使し少女たちや同時代の名士たちの写真を多数残している。

彼は妻をめとらず、独身生活を貫いた。上述したように少女たちに愛情を向け、彼女らが成人した後も親密な関係を持つことが多かったという。したがって、少女に性的に執着していた訳ではないと近年では考えられているようだ。また、実際の性行為には嫌悪感・罪悪感を感じており、純潔な紳士として生涯を過ごしたという話もある。ビクトリア朝のイギリスには、彼のようなタイプの男性は少なくなかったとも言われる。

劇作家ジェームズ・マシュー・バリーはスコットランドで織工の家庭に生まれた。エジンバラ大学を卒業した後、ジャーナリストとなってロンドンで活動。一八八〇年代初めから戯曲・小説を書き始め、みずからの少年時代を素材にした感傷的な小説『オールド・リヒト物語』で名を挙げた。

一八九〇年代末ごろからは主に劇作を手がけるようになり、一九〇四年に初演された『ピーター・パン』によって名声を不動とする。ある家の子どもたちが永遠に成長しない少年ピーター・パンと不思議な島で色々な冒険をするという内容の物語は、現在も児童劇の古典として名高い。バリーは、他にも感傷的な男女の喜劇『お屋敷町』、身分社会を皮肉った『あっぱれクライトン』、さらに『女なら誰でも知っていること』『一二ポンドの目』などの作品でも知られている。

彼は幼少期、兄デイビッドを溺愛していた母からは軽んじられていた。だが六歳の時に兄が一三歳で事故死すると、兄の姿をして母を慰める事でその愛情を獲得。母にとって、彼はいつまでも一三歳の「デイビッド」であったという。この経験が、『ピーター・パン』の着想に影響したと思われる。

バリーは知人デイヴィスの息子たちに次々と面白い話を聞かせる事で仲良くなり、しばしば共に遊んでいたという。彼は結婚はしていたが、その後も女優たちと交友を盛んにもっていた。一九〇九年に彼ら夫婦は離婚したが、彼らは夫婦としての関係を持たない間柄であったとも言われる。バリーは生涯にわたって不犯の身を通したのではないか、と推測する向きもある。

批評家ジョン・ラスキンはロンドンの富裕なぶどう酒商の家に生まれた。父と共にヨーロッパ大陸を旅する事によって、風景・美術・建築の美しさに接した事が大きく影響したという。オックスフォード大学を卒業した後、一八四三年から代表作である『近代画家論』全五巻を著し始める（完成は一八六〇年）。これは、一八四二年に世間から批判されていた王立美術院のターナーの作品を弁護するのが執筆のきっかけであったという。もっとも、ラスキンも一八七七年にはホイッスラーの作品を攻撃した事で名誉棄損の罪に問われているのだが。

彼は建築にも強い関心を示し、『建築の七灯』や『ベニスの石』三巻といった著作を残している。これは、そうした建築を実際に創り出す労働者の生活への興味にもつながり、一八六二年に著した『この最後の者にも』のように社会・経済・政治に関する問題にも言及するようになっていった。

ラスキンは一八四八年に結婚したが、六年後に離婚。元妻からは性的交渉はなかったと証言がなされ、医師によっても元妻の純潔が証明されている。妻の肉体に陰毛があるのに衝撃を受けたため、とも言われるが真相は不明である。その後、女性を遠ざけ無性愛的な生涯を送ったとされる。一方、ルイス・キャロル同様に幼い少女への愛情を示したとも言われる。

チャールズ・ジョージ・ゴードン

中国とスーダンで英雄になった指揮官は、女性にも家庭にも興味なし

Charles George Gordon 1833〜1885
イギリスの軍人。中国で太平天国の乱を鎮圧するのに貢献。スーダン等の総督を歴任、マフディー派との戦いの中、ハルツームで戦死した。

チャールズ・ジョージ・ゴードンはビクトリア時代後期のイギリスを代表する軍事的英雄とされる。スコットランドの名門の武人の家に生まれ、士官学校卒業後、クリミア戦争に従軍した。一八六〇年にアロー戦争への派兵に参加し、北京占領や円明園焼き討ちに参加。これが中国との縁の始まりとなる。

当時、中国の清王朝は「太平天国」と称する反乱軍によって苦しめられていた。これに対し、アメリカ人ウォードは鎮圧のため多国籍軍である「常勝軍」を組織したが、給料問題などが原因で機能不全に陥っていた。そんな中で一八六三年、ゴードンはイギリス軍司令官から推薦される形でイギリス軍に工兵少佐として籍を置いたまま「常勝軍」司令官に就任。彼は軍を再建し、清の重臣・李鴻章(りこうしょう)が率いる「淮軍」に協力して太平天国軍との戦いで功績を挙げる。当時の太平天国軍主力を率いる忠王李秀成(りしゅうせい)から太倉、松江、蘇州などを奪回、反乱の鎮圧に大きく貢献した。この軍事的成功は彼の知名度を高め、「チャイニーズ・ゴードン」という呼び名で勇名をうたわれた。清は彼に提督の官を与え、この功績に報いている。なお、ゴードンは才登という中国名も有しているが、こうした事実も彼と中国を結び付けるイメージに一役かっているだろう。もっとも『太平天国』の著者リンドレーのように、ゴードンを中国人の正義の圧殺者であると激しく批判した人物もあるようだ。

帰国した後、彼はイングランド南東のグレーヴセンドにおける堡塁建設を監督する任務を果たした後、一八七〇年代にはスーダン総督として奴隷制撤廃に情熱を注ぐ。これは彼の名声をさらに高めることとなった。もっとも、奴隷制廃止という事業が十分な成果を上げられたかどうかは疑問があるうえ、現地の慣習と共同体を破壊する結果に終わったという話もあるようだ。

その後、ゴードンはモーリシャス島司令官、ケープ・タウン植民地軍司令官などを歴任したのち、一八八四年に再びスーダンへ総督として着任する。当時、スーダンではマフディー派による民族反乱が勃発していた。その鎮圧が、彼に与えられた任務だった。しかし反乱軍の勢いは激しく、ゴードンはハルツーム市で十か月にわたる籠城の末に戦死する。援軍が到着したのは、その二日後だったという。グラッドストン政権は、ゴードンを救出できなかった事で激しい批判を受けることとなった。

遠い異国での戦功と悲劇的な最期。ゴードンが英雄として持て囃されるのは十分に理解できる話である。指揮官として、統治者として名声を博したゴードンは当時を代表する傑物であったのは確かだろう。もっとも、彼は帝国主義全盛期、白人至上主義華やかなりし時代の人物。彼の事績が現代の視点から見れば多くの倫理的問題を孕んでいるのは否めないところである。

さてこのゴードンであるが、生涯独身を貫き、女性に関心を持つことはなかったとされている。それ以外の面でも彼は禁欲的であり、親しい家族や社会的係累を持つことに興味を抱かなかったようだ。彼が生涯純潔であった可能性は十分にあるといえよう。

ホレイショ・ハーバート・キッチナー

大英帝国の威信を支えるべく戦った軍人は、徹底した女性嫌い

Horatio Herbert Kitchener 1850～1916
イギリスの軍人。マフディーの乱鎮圧、ファショダ事件、第二次ボーア戦争で功績をあげイギリスの勢力拡大に力を注いだ。

大英帝国の威光輝かしきビクトリア時代。その時代に活躍した将軍の一人として、このホレイショ・ハーバート・キッチナーの名が挙げられよう。彼はアイルランドで陸軍士官の子として生まれ、ウーリッジの陸軍士官学校に学んだ。一八七一年、普仏戦争にフランス軍への志願兵として参戦している。

その後、東地中海地域を中心に測量・諜報の任務に従事。一八八四年から一八八五年にかけて、スーダンでマフディー派による反乱軍に包囲されたゴードン将軍の救出作戦に参加した。この際、ゴードン救出はならなかったのは彼の項で触れた通りである。以後、キッチナーはマフディー軍との戦いに日を過ごし、一八八八年には負傷もしている。一八九二年にはエジプト軍司令官に就任、数年にわたり配下の軍を訓練し質を高め決戦に備えた。そうして準備を整えた後、スーダンへ侵入してマフディー軍を各地で撃破、一八九八年にハルツームを奪回しマフディー派国家を滅ぼしている。こうして、キッチナーは尊敬するゴードンの仇を討ったのである。

更に同年、ファショダ事件が起こる。スーダンのファショダにマルシャン将軍（一八六三〜一九三四）が指揮するフランス軍が到達。キッチナーはこれに対しイギリス軍を率いて対峙、フランス軍の撤退を求める。一時はあわや両国間の開戦かと危ぶまれたが、フランスが譲歩する形でマルシャンは撤退。翌年にスーダンはイギリスとエジプトの共同統治となり、チャド湖一帯をフランスが獲得することで話がついた。スーダンをイギリス勢力圏に組み入れる事に、キッチナーが大きく貢献した形である。

キッチナーの次の舞台は南アフリカであった。金の鉱脈がある当地へ勢力拡大を目論んでいたイギリスは、現地のトランスバール共和国・オレンジ自由国と対立を深めていた。かくして一八九九年、両国とイギリスは戦争状態になる。第二次ボーア戦争である。当初、イギリス軍は敵の民兵を相手に苦戦を強いられた。そうした中、キッチナーはロバーツ総司令官の下で参謀総長として増援軍を率い参戦。翌年には総司令官として反撃の指揮をとり、オレンジ自由国の首都ブルームフォンテーンやトランスバール共和国の首都プレトリアを占領する。だがその後も両国軍はゲリラ戦で抵抗を続けたため、キッチナーは現地の家屋・農地を焼き払う掃討作戦で対抗。内外からの非難を浴びながらも一九〇二年に戦争終結へと持ち込んだ。こうして南アフリカはイギリスの植民地となる。

その後、キッチナーはインド軍総司令官、エジプト駐在代表を歴任。一九〇九年には元帥に叙せられた。一九一四年、第一次世界大戦に際して陸軍大臣となった。彼は長期戦を予測し国家総動員を推進したが、弾薬不足などから非難が高まり声望を失う。そうした中で一九一六年に同盟国ロシアへ赴く途次、ドイツ軍の機雷に船が触れて沈没、死亡している。

マフディーの乱、ファショダ事件、第二次ボーア戦争とビクトリア時代におけるイギリスの大きな軍事紛争で手腕を発揮したキッチナーは、敏腕の指揮官であった事は論を俟たない。とはいえ、その事績は倫理的には非難される余地が多々あるのも否めないようだ。これは、当時の帝国主義政策に関与した人物全般に言える事ではあろうが。

キッチナーは生涯独身で女性を愛した形跡はなく、同性の友人も少なかった。部下にも既婚男性を用いなかったと言われる。女性からインタビューを受けるのも避けていた。ゴードンを深く尊敬したと言われているが、女性を遠ざけるという共通点で通じるものがあったのか。

そうしたことから、彼の死後、彼が同性愛であった可能性について言われた事もある。もっとも、同時代資料を検討した限り、その可能性は低いらしい。キッチナーは男女問わず性愛を遠ざけていたと考えられ、生涯純潔であった可能性は高いようだ。

オリヴァー・ヘヴィサイド

人間嫌いの孤独な天才、恋する相手は電気と鳥

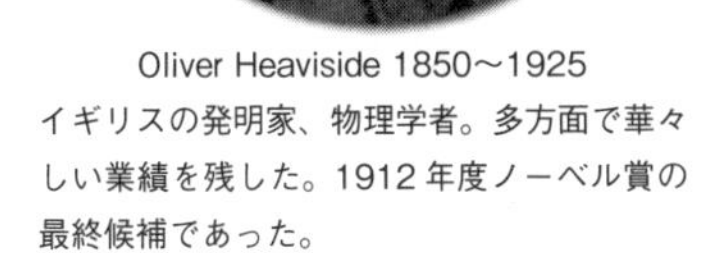

Oliver Heaviside 1850〜1925
イギリスの発明家、物理学者。多方面で華々しい業績を残した。1912年度ノーベル賞の最終候補であった。

ヘヴィサイドは一八五〇年ロンドンの貧民街で、貧しい木彫り師を父として生まれた。ヘヴィサイドは猩紅熱の後遺症である聴覚障害のせいで他の子供とまともにつきあうことができず、その上、父親の虐待にも苦しめられつつ育った。ヘヴィサイドは、攻撃的な性格や奇行で知られるが、これにはこの不幸な生い立ちも影響を与えているかも知れない。ヘヴィサイド自身、後に、子供時代の問題は自分に恒久的な奇形を残したと回想しているほどだ。

とはいえ彼の不幸な生い立ちが、性格に奇形を残したにせよ、それによって彼の優れた才能が損なわれることはなかった。ヘヴィサイドは一六歳まで学校に通い、一八六五年の教育大学試験で志願者五〇〇人中五位の成績を取るほどの頭脳を誇っていたのだ。それ以後、正規の学校教育を受けることはなかったが、彼は完全に独学でさらにその才能を開花させていった。彼は独学でモールス信号を修得し、一時は電信士を務めたが、やがて一八七四年には職を辞して親元に引きこもり、兄や友人の支援、政府の年金で生活しつつ、個人的な研究に没頭するようになる。その結果、ヘヴィサイドは数々の科学論文で、天才として知られるようになっていった。彼の業績は、通信工学、物理学、数学など多岐に及び、現代の電子回路設計、電気磁気学のベクトル解析の基礎を築いた。ヘヴィサイドの電気理論は、人類が遠距離電話することを可能にし、日常生活への影響という点では、アインシュタインよりもはるかに大きな役割を果たしたと評価されている。

ところでこの人付き合いが苦手な天才は、「他人が身近にいること、近所を散歩中に隣人と出会うことなどがひどい苦痛の種となった。」（C・A・ピックオーバー『天才博士の奇妙な日常』新戸雅章訳、勁草書房、八〇頁）ほど人間嫌いであった。言うまでもなく、女性とのつきあいも苦手であり、「女性に余り興味をもたず、両親はこれといった能力に恵まれていたわけではなく、電気現象や鳥たちと恋に落ちた」（同前）と言われ、その結婚歴につき「未婚。独身。唯一の長期にわたる接触は母親、姪、家政婦とのものだった。」（同書、六六頁）とされる。子供の頃より人付き合いが苦手で、女に関心が無く、未婚を貫いて電気現象や鳥に恋していたとなると、一生のどこかで娼婦を買ったとも考えがたく、おそらくヘヴィサイドは生涯童貞であっただろう。

一度晩年になって、ヘヴィサイドが、一人の独身女性を監禁状態にしたこともあるのだが、元来の人間嫌いと無性愛の傾向を思えば、これは性的なものではなかったと思われる。被害者メリー・ウェイは、彼の兄嫁の姉妹で彼よりも三つ年長の女性であった。もともとは二人は、ヘヴィサイドの兄の計らいにより、一九〇八年に平和裡に同居を始めている。同居していた母親を失い孤独となり、しかも病気になったヘヴィサイドが、メリー・ウェイの家の二階に間借りして家政婦として身の回りの世話をしてもらい、メリー・ウェイは家賃を手に入れるという、独身の年配者双方の利益を図った共同生活であった。ところが、ヘヴィサイドは間借りする身でありながら、屋敷の女主人を奴隷同然に扱い、彼女にヘヴィサイドの許可無く外出しない等を誓う契約書にサインさせたのである。なおこの際ヘヴィサイドがメリー・ウェイに書かせた内容には「メリー・ウェイは（卑語省略）と結婚しないことに同意する。オリヴァー・ヘヴィサイドは（卑語省略）と結婚しないことに同意する。」（同書、九八頁）との文言も含まれている。何を意味するのか、十分には読みとりづらいものの、生活と屋敷から結婚や性的な要素を排除しようと言う、熱意の感じ取れる文言と言えなくもない。ヘヴィサイドはメリー・ウェイのことをベイビーと呼んでいたのだが、むしろ彼の方がベイビーで彼の世話を焼くことに専念し、彼を安心して引きこもらせてくれる母親代わりをウェイに求め、その行き過ぎによってここに至ったとは見えないだろうか。やはりこの監禁騒動には、あまり性的な匂いは感じられず、ヘヴィサイドは童貞を貫いたと見て良いように思われる。

なお、メリー・ウェイはヘヴィサイドの扱いによって神経衰弱に陥り、全ての時間を暖炉の火を見つめるのに使うところまで追いつめられたが、最終的に、彼女の姪が無断で彼女を連れ出すことにより、監禁状態から救い出された。メリー・ウェイはその後回復し、一九二五年に死んだヘヴィサイドよりも長生きしたという。

イギリス帝国主義の象徴たる鉱山王は、

セシル・ローズ

女性関係には無関心

Cecil John Rhodes　1853〜1902
イギリスの政治家。ケープ植民地首相として植民地政策を推進。南アフリカで金・ダイヤモンド鉱山の利権をも握る。

全盛期には世界各地に植民地を保有した大英帝国。そのイギリスを代表する帝国主義者として知られるのがセシル・ローズである。彼は一八五三年にイングランドのハートフォードシャーで生まれた。一八七〇年に健康を害したのを契機にオックスフォード大学進学を断念し、兄を頼って南アフリカのダーバンに移った。当時南アフリカはダイヤモンド・ラッシュのただ中であり、ローズらも鉱脈探索に従事したという。そして健康状態が改善すると改めてオックスフォードに進学。卒業した後の一八八一年にケープ植民地議会議員となり、一八九〇年にはケープ植民地首相にまで栄達した。以降、彼はこの地に君臨し権勢をほしいままとする。彼はイギリスの勢力圏拡大に熱心で、ケープタウンからカイロまでをイギリス勢力として鉄道でつなぐ事を夢見たとされる。

　彼が南アフリカで手にしたのは政治権力だけではなかった。彼はこの地の鉱山王でもあったのだ。例えば、ラント（ウィットウォーターズランド）で金鉱が発見されると南アフリカ金鉱会社を創設。弱小の諸会社を買収・統合してラントの金鉱山を支配した。また一八八八年、彼はロスチャイルド資本の支援を得てデビアス・コンソリデーテッド・マインズを設立し、ダイヤモンド産業にも進出。デビアス社は一九世紀末には世界のダイヤモンドの九割を産出しており、現在でも世界最大のダイヤモンド会社である。こうした採掘権獲得にあたってローズは現地の王と交渉したが、時には詐欺のような手段を用いる事も辞さなかったと言われる。ケープ植民地首相となってからは、政治権力を背景にそうした「交渉」に拍車がかかったという。

更にこの年、ローズはヌデベレ族から鉱業利権を獲得。翌一八八九年にリンポポ川以北の開発・入植を目的としてイギリス南アフリカ会社を創設している。イギリス南アフリカ会社の勢力圏は北に拡大され、彼にちなんでその地域は「ローデシア」と呼ばれた。なお、南ローデシアが現在のジンバブエ、北ローデシアがザンビアである。

しかしトランスバール共和国の政府を転覆させようという動きを援助し、イギリスの勢力拡大を目論んだのが裏目に出た。その計画が失敗し、ローズの関与が明らかになると責任問題が浮上。一八九六年、彼はケープ植民地首相を辞任し、イギリス南アフリカ会社からも追われた。それ以降は、一八九八年にケープ植民地議会議員の地位を回復したとはいえ、失意の日々であったようだ。

やがて第二次ボーア戦争が始まると、彼はキンバリーに入り街・鉱山の防衛戦に参加。物資欠乏や過労によってローズの健康は損なわれ、一九〇二年三月に病没した。没後、ローズの莫大な遺産はオックスフォード大学に寄贈され、奨学金として活用された。

ローズは生涯独身であり、女性関連の噂は皆無であった。一方で周囲を未婚男性で囲まれて、気の合った男性たちと過ごすのを好んだとされる。また、友人ネビル・ピッカリングと一時的に同居したこともあったようだ。そうした事情から同性愛である可能性も指摘されたが、明らかな証拠はないようだ。一方では無性愛者の可能性も指摘されており、いずれにせよ性愛方面では淡泊であったとみなしてよい。生涯純潔を貫いた可能性は十分にありそうだ。

生涯純潔を貫いた、性科学創始者の話

ヘンリー・ハヴェロック・エリス

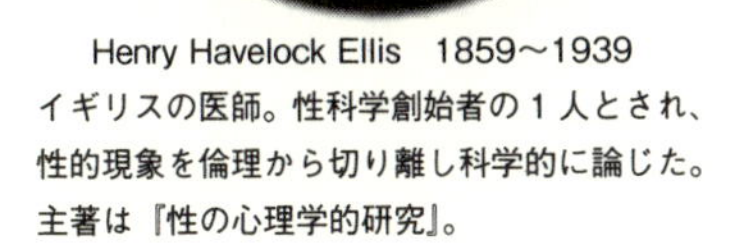

Henry Havelock Ellis　1859〜1939
イギリスの医師。性科学創始者の１人とされ、性的現象を倫理から切り離し科学的に論じた。主著は『性の心理学的研究』。

ヘンリー・ハヴェロック・エリスはイギリスの医師で、性科学創始者の一人として知られる。彼はロンドン近郊のクロイドンで、船長の長男として生まれた。若い頃は世界を周遊し、やがてロンドンで医学を修め開業。そして三〇歳代になると、研究・著作に専念するようになった。その題材は文芸・哲学批評、犯罪心理学、天才研究、自己愛（ナルシズム）研究など。そして一八九四年に『男と女』を著したころから、性に関する科学的研究に力を注ぐようになっていく。

当時のイギリスは、ビクトリア時代の気風を受けて、性的な事柄に関する抑圧的な風潮が強かった。そうした中で、エリスは社会に広まっていた偏見・差別に囚われず客観的な分析を行おうとしたのである。

一例を挙げると、当時は自慰を有害とみなす説が有力であった。だが、彼は自慰はごく普通の人間行動であると論じ、性交渉が持てない場合は神経系に鎮静作用をもたらすとも唱えている。エリスの説が、自慰を行ったことで後ろめたさの念にとらわれた人々を精神的に救う事となったであろうことは想像に難くない。更にエリスは、同性愛に対しても科学的視点や擁護的な視線を持ち込んでいる。こうした性に対する視点は、当時として画期的であった。彼の研究成果は『性の心理学的研究』全六巻（一八九七〜一九一〇）にまとめられた。古今東西を問わず広範な文献を集積した、性科学の百科事典的な作品だという。エリスの思想は、我が国でも山本宣治（やまもとせんじ）や宮沢賢治などに大きな影響を与えている。

さてエリス自身は、三二歳で結婚している。だが、その夫婦間に性生活はなく間もなく離婚した。相手が同性愛の女性であったこと、エリス自身が性的能力に問題を抱えていたことが原因とされている。その後もエリスは作家オリーブ・シュレイナーと交際したがこちらもやがて破局。そうした事情から、エリスは生涯を童貞で過ごしたと言われている。

傷病兵救護・脱落兵亡命援護に献身し
犠牲となった純潔の従軍看護師、山の名となる

エディス・キャベル

Edith Cavell 1865〜1915
イギリスの看護師。第一次大戦中、ベルギーで敵味方を問わず傷病兵を救護した。逃げ遅れた連合国兵の逃亡を助けたためドイツ軍に処刑された。

カナダのアルバータ州にある観光都市ジャスパーに、マウントエディスキャベルという山がある。山肌には、天使が羽を広げたように見えるエンジェル氷河が見えるという。この山は、第一次大戦中に従軍看護師として活躍し、戦争の犠牲になったエディス・キャベルにちなんで名づけられたそうである。

キャベルは、イングランドのノーフォーク州スワーデストンで聖職者の家に生まれた。ベルギーのブリュッセルで家庭教師をしていたが、父が病気になったのを契機に看護師を志す。ロンドン病院で訓練を受け、その際にはチフス大流行も経験した。

一九〇七年、ブリュッセルのベルケンディール研究所の初代師長となり看護レベルの向上に貢献。一九一四年に第一次大戦が勃発しベルギーがドイツ軍に占領された後、ベルケンディール研究所は赤十字病院となる。キャベルはそこで傷病兵たちをその所属陣営にかかわらず救護した。

この頃、連合軍の退却により取り残された連合軍

兵士たちがベルギーには多数存在した。彼らはドイツ軍の追及を逃れるため一般市民に身をやつしていたが、それは捕えられた際にはスパイとして処刑されることも意味していた。キャベルはこうした脱落兵たちをかくまうよう依頼され、人道的見地からそれを引き受ける。彼女は地下組織を作り、二〇〇名の脱落兵たちをオランダへ亡命させることに成功させている。だがこれはドイツ軍の知るところとなり、一九一五年にキャベルらは捕えられ軍事法廷にかけられた。アメリカ合衆国は外交的に彼女らの助命を働きかけたが空しく、同年末にキャベルらは処刑されている。最期の言葉として、

「私は、愛国心だけでは十分ではないと悟りました。誰に対しても憎しみや怒りを抱いてはならないのです」

というものが伝えられている。

キャベルらの処刑によって連合国は憤激し、プロパガンダとして喧伝した。実際、直後には入隊者が二倍になったという話もある。戦争が終了した後、彼女の亡骸はウェストミンスター寺院に埋葬され、後にノリッチ寺院に移されている。

キャベルは生涯独身で、無性愛的なイメージを持たれているようだ。傷病兵の救助に従事し、純潔を貫いた生涯はフローレンス・ナイチンゲールを連想させるものがある。余談ながら彼女が独身であったのは、看護師が規則で独身を義務付けられ結婚すると退職するよう定められていた時代に育ったのも一因であった可能性がある。

英国恐怖小説の大立者は無性愛なリアル

アルジャーノン・ブラックウッド

「魔法使い」

Algernon Henry Blackwood　1867～1951
英国の作家。ホラーやファンタジーで名をはせ、ラヴクラフトらに影響を与えた。実際に魔術結社にも加入していた。

イギリスを代表するホラー作家であるアルジャーノン・ブラックウッドは、イングランド・ケント州における名門の家に生まれた。清教徒の家庭で育っており、両親の思想が後々に作品世界へ影響を与えたと言われている。ブラックウッドはカナダ・アラスカ・ニューヨーク等で様々な職業を経験し、失業を繰り返した末、一九〇六年『空家』で作家デビューした。その後、彼は専業作家となりホラーやファンタジー方面で二〇〇編以上の短編・一〇編の長編を著して名をはせ、ラヴクラフトなど後進の作家たちに大きな影響を与えている。ラヴクラフトはブラックウッドを「奇妙な雰囲気を描き出す事にかけては絶対的で疑問の余地のない名人であった」と評したという。代表作として、心霊探偵もののはしりである『心霊博士ジョン・サイレンスの事件簿』などが知られている。人間の錯覚と実在する脅威の境目が曖昧な状況に恐怖を見出すのに長じていたと評される。彼は上述した清教徒家庭の影響の他に、仏教経典からもインスピレーションを得ていたようで、輪廻転生をテーマに取り入れるなど東洋的・神秘的な作風もあるという。後年にはテレビやラジオで自作品を朗読し、人気を博していた。

ブラックウッドは生涯にわたり独身を貫き、無性愛者であったと推測する向きもある。また彼は一九〇〇年に魔術結社「黄金の夜明け団」へ加入しており、実際に魔術師としても経験を積んでいる。これも作風に影響を与えたことは想像に難くない。インターネット上を中心に「一定年齢まで童貞を貫くと魔法使いになる」という都市伝説があるが、ニュートン同様にこの都市伝説を連想させる人物ではある。

生物の交配を論じて名を残した研究者。
自らは生涯交配を経験せず

ゴッドフレイ・ハロルド・ハーディ

Godfrey Harold Hardy 1877〜1947
20世紀イギリスの数学者。イギリスの数学を世界の指導的な水準まで押し上げた。

ハーディは一八七七年、イギリスのクランレーに生まれた。両親とも学校教師であった。彼は数字好きの子供で、幼い頃より神童と言って良い才能を示していた。二歳の時には、一〇〇万までの数を書き出すことができたという。もう少し成長して教会に連れて行かれたときには、教会の中で賛美歌の番号の素約数を求めて、心を遊ばせていた。やがて彼はケンブリッジ大学を構成するトリニティ・カレッジを四番目の成績で卒業した。

大学卒業後、ハーディは着実に業績と名声を確立していった。彼は規則正しい時間割で仕事をしており、午前九時から午後一時まで、一日四時間しか数学研究に割かず、午後からは存分に数学以外の活動をも楽しんでいた。午後は主にスポーツに当てられ、彼はテニスやクリケットを楽しみ、しかもなかなかに巧みであった。特にクリケットは彼が数学の次に愛する存在であった。彼は論文中で数学をクリケットに喩えて解説したり、数学分野における人々の業績を、クリケットの選手になぞらえて評価したりする男であった。そして夜には彼は様々な知識人との交流を大いに楽しんだ。このように存分に日々を楽しみつつも、彼は巨大な業績を残し、純粋数学の面で停滞していたイギリスを世界的な指導国に押し上げた。彼は近代解析的整数論の父とされる。彼は数学の世界を扱った最も有名な文芸作品『ある数学者の生涯と弁明』でも知られる。

もっとも我々にとっては、ハーディはこのような数学的業績よりも、生物学のジャンルでよりいっそう馴染み深い人物かも知れない。彼は集団内の交配が自由かつ偶然であるなら、世代によって集団内の対立形質の頻度は変わらないという法則を発見したことで知られる。これは集団遺伝学的思考の核心を成す法則で、ハーディとは独立して同じ法則を発見したドイツの医学者ワインベルクの名と併せて、「ハーディ・ワインベルクの法則」と名付けられているが、この法則の名は高校生物の教科書にも登場する。

ところでハーディは活動的、社交的な姿からは意外に思われるかも知れないが、セックスレスであったらしい。つまり生涯童貞ということになる。その理由は、肉体的な実践までは行かない、精神的ホモセクシュアルであったからだという。

トリニティ・カレッジでは、ハーディは「アポスルズ（使徒たち）」という有名な学生弁論部に所属していた。この部は同性愛（「より高等なソドミー」と「アポスルズ」のメンバーは呼んでいた）を認めるだけではなく、より精神的な愛の形態として実践していた。同性愛であることを会員の条件にしてはいなかったが、メンバーは「女道楽者でさえホモセクシュアルのふりをして、他の連中に侮られないようにした。」ハーディにはボーイフレンドまたはガールフレンドの存在が知られておらず、明らかにセックスレスで、リトルウッドが書いたように「精神的

ホモセクシュアル」だった。（ポール・ホフマン『放浪の天才数学者エルデシュ』平石律子訳、草思社、八九頁）

妻や恋人を相手にするより、話の合う男性の友人との交流で精神的充足を得るタイプは確かにこの世に存在するが、ハーディはそれを一歩推し進めたタイプの人物だったのだろう。

なおハーディは自分の顔を怪物のようだと思っており、写真に撮られたり、鏡に姿を映すのを極度に嫌っていた。ひげ剃りのために嫌々鏡を見るのが我慢の限界で、ホテルにチェックインしてまずやることは鏡をタオルで覆うことだったという。ひょっとすると、このような容貌に関する自信の無さが、ヘテロにせよホモにせよ、容貌の値踏みをされかねない肉体的にセクシュアルな関係の形成を忌避させたのかもしれない。もちろん、容貌に関する自意識とは無関係に、単に肉体的関係への欲求が薄かったり、あるいは好みの相手に生涯で出会わなかっただけかもしれないが。

ちなみに実際のところハーディの容貌は、知人たちからは、輝く瞳に、繊細かつしっかりした、謹厳な顔立ちのボーイッシュなハンサムと評価されている。

✤なぜイギリスに「童貞偉人」が多いのか？
～「処女王」エリザベス一世の国は伊達じゃない？～

読者の中には、以下の疑問を抱く方も少なからずおられるかと思う。

なぜ、イギリスにこれほど「童貞偉人」が多いのか？

本著において外国語文献はほとんど英語で調べているため、バイアスがかかっている可能性は勿論否定できない。しかし、本書登場人物の中の、イギリス出身者が占める割合の高さはそれだけで説明できる範囲を超えている。ここで、考えられる要因を挙げていきたい。

別項でも触れるが、偉人と呼ばれるレベルの人々が生涯童貞を貫くのは実は容易なことではない。一定以上の社会的地位がある場合、家系を途切れさせない事が求められるからである。僧籍に入るなどの特別な事情がない限り、結婚し子孫を残す事を求める社会的圧力がかかるのである。

しかし経済が発展し社会が豊かになると、人々の間にもゆとりが生じる。特に一定以上の階層では養える人数に余裕があるため、生涯独身を通す人物が出ても他の人員が子孫を残し家系が絶えにくくなる。イギリスで生涯童貞の偉人が、ビクトリア朝を中心に繁栄を迎えた時代に多く見られるのはそうした要因が関係していると思われる。

次に、比較的近い時代において全世界レベルの大国となったことも大きいだろう。時代が近いため、性愛関係を含めた個人史料が残りやすい。また、世界への影響力が大きいため、世界的な影響力・知名度を有する偉人も出現しやすい。そうなると、彼らの中に生涯童貞であった人物も一定数その中に混じっても不思議ではない。これは、「童貞偉人」に関する史料の入手しやすさに繫がり、冒頭で述べた「バイアス」にも関連してくる要素である。

また、宗教的・思想的な要素も見逃せない。キリスト教は元来、欲望、特に性欲を罪悪視する傾向がある。そのため、純潔に肯定的な価値を認める宗教である。特に、プロテスタントの一部には禁欲的な性格が強いものがある。イギリスも国教会を奉じ、時代によっては清教徒の影響も強かった国である。宗教的な要素によって純潔が重んじられた可能性は見逃せない。やはりプロテスタントが多い北欧もイギリス程でないにせよ童貞偉人が多めなのも、この推定を補強しているように思われる。

実際、イギリスに純潔を重んじる風潮は間違いなく存在したようだ。一例を挙げると、オックスフォードやケンブリッジの大学院生は、遅くともニュートンの時代には、修道士を思わせるほどに禁欲的な独身生活を強制されていたという。十九世紀後半まで続いたというこの風習は、他のヨーロッパ諸国の教育機関では見られないイギリス特有のものであったようだ。

十九世紀のビクトリア時代になると、こうした風潮はより顕著なものとなる。男性エリート、すなわちジェントルマンの世界において広範に純潔重視の思想が見られるようになる。男性間の友愛、貴婦人へのプラトニックな崇拝と愛情によって特徴づけられる彼らの思想は、中世騎士道から強く影響を受けているとされている。もっとも、そうした風潮の裏側で男色・少女愛といった現象も見られるのもまた一面の事実であったようだが。

ここまで話を進めて連想されるのが、女王エリザベス一世（Elizabeth I　一五三三〜一六〇三　在位一五五八〜一六〇三）。言うまでもなく、彼女は国教会を奉じ、優れた平衡感覚で政治的安定をもたらし、スペインとの戦争に勝利してイギリス繁栄の基礎を築いた名君である。彼女は生涯独身で「この国と結婚した」「処女として生き、処女として亡くなったと墓に刻んでほしい」との言葉を残している。

もっとも実際に生涯純潔であったかは、疑問が大きい。一五六〇年前後に美男の廷臣ロバート・ダッドリと愛人関係にあったと見る向きも多いのである。彼は愛人関係がなくなった後も寵臣ではあり続け、女王は「ロビン」と愛称で呼んでいたという。外国の使臣には、そうした彼を「女王の秘密の夫」とみなすものもあったとされる。

しかしながら彼女は一般的には純潔・処女のイメージを前面に押し出しており、少なくとも一部からはそれを神聖視されている。そうした彼女の存在は、上述した要因を考慮すると、「童貞偉人」大国イギリスの象徴であるかのように思えてくる。

Chapter 5 Modern Japan

第5章
近代日本

生涯不犯を誓い戒律主義で国民教化を志した、

明治第一の傑僧

釈雲照（しゃくうんしょう）

1827～1909
近代日本の仏僧。明治維新期の廃仏毀釈を契機に戒律主義を唱え、仏教改革および一般国民の道徳改良に尽力した。主著は『大日本国教論』など。

明治期における日本仏教界第一の傑僧といえば誰か。真言僧・釈雲照――雲照律師とも呼ぶ――こそその人である、と評されたようである。事実、彼は当時において相当高名な存在だったらしく、例えば夏目漱石『吾輩は猫である』にもチラリと名が取り上げられている。

この釈雲照は出雲（現在の島根県）に生まれ、姓を渡辺、名を大雄といった。一〇歳で出家の道を選び、高野山で長らく修行したという。転機が訪れたのは明治維新の時である。当時、神道国教化の動きに乗じて仏教への排斥運動が巻き起こった。いわゆる廃仏毀釈である。雲照は、これに反対する形で立ち上がった。そして、それを契機に旧態依然たる仏教界の刷新を志す。その手段として、戒律普及の運動を旗揚げした。対象は僧侶のみにとどまらない。彼は、世俗の人々をも、戒律により道徳的に向上させようとした。雲照による運動の一環として、十善会・目白僧園が設立され、女性教化を目的とする夫人正法会も結成されている。

さて、彼は戒律運動のみに従事していた訳ではない。仏教界においても重きをなしたようで、明治三十二年（一八九九）には仁和寺門跡の地位を占めている。また晩年は、日露戦争における両軍戦死者の菩提を弔うべく、中国東北部や朝鮮半島を巡ったと伝わる。

そんな明治第一の傑僧・雲照は、戒律重視主義にふさわしく生涯純潔であったらしい。一九歳の時、涅槃会前日に突如霊感に打たれ、一生不犯を仏に誓ったのだという。そして、終生独身を貫いたそうである。

1830～1859
幕末の尊王論者・思想家。自身は処刑されるが、松下村塾で育成した人材が新時代を開く事となった。

吉田松陰

回天の志に殉じ、生涯女性を知らぬ教育家

吉田松陰は徳川末期の尊王論者・教育家である。長州藩（山口県）出身で、名は矩方（のりかた）、通称は寅次郎。兵学を学んで長崎・江戸に遊学、佐久間象山（さくましょうざん）に師事した。ペリー再来の時には密航を企てるも果たせず下獄している。そののち、萩の自邸内に松下村塾を開き高杉晋作（たかすぎしんさく）・久坂玄瑞（くさかげんずい）・伊藤博文（いとうひろぶみ）といった維新の指導者を育成するが、自身は政治活動の結果として徳川政権から睨まれ刑死する事となった。

彼自身は政治活動家としては、直情径行・純粋に過ぎた感があったように思われる。桂小五郎（かつらこごろう）ら友人、高杉ら門人はそうした松陰を案じ忠告したのであるが、それに対し彼が

其の分かれる所は僕は忠義をする積り、諸友は功業をなす積り（一坂太郎著『吉田松陰とその家族』中公新書、一七四頁）

と痛罵したという話は知られている。こうした性

情の人物は、自身が政治的な成功を収める事は難しいと言わざるを得ない。しかしながら、彼自身は道半ばで倒れたものの、門人たちがその志を継ぎ時代を動かす事になったのは読者も御存知の通りである。

　そこで、松陰の教育者としての姿について少し見ておこう。彼の教育方針は、平等主義・個性尊重であったとされる。そのため身分を問わず教えを求める者を受け入れ、萩城下のみならず長州藩領内全域から弟子が入門していたという。弟子の年齢層も幅広く、九歳から三〇代後半にわたっていた。また松陰は時間帯やテキストを特に定めることなく、弟子たちの求めを尊重し柔軟な形で教えを授けていたとされる。

　松陰の教育における姿勢をよく示した逸話がある。現代日本で一人称代名詞としてしばしば用いられる「僕」という言葉。元来は、「しもべ」という意味があり、一人称としても「愚臣」と同様に目上相手にへりくだる際に用いられたものである。これが一人称として一般化したのは、松陰に由来するという説があるのだ。松陰は門弟を相手にした際、自らを「僕」と表現した。門弟に上から「教化」するのでなく、門弟と同じ視線で共に考えるという意思表示として、へりくだった一人称を敢えて用いたのだという。こうした姿勢が弟子たちにも感化を与え、やがて塾生たちも「僕」を一人称として用いるようになった。明治以降、松下村塾出身者の影響力が強まる中で、一般にもこの用法が広がったのだという。

　教育家としての松陰は、実に立派というべき方針と実績を残したものといえよう。彼の門下から時代を動かす人材が多数巣立ったのは、故なきことではない。

　さて、松陰は女色と縁遠く「仙人」とあだ名され生涯独身・童貞を貫いたとされている。事実、妹・千代は回顧録に

松陰は生涯婦人に関係せることは無かりしなり

（同書、一六八頁）

と記しているという。実際、彼は女性に関しては潔癖と言うより臆病だったようで、旅行中に友人たちが遊郭に行った際にも同行した様子はないらしい。獄中にあった時に女囚・高洲久子（たかすひさこ）と知り合い恋慕の情を抱いたという説もあるものの、これも推測の域を出ないレベルのようだ。

　松陰が政治活動に没入するようになると、心配した周囲の中には彼を結婚させ落ち着かせようとしたものもあった。しかしこれに対し松陰はきっぱりと拒絶。知人への手紙で

小生に妻を進めて正論を挫くの説、お聞き及びもあるべし、奸人の胸中如何々々（同書、同頁）

と述べて憤激している。家庭を持つと志が揺らぐ、と考えたもののようだ。このあたり、フランス革命の際のロベスピエールを連想させるものがある。

河口慧海（かわぐちえかい）

一五で不犯を誓い仏道に入った男、日本人で初めてチベットに入る

1866～1945
仏教学者・チベット探検家。日本人で初めてチベットに入国し、チベット仏教研究の大家として知られた。

河口慧海は幼名を定次郎といい、大阪府堺に生まれた。少年時代に仏教へ強い関心を抱くようになり、二五歳で黄檗宗五百羅漢寺（ごひゃくらかんじ）で得度した。以降、慧海と号する。幼いころから学問好きであったが、仏道に入ってからもそれは変わらなかったという。やがて一般的に使われている漢訳仏典の正確さに疑問を抱くようになり、チベット語原典の研究を志す。

　当時チベットは鎖国方針を採っており、また中国・イギリス（インドを支配）が外国人のチベット入国をとどめようとしていた。そのため、チベット行は命懸けであり、周囲の猛反対を受けるがそれを押し切る恰好で一九〇一年にインドからチベットへ密入国。日本人で初めて首都ラサに至った。現地では貧しい人々に医療を施し、尊敬を受けたという。また、当時のダライ・ラマにも謁見を許されたと伝わる。日本人である事が露見したため退去を余儀なくされたが、チベット一切経などの多数の貴重な資料を持ち帰っている。後に一九一三～一五年にかけ

ても、再度チベット入国をしている。

最終的に黄檗宗の僧籍を返上し、還俗し在家仏教を提唱するようになった。若い頃に黄檗宗内部の争いに巻き込まれた経験を少なからずしているのが一因であったろう。大正大学教授や東洋文庫研究員を歴任し、『チベット旅行記』『在家仏教』など多くの著書を残している。

慧海が出家を志したのは一五歳の時で、『釋迦一代記』という書物を読んで感銘を受けたためだという。この時、酒・煙草・肉食を三年間絶ち不淫も貫く事を誓った。そして、その後もこの誓いを継続したのである。ただし、二五歳で得度する直前のみ一時的に酒・肉食をした。その際に不犯の誓いをも解いたか否かについては、知りえた限りでは記載はない。それに関してはこの間も守っていたのか、どうか。その後は、再び精進生活に入り生涯貫き通したという。明治二十五年（一八九二）からは一日二食をも導入したという。

生涯独身であり、女性には一指も触れないと同時代人から言われている。チベットでも村長の親類と娶せようという動きがあったり、逗留先で美女に誘惑されたこともあったが動じなかったとされる。不淫に関しては、生涯貫いた可能性が残るようにも思われる。

一方、食への拘りは強く甘いものやところ、そばを好む健啖家であった。インドで生活した関係もあり、紅茶を非常に好んだという。

渡辺海旭（わたなべかいきょく）

仏教活性化に尽くした生涯不犯の僧侶、「カルピス」命名に一役買う

1872～1933
近代日本の仏僧。仏教活性化に力を注ぎ、教育・社会事業にも尽力した。「カルピス」の名付け親としても知られる。

渡辺海旭は浄土宗の僧侶で、近代日本において仏教を活性化しようと尽力した人物である。彼は東京出身で、一八九五年に浄土宗教学本校を卒業した後は『浄土教報』主筆を務めた。一九〇〇年にはドイツに留学し、比較宗教学を学びインド・イラン研究に従事。帰国後は教育・社会事業等で広く活躍し、仏教を社会へ活かすため活動した。

教育家としては、宗教大学（現・大正大学）・東洋大学の教授を務め、後に大正大学理事長となる。また一九一一年以降は芝中学校校長を終生つとめた。

仏教界においても存在感を示したのは言うまでもなく、一九二三年には浄土宗執綱として宗務を統括するに至った。また、『大正新修大蔵経』一〇〇巻のうち八五巻を高楠順次郎（たかくすじゅんじろう）と共に監修し、その完成に大きく貢献したのは特筆される。また一九二九年には、森川智徳（もりかわちとく）らと共に日本仏教学協会（現・日本仏教学会）を設立している。

こうした海旭の精力的な活動は、知識人を含め多

くの人々に影響を与えた。著作に『欧米の仏教』等がある。

余談だが、我々の身近に、海旭が関わった意外なものがある。一九一九年、実業家・三島海雲（みしまかいうん）がある乳酸菌飲料の発売を開始した。その名は「カルピス」。「カル」は乳製品に含まれるカルシウムに由来するが、「ピス」は何なのか。『大般涅槃経』では、牛乳を精製して順に生じる五つの味を乳味・酪味・生酥（しょうそ）味・熟酥味・醍醐味と名付け醍醐味を最上としていた。サンスクリット語では醍醐味をサンピルナンダ、熟酥味をサルピスと呼ぶ。最上のものとして「サンピルナンダ」にちなむことも考えられたが、「カル」と組み合わせての言いやすさから、「サルピス」にちなみ「カルピス」と名付けたのだという。この命名に際し、相談を受けたのが音楽家・山田耕筰（やまだこうさく）と海旭であるという。海旭の語学知識は大きくものを言ったであろうし、耕筰は母音の組み合わせのすばらしさを賞賛したと伝えられる。今日の我々は、意外なところで意外な人物から影響を受けているものである。

仏教活性化に情熱を注いだ海旭は、「随其心浄則仏土浄」、すなわち日常の生活がそのまま信仰でなくてはならないと唱えた。それを実践する一環として、禁酒・禁煙とならび生涯不犯を貫いた。もっともその一方で、留学中には肉食を好んだともいう。本人は

「一生結婚しないから仕事に金を出すのは楽だ」（日本主義同志会編『日本精神読本　巻六　神ながら篇』東京文泉閣、三四七頁）

「女房を持つ位なら、その金で学生を養ふ」（同書、三四八頁）

と常々述べていたようで、生涯不犯・独身は上述した事業に献身するためという理由が大きかったよ

うだ。もっとも一方で

「貧乏と労働のために、結婚する暇と縁と徳とがなかったのだ、僕は人間として失敗者だ」（同書、三四九頁）

とも漏らしており、独身を貫いたことへの後ろめたさを有していたらしい。そのせいか、他人には結婚を勧めしばしば仲介もしたといわれる。それはさておき、釈雲照や河口慧海にも言える事であるが、近代日本で仏僧の妻帯が公認された後も、あえて不犯の道を選んだことは特筆されるべき事実であろう。

反骨のリベラリストな言論人、「断じて娶らず」を貫き通す

長谷川如是閑（はせがわにょぜかん）

1875～1969
近代日本のジャーナリスト。一貫した自由主義者として言論界に存在感を示した。

長谷川如是閑は、近代日本を代表するジャーナリストの一人である。明治から戦後にかけ、自由主義的な論客として活動を展開した事で知られる。彼は本名を万次郎といい、一八七五年に東京深川の山本家に生まれた。父は材木商として成功した後、浅草の遊園地「花屋敷」を経営するなどしたが、しばしば事業に失敗するなど波乱万丈の人物であった。九歳の時に万次郎は曾祖母の養子となり、長谷川姓となる。一八九八年に東京法学院（現・中央大学）を卒業した後、日本新聞社に入社し言論人として本格的にデビュー。一九〇七年から「如是閑叟」と号した。

以降、彼の思想的な立ち位置はイギリス風の自由主義者であったとされる。合理主義・自由主義・庶民感覚・ユーモアを併せ持ち社会主義的な思想にも同情的であったという。彼は一貫して、国家主義やファシズムなど強権的な姿勢に抵抗する言論活動を展開していく。

そんな如是閑は、反骨的な一面も強いだけに筆禍

事件もあったようだ。『大阪朝日』で社会部長を務めていた一九一八年、如是閑は時の寺内正毅内閣への激しい論難を繰り広げていた。シベリア出兵や米騒動への対処などが主な論点になっていたという。そんな中、彼が書いたある記事の「白虹日を貫けり」という一句が当局から問題となった。この一句は兵乱が起こる兆候を意味する故事成語であったため、治安を紊乱する意図があるとして発禁処分に持ち込まれようとしたのである。結局、如是閑は事件の責任を取る形で同僚たちと共に退社。

翌一九一九年には、雑誌『我等』を創刊し、それを契機に一九三四年の『批判』廃刊まで独自の言論活動を展開する。この間、『現代国家批判』『現代社会批判』『日本ファシズム批判』といった著作を残した。また、一九三〇年代以降の軍国主義が芽生えつつある時代には、『古事記』『万葉集』や本居宣長の研究を進める。これは決して体制に迎合したものでなく、むしろこれらの研究を通じて日本人は平和的な存在である事を示し軍国的傾向に警鐘をならそうとしたものだという。

戦後においても、如是閑は自由主義言論人として重きをなし、民主主義の定着に尽力した。一九四六年には貴族院勅選議員となり、新憲法の制定に貢献。そうした功績が評価され、一九四八年には文化勲章を受章している。

如是閑は、断じて娶らず、断じて財布の中をのぞかず、断じて運動に参加しないというのがモットーであったようだ。それだけに、金銭に無頓着であり、また生涯童貞であったという噂もあったという。もっとも、笠信太郎あたりは、鎌倉で妹と称する老女が案外昔の恋人であったかもしれない、と述べており、童貞説の真偽は不明というべきかもしれない。

正岡子規の流れをくみ、生涯純潔を噂された歌人・俳人たち

長塚節（ながつかたかし）
川端茅舎（かわばたぼうしゃ）

長塚節　1879～1915
長塚節は近代日本の歌人・小説家、長編小説『土』で知られる。

川端茅舎　1897～1941
川端茅舎は近代日本の俳人で、『川端茅舎句集』『華厳』で知られた。

歌人・小説家として明治期に存在感を示した長塚節は、茨城県出身である。父源次郎は地主で県会議員を務める村の有力者であった。病弱なこともあって水戸中学を中退し、文学に親しむようになる。一九〇〇年に正岡子規(まさおかしき)の門に入り、「理想的愛子」と呼ばれる親密な師弟関係を築く。子規の没後は伊藤佐千夫(いとうさちお)らと共に『馬酔木』『アララギ』などの創刊に参加し歌人として活動した。節の歌は自然を鋭く観察し繊細に表現するところに特徴があると言われ、晩年には精緻で気品のある「写生の歌」を作るようになる。

小説もこの頃から手がけ、一九一〇年には長編小説『土』を執筆。日本における農民文学のさきがけとされる作品である。また写生文『佐渡ヶ島』などの作品もある。この頃から喉頭結核に苦しめられるようになり、一九一五年に福岡で病没した。

生涯独身で、一説には童貞を貫いたとされる。

余談ながら、やはり生涯独身であった師・正岡子規については、洲崎の遊郭へ知人に連れられたという説もあり、童貞ではなかったという見方があるようだ。

川端茅舎は近代の俳人。東京生まれで、本名は信一という。父は漢詩・俳諧・書画の心得があり、異母兄に画家・川端龍子(りゅうし)がいる文化人一家である。独協中学を卒業した後、画家を志して藤島武二(ふじしまたけじ)の絵画研究所に通い、のちに岸田劉生(きしだりゅうせい)に師事した。一方でこの頃から俳句にも関心を示し、一九一五年には『ホトトギス』(正岡子規が創刊した俳句雑誌)に初入選。一九二四年には同誌における雑詠欄の巻頭を飾るという光栄に浴している。また、この期間には武者小路実篤(むしゃのこうじさねあつ)の「新しき村」に村外会員として参加、京都東福寺の塔頭正覚庵に寄寓するなど、求道的な生き方を追究した。一九三一年以降は脊椎カリエスにより画業を断念し、自宅で約十年に及ぶ病臥生活を余儀なくされたこともあって高浜虚子(たかはまきょし)に師事して俳句に専念。松本たかしや中村草田男(なかむらくさたお)らと共に

『ホトトギス』の主要俳人として俳壇をけん引する存在となる。

上述した求道的な生き方と関連してか、その句風も絵画のような観察眼と禅のような精神性を思わせるといわれ、「茅舎浄土」と評される。『川端茅舎句集』に収載された「金剛の露ひとつぶや石の上」という句はその代表と言われよう。また茅舎については中村草田男は「江戸っ子的な洒脱」、山本健吉（やまもとけんきち）は「微笑を湛えた有情滑稽」と評し、師・高浜虚子は茅舎の句集『華厳』序で「花鳥諷詠真骨頂漢」と述べている。

求道的な生き方と関連してか、生涯童貞であったとも伝わる。

正岡子規が提唱した俳句・短歌の刷新運動の流れを汲み、存在感を示した二人。活動時期は異なるとはいえ、共に子規と同様に結核に苦しみ生涯独身を通したのは偶然ながら符合めいたものを感じなくもない。

近代の超克を目指した哲学者、性愛の欲求は超克した？

久松真一（ひさまつしんいち）

1889〜1980
近代日本の哲学者。西田幾多郎に学び、禅を通じて独自の思想を唱えた。

独自の思想で近代の超克を目指した哲学者・久松真一は岐阜県の浄土真宗を奉じる農家に生まれた。思春期に哲学者・西田幾多郎（にしだきたろう）に心酔し、京都帝国大学へ進学して西田門下となり、宗教学概論の講義を受けている。また、西田から勧められたのを契機に、妙心寺の池上湘山（いけがみしょうざん）に参禅。彼の思想に禅は大きな影響を与えるようになる。

卒業後は臨済大学・龍谷大学・大谷大学・京都大学・広島大学・花園大学・京都美術大学・佛教大学で教授を歴任。抱石庵の号を名乗っている。主著として『東洋的無』『茶の精神』『禅と美術』『絶対主体道』などがある。

久松は禅を通じて絶対者と自己との同一を説いた点が特徴とされている。彼によれば、人間は本来救済されている存在であり、イエスや阿弥陀如来によって改めて新しく救われるというものではないとのこと。イエスや阿弥陀の教えは、そうした本来救済の真相を説き、そこへ至る道を示したものだ、ということだそうである。

さて久松は次世代の哲学を担う人材育成にも尽力しており、「心茶会」「学道道場（後のＦＡＳ協会）」といった団体の指導を行っている。中でも「学道道場」は「形なき自己（Formless self）に目覚め、全人類（All mankind）の立場に立ち、歴史を越えて歴史を創ろう（Superhistorical history）」という綱領を掲げ、近代が抱える問題点の超克を目指す人間像を模索する志があったとされている。

さて久松は、生涯にわたり独身・不犯を貫いている。これには禅に傾倒していた事も関係していただろうが、本人が性愛方面の欲求に淡白であったのも大きいのではないかと思われる。

阿藤伯海（あとうはくみ）

漢文教育に従事し、生涯不犯を貫いた孤高の漢詩人

1894〜1965
近代日本の漢文学者・漢詩人。法政大学・一高で長らく教鞭を採った。岡山大学創設にも貢献。作品は漢詩集『大簡詩草』にまとめられた。

阿藤伯海は岡山県出身で、名を簡といった。大簡、虚白堂とも号している。東京帝国大学を卒業した後、京都帝国大学大学院で狩野直喜から中国哲学を学んだ。その後は法政大学・一高（現・東京大学教養学部）で教授として漢文を教えた。弟子に文学者・清岡卓行（きよおかたかゆき）（一九二二〜二〇〇六）がいる。第二次大戦中より故郷に隠棲し詩作・読書の生活に入ったが、一九四九年の岡山大学創設にも尽力している。

最晩年には八世紀の政治家・吉備真備（きびのまきび）を讃える碑に刻む漢詩の筆をとっており、完成したのは没する半日前であったと伝えられる。没後、彼の漢詩作品は『大簡詩草』に編纂されている。時代や世間の風潮に流されぬ、孤高の詩人であったと評されている。

伯海は生涯独身を貫き、不犯・童貞であったと伝えられる。

宮沢賢治

「ほんたうのしあわせ」を追求した童話作家は潔癖な性嫌悪症？

1896〜1933
大正・昭和時代前期の詩人・童話作家。童話『銀河鉄道の夜』『注文の多い料理店』や詩『雨ニモマケズ』で知られる。

宮沢賢治は、二十世紀前半に日本で活躍した作家である。岩手県出身。盛岡高農を卒業した後、稗貫農学校（後に花巻農学校）の教諭をしながら創作活動に入り、大正十三年（一九二四）に詩集『春と修羅』や童話集『注文の多い料理店』を自費出版。同十五年（一九二六）には花巻市郊外で開墾自炊生活に入り、羅須地人協会を設立して農民指導に献身したが若くして病死している。

創作活動・社会活動の背景に日蓮信仰の影響があったのは有名で、「ほんたうのしあわせ」を実現できる理想郷の追求に生涯を注いだと言われている。今日でも知られている作品として、童話『銀河鉄道の夜』『風の又三郎』や詩『雨ニモマケズ』が挙げられる。

賢治は生涯独身であり、女性を遠ざける傾向があった。一生を通じて童貞を貫いたとみなされている。彼は断じて繋累を作らざることを誓ったとされ、

私は一人一人について特別な愛といふやうなものは持ちませんし持ちたくもありません（共に押野武志『童貞としての宮沢賢治』ちくま新書、九頁）

という意思表示をしている。女性を遠ざけた一例として、高瀬露という女性に言い寄られた際には、顔に灰を塗って出たり居留守を使ったりして嫌われようとした事例がある。こうした行動の理由は宗教的な理由といわれる事もあれば、妹トシとの関係が親密であったことも影響しているという説も一部には囁かれている。しかし根底にあったのは性愛・性的肉体への恐怖・嫌悪感があったとも言う。一方、和綴じの春本を所有していた事も知られ、性的な欲望を発散させる必要は感じていた様だ。友人・藤原嘉藤治に

「性欲の乱費は君自殺だよ、いい仕事は出来ないよ。瞳だけでいいぢやないか、触れてみなくたつていいよ。性愛の墓場迄行かなくともいいよ。」（同書、三一頁）

「おれは、たまらなくなると野原へ飛び出すよ、雲にだつて女性はゐるよ、一瞬の微笑みだけでいいんだ。底まで酌み干さなくともいいんだ。香をかいただけで後は創り出すんだな。」（同書、三二頁）

と述べている事は有名だ。現実の女性との関係を拒絶し、幻想の女性イメージで満足しようとしたものであろうか。また彼は、童話作品について弟に

「童児こさえる代わりに書いたのだもや」（同書、三四頁）

と述べており、創作活動が代償行為として機能していたとも考えられている。この点、やはり生涯童貞であったとされる童話作家アンデルセンを連想さ

せる話である。

もっとも、最晩年になると賢治は

「**禁欲は、けっきょく何にもなりませんでしたよ、その大きな反動がきて病気になったのです**」（同書、七六頁）

とも述べており、童貞を貫く事が本人にとって満足いく結果だったかどうかは疑問が残る。

✤ 神道における巫女と純潔について

我が国の神道では、巫女は基本的に純潔なイメージを持たれている。では実際の所どうだったのだろうか。結論から言えば、少なくとも建前の上ではその通りであるようだ。

民俗学者・折口信夫（おりぐちしのぶ）は、日本史上で歴史に残る処女は基本的に「神に仕へた女だけ」すなわち皆「今で言へば巫女」であると述べている（いずれも『古代生活に見えた恋愛』）。これは王朝時代でも同様で、『延喜斎宮式』には伊勢神宮に奉仕する斎宮や上賀茂・下鴨神社に仕える斎院といった神職には未婚の内親王が任じられる事と定められていた。鎌倉期に書かれた伊勢神宮信仰解説書『大神宮参詣記』にも、神に仕える女性には幼く男女関係を知らない者のみを用いると記されているという。巫女に関する伝承の中には、「巫女がもし心中で男女の事を思い浮かべると、大蛇が現れて威嚇し神社にいられなくなる」という内容のものすらあるようだ。

琉球弧でも、巫女に純潔さを要求する点では共通していたらしい。琉球では巫女は「ノロ」と呼称され、各島に琉球の都・首里から任命されたノロが存在していたという。奄美大島のノロは南部を中心とする「眞須知組」（嫡流を意味する）と、北の集落に存在する「須多組」（分家筋を意味する）に分かれていた。須多組がやがて旧来の伝統を略して結婚も許可されたのに対し、眞須知組は旧来の儀式を守り生涯純潔を後の時代まで守っていたとされる。

こうした事実から考えると、我が国では古来より巫女に純潔さを条件として求めていたのは事実とみてよいだろう。

余談になるが、鎌倉初期の女流歌人として名高い式子内親王（しきしないしんのう）（?～一二〇一）が生涯不犯として語られるのも、「相次ぐ近親の死に前後して出家した」「生涯独身であった」という要素に加えて、若き日に賀茂斎院を務めた事によるイメージも大きいと思われる。なお、彼女は藤原定家と恋愛したという伝承があり謡曲『定家』の題材となっているが、その信憑性については伝説の域を出ないようだ。

　このように純潔を求められた巫女であるが、建前と実態に乖離があるのは世の常である。巫女の純潔も、この点に関しては例外ではなかったようだ。例えば、太古の日本でも「神が子を産んだ」という伝説は巫女が密かに密通して子をなした事実を反映しているのではないかと田中祐吉は推測している。後世にも、斎宮と在原業平による禁断の恋の伝説（近年の研究では史実ではないとされている）が『伊勢物語』で語られ、斎宮と滝口の武士の密通が『小柴垣草紙』の題材とされた。また、更に時代が下ると諸国を遍歴して託宣したり売春したりする「歩き巫女」と呼ばれる存在も見られている。

　さて巫女に純潔が求められた理由としては、神と人間との間に介在する神聖な存在であったというものが挙げられる。そのためには、折口信夫の言葉を借りれば「神の妻になる資格がなければならない」（『古代生活に見えた恋愛』）のである。それだけに、太古においては巫女の権力は強いものであった。再び折口氏の発言を引用すると、「処女が神に仕へて、其兄なり、父なり、叔父なりが、神から引き出した知識を以て、此国を治めて居るといふのが、日本の昔の政治の一般的な遣り方」（『古代生活に見えた恋愛』）だったという。奄美でも、ノロは禁足地を定めたり、家畜を屠ってよいか否かの決定権を有していたと伝わる。だが本州ではやがて司祭者の地位が男性神職にとってかわられ巫女はその補助的な役割となり、奄美でも徳川期における島津氏支配の下でノロの権勢は政策的に弱められたという。

Chapter6 Present

第6章 現代

橋本凝胤（はしもとぎょういん）

戒律遵守し独身を貫き、古都奈良の保全に貢献した現代の傑僧

1897〜1978
近現代の僧侶、仏教学者。薬師寺管主。古都・奈良の保存に貢献した。唯識学の権威でもあった。

昭和の日本に存在感を示した傑僧・橋本凝胤は奈良県に生まれ、宗教大学（現・大正大学）や東京帝国大学を卒業。法隆寺住職・佐伯定胤（さえきじょういん）の下で仏僧の道を歩んだ。一九三九年に薬師寺管主となり、後には法相宗管長も務めている。唯識学（全ての事象はただ人の認識が現れたものにすぎないという唯心論的な説を唱える仏教の学派で、日本では法相宗が奉じた）の権威でもあり『大正新脩大蔵経』の編纂に加わっている。また、彼は従来の仏教を踏襲するだけの存在ではなかった。中国を遍歴してチベット仏教を収集し、また、国内各地や海外で教化活動を行っている。かわったところでは、インドのブッダガヤに仏塔を建立した事も事績としてあげられる。

また、凝胤は平城宮跡の国有化に尽力するなど、南都仏教の重鎮として古都・奈良の歴史的遺産を守る事に大きく貢献している。現代仏教のみならず、文化財保全という観点からも偉人と呼ぶことができよう。一九六三年には核禁宗教使節としてヨーロッ

パに赴くなど、幅広い分野で活躍した人物であった。著作には『仏教教理史の研究』などがある。

戒律にのっとった生涯を送り、独身・不犯を貫いたとされる。古屋照子（ふるやてるこ）は明恵が生涯不犯であった事を述べた際に凝胤を引き合いに出しており、凝胤が戒律を遵守し性愛を遠ざけていた事は当時からよく知られていたようだ。凝胤自身も徳川夢声（とくがわむせい）と『週刊朝日』誌上で対談した際、彼の独身について結婚しないという意味か女性を相手にしないという意味かと問われ、無論後者であると答えている。

圧制者と非難された大統領は、
生涯純潔・禁欲を貫いた敬虔なカトリック

ゴ・ディン・ジエム

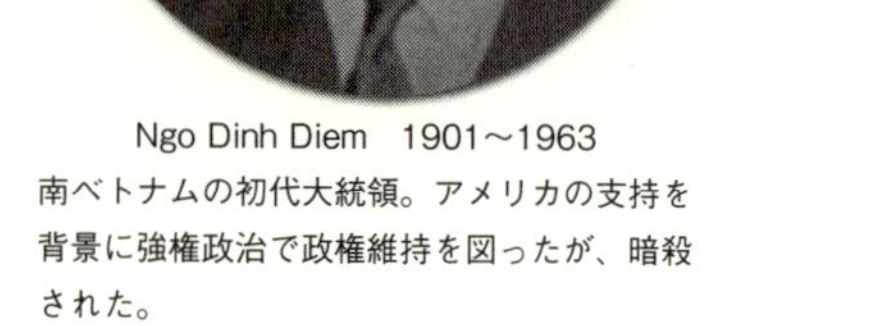

Ngo Dinh Diem　1901～1963
南ベトナムの初代大統領。アメリカの支持を背景に強権政治で政権維持を図ったが、暗殺された。

東西冷戦の結果、南北に分裂したベトナム。その一方の勢力であるベトナム共和国（南ベトナム）で初代大統領となったのがゴ・ディン・ジエムである。彼はフエのカトリック系官人の家に生まれ、早くから高等官僚として社会的な敬意を受けていた。当時のベトナムはフランス支配の下でグエン朝が統治しており、ジエムは三〇代の若さでグエン朝皇帝バオダイの下で内相の地位を与えられている。それだけ、官人として評価されていたということだろう。しかしジエムは、フランスからの介入を嫌い辞任。この行動によって民族主義者・愛国者としても知られるようになった。そうした名声もあって、一九四五年には独立運動家ホー・チ・ミンから誘いを受けたものの、彼はこれを断っている。ジエムは民族主義者であると同時に、親米反共主義者でもあった。

一九五〇年に亡命を余儀なくされたが、その際にアメリカでJ・F・ケネディらと知己を得ている。この時期も、ジエムは勇敢で誠実な人物であるとして高い評価を受けた。そうした縁もあって、一九五四年にはバオダイ・ベトナム国の首相に任命され、翌五五年には国民投票によりベトナム共和国大統領に就任。しかしながら、彼の立場は東西冷戦の結果として生まれた傀儡政権の首脳である。

「政権は一年と持たないのではないか。」

そう推測する人々すら少なからず存在したようだ。

実際問題、ジエムはベトナムで少数派のカトリック教徒なのもあって、大衆から支持を獲得できなかった。そのため、同族やカトリック教徒を任用せざるを得ない状況に陥る。かくしてその統治は警察国家体制による強圧的なものとなった。また反共主義であったことから、アメリカの援助に依存してベトナム民主共和国（北ベトナム、後に統一ベトナムの基となる）を敵視したが、これも彼の立場を苦しいものとした。やがて仏教徒を始めとする国内の反発が強くなり、僧侶が焼身自殺をするといったショッキングな事態もあって国際的な批判を浴びるに至る。そうした経緯でアメリカとの関係も悪化し、クーデターによって暗殺されるという末路をたどった。

そんなジエムを偉人と呼ぶのは無理があるかもしれない。だが、上記の厳しい状況で強権政治によるとはいえ曲りなりにも八年政権を維持した手腕は、考えようによってはある意味評価できると言えなくもない。かなり苦しい評価なのは否めないが。ただ、若き日の官人としての高評価を考慮すると、相当な人物ではあったとみてよいのではなかろうか。

ジエムは熱心なカトリック教徒で、少年時代に純潔の誓いを立て成人後も僧侶や隠遁者のような禁欲的な生活を続けていたと言われている。一説には恋した女性が尼僧となったのが契機だとも言われるが、生涯にわたり恋人らしい恋人は存在しなかったとも言う。彼の禁欲ぶりを伺わせる逸話として、以下のようなものがある。若いころ、ジエムは聖職者となるべく学んでいた。しかし途中でその志をあきらめ、断念。その理由はといえば、大司教である兄によれば、「教会が彼にとってあまりに世俗的に過ぎた」ためだったからだというのだ。そのような彼であれば、生涯女性を知らず純潔を貫いた可能性は十分ありえよう。

　こうした事情からジエムは生涯独身で、弟の妻である「マダム・ヌー」が事実上のファーストレディーとして振る舞っていた。しかし彼らの専横も内外からの反発を招く一因となった。ジエム個人は責任感・愛国心をもって職務に当たっていたようだが、国民感情からは遊離し、近親にも恵まれなかったのは不運であったと言うしかない。とはいえ、事情はともあれそうした近親たちを起用し続けたのはジエム自身であることは否定しようがない。最終的な責任は、ジエムに帰せられるべきであろう。

　若くして国家の要人となった傑物としては、余りに無残な後半生である事は否めない。

附：ホー・チ・ミンは生涯独身であったか？

　余談ながら、彼の敵手であったベトナム民主共和国の指導者ホー・チ・ミン（Ho Chi Minh 一八九〇～一九六九）についても少し述べておこう。彼はフランスで民族解放運動に参加し一九三〇年インドシナ共産党を結成。その後、抗日・抗仏運動の指導者として活動し、一九四五年にはベトナム民主共和国を成立させ初代大統領となった。その後もインドシナ戦争・ベトナム戦争を戦い、社会主義建設と祖国統一を進めた。現在も建国者として敬意を払われており、南ベトナムの首都であったサイゴンは彼にちなんで「ホーチミン」と改名されている。

　ベトナム共産党の公式見解によれば、彼もまた生涯独身であったという。しかし、若い頃に革命の同志であるグエン・チ・ミンカイと事実上の夫婦関係であった時期があるという説を唱える者もある。この話題は党にとってタブーのようで、ホー・チ・ミンが結婚していた可能性について触れた雑誌がベトナム政府によって発禁処分とされた事もあると報告されている。

南北ベトナムをそれぞれ率いた指導者がいずれも生涯女性を遠ざけていた、というのが事実なら興味深い話なのだが、真相ははてさて。

性愛面では淡泊だった、
「ハーレム・ルネサンス」の中心作家

ラングストン・ヒューズ

Langston Hughes　1902〜1967
アメリカの詩人・作家。黒人による文化活動「ハーレム・ルネサンス」の中心人物として活躍した。詩集『もの憂いブルース』や長編小説『笑いなきにあらず』が知られる。

一九二〇年代以降、アメリカで黒人たちを中心とした芸術・文化活動が盛んとなった。詩・小説・演劇や学問など幅広い分野で認められたこの動きは、ニューヨークのハーレム地区で発祥したことから「ハーレム・ルネサンス」と呼ばれる。その中心人物の一人となったのが、ラングストン・ヒューズである。

ヒューズはミズーリ州出身で、コロンビア大学を中退した後は様々な職業を経験しながら詩作に励み、一九二〇年代の詩壇にデビューした。以降、『もの憂いブルース』『ハーレムのシェークスピア』『脅威の野原』といった一七の詩集を始め、『笑いなきにあらず』などの長編小説、更に『白人達の流儀』などの短編小説、戯曲といった様々な文筆活動を行っている。ヒューズの作風は、黒人大衆の民俗的精神を洗練された現代的な言語を用いて巧みに表現している事にあるとされている。

ヒューズは、生涯を独身で過ごした。ロイ・ブラックバーンは、「ヒューズは若い頃から性愛に関する話をすることはなかった。そのためそうした感情を彼は持っていないのではないかと考えた。」

と証言している。事実、生涯にわたり誰かと性愛的な意味で接近することを避けていたとも言われる。同性愛である可能性も指摘された一方、彼の伝記を記したアーノルド ランパーサドはおそらくヒューズは無性愛だったのではないかと推定している。ただ、実際どうだったかは不明な点も多いようだ。

もっとも、若き日にアン・クセという女性と結婚を考える仲になったものの、自身の経済状況や彼女の家庭からの反対もあって破局したという逸話もある。これを考えると、無性愛という訳ではなさそうだ。ただ、上記のような推測が出るあたり、性愛面で非常に淡白な人物だったのは間違いなさそうで、生涯純潔を貫いた可能性はなきにしもあらずであろう。

ダグ・ハマーショルド

紛争調停に力量を発揮した事務総長は、生涯独身の寡黙で孤高な「一角獣」

Dag Hjalmar Agne Carl Hammarskjöld
1905〜1961
スウェーデンの政治家。第二代国際連合事務総長として数々の紛争調停に活躍。コンゴ動乱の現場に赴き、飛行機事故で在任中死亡。

ダグ・ハマーショルドは第二代国連事務総長を務めたスウェーデンの政治家である。ウプサラの名門に生まれ、一九三三年には二八歳の若さでストックホルム大学の経済学教授となり、更に三年後にはスウェーデン国立銀行総裁になった切れ者であった。また、一九四九年には国際問題に詳しいことから政務次官も歴任している。とはいえ、学究肌で内向的な性格だった事もあり、国際的には無名だったようだ。そのせいか、一九五三年に国際連合事務総長に選出された時も、本人はそれを信じず誤報だと思っていたそうである。

そんな彼であるが、就任後はその力量を遺憾なく発揮し存在感を見せつけた。まず、一九五四年。まだ国連未加盟だった中華人民共和国へ趣き、朝鮮戦争で捕虜となったアメリカ人飛行士一一人の釈放を実現させている。そして一九五六年には、イスラエルとアラブ諸国の紛争に対し、現地へ趣いて仲介役を務め休戦の同意をとりつけた。この年に勃発したスエズ動乱に際しても、国連緊急軍の編成・派遣を行って事態の収拾に手腕を発揮。ほかにも、カンボジア・タイの国境紛争への仲介を成功させている。

それだけでなく、マッカーシズムの影響で低下していた国連事務局の士気を向上させ、行政機構を整備するという点でも功績は大きかったという。

こうした実績によって国連の信用を高め、一九五七年に事務総長に再任されたハマーショルド。一九六〇年にコンゴ動乱が勃発した際も彼は尽力を惜しまず、翌年には平和維持活動を指揮するため現地に赴いたが、道中で飛行機事故にあい殉職。同年、彼の功績をたたえる形でノーベル平和賞が贈られている。国連の威信向上や紛争仲介に大きな貢献をしたハマーショルドは、第二次大戦後の世界史を彩る偉人と呼んで差し支えないであろう。

さて、ハマーショルドは詩や哲学、抽象画や登山を好む物静かな人物だったようだ。興味深い事に、俳句もたしなんだと伝えられる。彼は生涯を独身で通し、事務総長在任中から同性愛ではないかと見る向きがあったという。しかし彼と国連で共に働き、その伝記を記したブライアン・アーカートはそれについては強く否定している。現在では、彼が無性愛者であったか、性愛への興味が非常に薄かった人物ではないかと考える人が多いようだ。そうした話から考えると、彼が性愛には執着を持たず生涯純潔であった可能性は十分にありうる話である。

ちなみにハマーショルドは、自らを「一角獣」になぞらえ、伴侶がいないことをもって周囲が奇異な目で見ることを嘆く内容の俳句を残していたという。当時、生涯独身を貫く事が今以上に風当たりの強い時代だったのが感じ取れる話ではある。

レイチェル・カーソン

生涯独身を貫き、環境問題を啓蒙した海洋生物学者

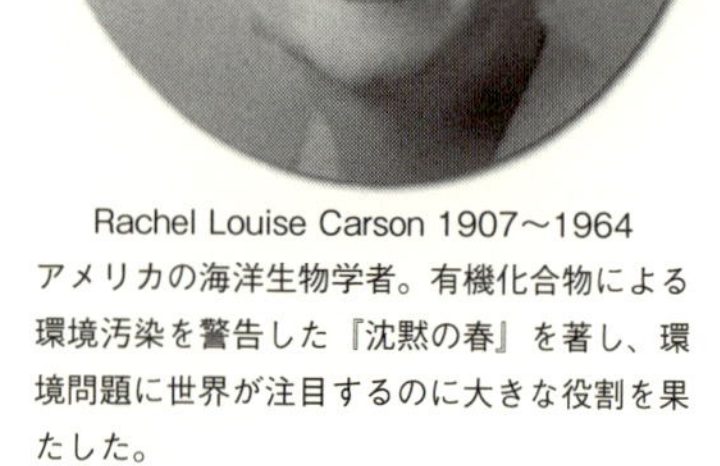

Rachel Louise Carson 1907～1964
アメリカの海洋生物学者。有機化合物による環境汚染を警告した『沈黙の春』を著し、環境問題に世界が注目するのに大きな役割を果たした。

現在の人類世界において、環境問題は大きな課題なのは間違いない。この環境問題に人々が着目する上で大きな役割を果たしたのが、レイチェル・カーソンである。カーソンはペンシルベニア州スプリングデールで生まれた。その後、ペンシルベニア女子大学やジョンズ・ホプキンズ大学動物学科大学院で学び、一九三二年に修士号を取得。メリーランド大学での教職を経て、漁労野生生物局に海洋生物学者として入局、更に海洋生物学研究所に勤務した。

彼女の名を高めたのは一九六二年に執筆した『沈黙の春』である。これは農薬など有機化合物が環境や人類に悪影響を与える危険について警告する内容である。一例として挙げられているのが、当時において除草剤・殺虫剤として大量に散布されていたDDTである。これらの物質が食物連鎖などを通じて蓄積され、人間を含む生物に深刻な影響を与えている事について、多くの実例を挙げながらカーソンは本書で説いているのである。

『沈黙の春』は世界各国に大きな衝撃を与え、賛否両論を巻き起こすこととなる。やがて、この著作は自然保護や環境保全の重要性を認識させる先駆けとなった。

カーソンは生涯独身を貫いた。それもあって、反対派から「独身で子もない彼女がなぜ遺伝の心配をするのか」と中傷されたこともあったという。彼女は晩年、ドロシー・フリーマンと親密な関係にあったという。とはいえ、二人がともに過ごせた期間は短かったし、二人の関係を知るものは多くなかったようだ。この両者に関しては、同性愛的と見る者、無性愛的と見る者双方が存在するようである。こうした話が出る事から考えて、カーソンが生涯純潔を貫いた可能性は十分ありそうである。

マザー・テレサ

神の啓示を受け、
純潔を貫き弱き人々のため尽くした修道女

Mother Teresa　1910〜1997
マケドニア出身の修道女。インドを中心に貧しい人々のための社会福祉活動に生涯を捧げた。

インドで社会福祉活動に生涯を捧げたマザー・テレサは、オスマン帝国領（現マケドニア）のスコピエ出身である。本名はアグネス・ゴンジャ・ボヤージュといった。彼女は信仰の道を選び、一九二八年にアイルランドのロレット修道会に入った。やがて志願してインドに赴き、一九二九年にはカルカッタ（コルカタ）のセントメリー高等学校で地理教師として勤務しやがて校長となっている。

転機は一九四六年に訪れた。テレサは神の啓示を受け、「貧しい人々の中にいるキリスト」に仕え生涯を捧げることを決意したという。かくして一九四八年、彼女はインド国籍を取得し、ロレット修道会を離れた。そして、単身でカルカッタの貧民街に入りそこに生きる人々のために活動を始めたのである。そうした中で一九五〇年、テレサは女子修道会である「神の愛の宣教者会」を設立。「マザー・テレサ」と呼ばれるようになったのはそれからだという。以後、彼女は「死を待つ人の家」「孤児の家」

といった施設をインド各地に設け、病人・孤児・老人に代表される困窮した人々を救う活動に献身した。その一方で人々に生命の貴さを説いている。

こうした活動が評価され、マザー・テレサは一九七九年ノーベル平和賞を受賞している。その後もインドにとどまらず世界各地に施設を広げ活躍。一九八一年には来日したこともある。死去したのは一九九七年である。彼女は現代において人間愛を説いた人物の代表とみなされており、二〇〇三年にカトリック教会によって聖人に次ぐ「福者」に列せられたのもその一例と思われる。

マザー・テレサはカトリックの修道女として思春期に生涯独身・純潔の誓いをたてており、生涯それを貫いたとされている。神の啓示を受け、生涯を人々のために尽くし、純潔な生涯。このようにまとめてみると、彼女はフローレンス・ナイチンゲールと共通点が多いと言えそうである。

ポール・エルデシュ

女にうつつを抜かす凡庸な連中を軽蔑しつつ、
全てを学問の進歩に捧げた童貞数学者

Paul Erdös 1913〜1996
20 世紀のハンガリー生まれのユダヤ人数学者。世界を放浪しつつ、精力的に数学を研究、無数の重要論文を著した。

エルデシュは一九一三年ハンガリーのブダペストに生まれた。ユダヤ人であった。三歳にして三桁の数字同士のかけ算を暗算で行い、四歳で負の数の存在を自力で発見する、数学の神童であった。この神童は、長じてもただの人とはならず、天才数学者へと成長していった。学校教師であった彼の母は、感染症を移されることを心配して自らの息子にはほとんど学校に通わせず、彼は高校へ上がるまでは、ほとんど家庭教師による自宅学習で学んだ。彼は高校にも、母の意志で、一年おきにしか通学できなかった。しかし彼は一九三〇年ブダペストのパースマーニー・ペーテル大学に入学し、数学博士号を取得して一九三四年に卒業、そこからは、イギリスのマンチェスター大学から四年間の奨学金を得て、ハンガリーを捨てイギリスに渡った。当時のハンガリーはユダヤ人への弾圧が起こっていたからである。イギリスにおいてエルデシュは様々な大学を転々と放浪しつつ学んだが、やがて彼は世界中を放浪しつつ数学研究を行うようになった。

エルデシュは数学以外のものへの関心に極めて乏しく、全く料理をしたことがなく、お茶を入れるためのお湯さえ沸かしたことがなかった。彼は「冷たいシリアルなら最高に作れるさ。それにたぶん卵もゆでられると思う。もっとも、やってみたことはないがね」（ポール・ホフマン『放浪の天才数学者エルデシュ』平石律子訳、草思社、二七頁）と言っていた。これでも食事には出てくる食べ物に好奇心が向くこともあり、彼にしてはよく関心を向けている方であった。食事や、自動車の運転（運転するのは他人だが）といった生活に必要な手段には、彼なりに好奇心を向けていたと言われる。ところが生活に必要ない、娯楽類、美術や小説、映画と言ったものには、余計な時間を費やさずに生きた。知人に劇や美術館に連れられていった際も、眠ったり、数学を解いたりしていただけであった。

体の不調やそれに対する医療措置も、数学を止める理由にはならない。片目が見えなくなり角膜移植手術を受けた際には、エルデシュは、数学者を大学から手術室に派遣させ、数学の話をしながら手術を受けた。彼は手術で数学を中断させられるのさえ、許せなかったのだ。これだけでも驚きだが、彼にすればこれでも外科医に対し、相当譲歩しているのである。彼は、最初、手術中も見えている片目で数学の論文を読ませるように求めていたのだから。この他、心臓発作を起こして入院した時には、エルデシュは部屋中に論文を散らかし、三グループの客と、それぞれ別の数学の話を同時進行で交わし、やってきた医者を、忙しいから二、三時間後に出直してこいと、追い出していた。

この数学の虫エルデシュは一日一九時間も問題を解き続けていたと言われる。晩年には強いエスプレッソコーヒーやカフェイン剤、さらには覚醒剤や覚醒剤に類似した効果を持つ薬物の助けを借りてまで、この活動を支えていたらしい。彼の薬の常用を心配する友人が、一ヶ月薬を飲まずにいられるか五〇〇ドルの賭をもちかけ、エルデシュが必要経費の調達のために、これを受けると言うことがあったが、このときエルデシュはまんまと五〇〇ドルせしめて、文句を言った。この間全く仕事にならなかった、ただの人同然の有様で、何のアイデアも浮かばなかった「きみは数学を一か月遅らせたんだぞ」（同書、二二頁）と。

　こうして生活の全てを数学に注ぎ込んだ結果、エルデシュは一四七五本の論文を残し、その質も、全てが世界的に重要という驚くべきものであった。なお優れた数学者が一生で書く論文数が普通は数十本であり、世界史上でエルデシュより多い数学論文を書いたのは、一八世紀スイスの天才数学者オイラーだけであった。

　ところで、数学に全てを捧げ、生活に無用の娯楽に余計な時間を割かずに生きたこの偉大な数学者の切り捨てた無用の娯楽には、恋愛やセックスも含まれる。エルデシュは生涯一人の恋人も持たず、童貞であった。これは彼自らが語っていたと、友人の証言が残っており、背景として肉体的な問題もあったものの、主な原因はやはり数学愛であったらしい。

　エルデシュは生涯で一度もガールフレンドを持たなかった。そういう意味ではボーイフレンドもいなかった。

「七〇代になったとき、かれはこれまで一度もセックスをしたことがないと言った。そっちの面で問題があるのだと話していた。…中略…ペニスに血液が流れこみはじめるとひどく痛むのだと言っていた。でもそれを治しに泌尿器科へは行かなかったようだ。…中略…でもかれには性的な問題はそれほど深刻ではなかった。いちばん愛していたのは数学だったんだから。女性とはかかわりを持たなかったし、持ちたいとも思っていなかった」とジョン・セルフリッジは語る。（同書、一五三頁）

そしてその上に、エルデシュには性的なものへの強い嫌悪があった。

七十歳のとき、エルデシュは記者に語っている。「元来わしには心理的異常がある。性的快楽が厭わしいのだ。変だろう。……」（同書、一五四頁）

友人たちがエルデシュのこの性嫌悪をからかって、ゲームに女性のヌード写真のついたトランプを使ったり、エルデシュの加わっている国際援助運動に寄付してやるのと引き替えにストリップショーに彼を連れ出したりしたことがあるが、これに対して、エルデシュは性嫌悪者として、穏やかながら断固たる抵抗を巧みに行い、いずれの場合も女性のヌードを視界と意識から排除することに成功している。トランプについては彼は「こりゃひどい！」と漏らしたもののしばらくすると自慢げにこう言った。「カードの目だけを見て、他を完璧に見ないでいることができるぞ」（同書、一五四頁）。そしてストリップに関してはこう対処した。「ほら！きみら凡庸な生き物どもを出し抜いてやったぞ！メガネをはずしていたから、わしにはなにも見えなかったのさ！」（同書、一五五頁）。

そしてこのような性嫌悪の持ち主であるからには、エルデシュは人間が性的な関心を持つということを、はっきりと軽蔑していた。彼は女の子を追いかけることにうつつを抜かしたり、女の子の話をする輩を「凡庸なやつら」あるいは上記のように「凡庸な生き物」（同書、一五四、一五五頁）と呼んで侮蔑していた。もっともこれには性嫌悪のみならず、才能を輝かせるための男たちの時間や労力が、女に吸い取られて浪費されてしまうのが許せないという想いも、あったに違いない。彼によれば子供はボスであるが、男の子が女の尻を追いかけるようになることで、女がボスで男が奴隷になるのであった。

このようなエルデシュでも、女性に言い寄られることが無いわけでは無かったのだが、結果は予想通りのものであった。

エルデシュの変人ぶりをもってしても、かれといっしょに服を脱ぎたいと思う女性を遠ざけられなかったが、彼女たちも結局はプラトニックな関係に甘んじざるをえなかった。（同書、一五五頁）

ヴァレリア・ノヴォドヴォラスカヤ

弾圧に屈しないロシアのリベラル、社会的圧力に負けず無性愛を公言

Valeria Novodvorskaya　1950〜2014
ロシアの政治活動家・人権活動家。ソ連時代からプーチン政権時代に至るまで、一貫して民主化・人権尊重を訴え続けた。

ヴァレリア・ノヴォドヴォラスカヤは、ロシアの政治活動家・人権活動家である。ロシアで共産党が政権を握っていたソビエト連邦（ソ連）時代から、ソ連崩壊後のロシア連邦時代に至るまで、度々の弾圧にもかかわらず活動を継続していた。

一九六九年、モスクワでソ連軍がチェコスロバキアの民主化運動に軍事介入した事に抗議する詩を配布して逮捕された。その後も、しばしば共産党政権に抗議活動をして逮捕されている。その後、一九八七年から九一年にかけ、民主連合党を結成し政治活動を行った。

ソ連崩壊後も、プーチン政権に至るまでロシアの国内問題・外交問題に対してしばしば鋭い批判の舌鋒を向け、西欧風民主主義への志向を明らかにしていた。ジョージア（グルジア）やウクライナとの紛争に関しても、ロシア政府の姿勢を批判している。リベラルな雑誌「The News Times（Но́вые Времена́）」を創刊したり、「西洋風の選択（Western

Choice)」という政党を結成するなどの活動によっても、自らの政治的信条を広めようとしていた。

共産党一党体制であったソ連時代から一貫して、政治的弾圧もものともせず、体制から抑圧・疎外された人々が生きやすい世の中を作るべく奮闘してきたノヴォドヴォラスカヤ。その生き様を通すには、並ならぬ勇気と信念を要したであろう。そうした彼女は、現代の偉人と呼んで差し支えあるまい。もっとも、政府側やその支持者からすれば、「他国風の価値観にかぶれ、祖国と言う巨大共同体を運営する責任を負わず、綺麗ごとばかり言っている」といった苛立ちを感じていたのではないか、とも思われる。折り合いの難しい話である。

ノヴォドヴォラスカヤは生涯独身であり、自ら、無性愛であると表明していた。彼女が没した二〇一四年時点において、ロシアは性的少数者への人権侵害がなされているとして国際的な批判を受けている。そうした状況にあるロシアにおいて、彼女の告白は勇気を要するものであったのではと思わされる。抑圧された人々のより良い未来のため活動し続けた彼女らしい話であると思う。

✤ アフリカ、オセアニア、中国における生涯独身を貫いた偉人の一例

アフリカ、オセアニア、そして中国において生涯独身を貫いた偉人についてここでは一人ずつ紹介する。

アントン・レンベデ　一九一四〜一九四七

南アフリカの政治活動家。アフリカ民族会議青年部を設立。アフリカナショナリズム創始者の一人で、アフリカナショナリズム創始者の一人で、ネルソン・マンデラらに強い影響を与えた。

クワズールー・ナタル（KwaZulu-Natal）で農民の子として生まれる。「私は農夫の子として生まれた農夫であり、アフリカの大地と接しているものだ」と語っている。成績優秀で奨学金を得てアダムス大学で教師として教育を受ける。教員として活動した後、弁護士資格を取り一九四三年にヨハネスブルクへ移住し政治家ピクスレイ・セメの下で働く。やがて彼のパートナーとして政治活動に従事するようになり同年にアフリカ民族会議（ANC）に参加。一九四四年にアフリカ民族会議青年部（ANCYL）を設立、若きネルソン・マンデラらも参加していた。レンベデは反資本主義であると同時に反共産主義でもあった。彼の唱えるアフリカナショナリズムは、マンデラら後の活動家に大きな影響を与える。彼は健康状態も構わず活動を続けたこともあってか、若くして死去した。死因は不明だが、腸疾患という説が有力。

生涯独身を通した。熱心なカトリックであり、絶対禁酒主義者でもあった。

ジェームズ・ワイトマン・デービッドソン　一九一五〜一九七三

ニュージーランドの歴史家。太平洋史の生みの親とされ、オーストラリア国立大学教授を務めてい

る。西サモアへ現地研究に赴いた際、独立に際しての憲法制定への助言を一九五九年から六一年にかけて行っている。他にもクック諸島やナウルでも憲法制定に関与し、ミクロネシア連邦でも顧問として関わった。パプアニューギニアでも同様に憲法準備委員会に名を連ねていたが、一九七三年にポートモレスビーで死去した。

　生涯を独身で通した。行動的・社交的な人物であったが、健康には恵まれておらず本質的にはシャイで心の底を覗かせない一面があったという。一見社交的でも、本来の気質は内向的で他人に心を許さないタイプの人物が時にあるといわれる。あるいは彼もそうした一人で、女性に対しても、そうした理由で距離を置いていたのかもしれない。

武訓（ぶくん）　一八三八〜一八九六

　清王朝末期の教育者。山東省堂邑県（現在の冠県）出身。元は武七といった。貧しい家庭に生まれ苦労を強いられ、いつしか貧しい子供たちも教育を受けられるようにする事を夢見るようになる。彼は各地を回り周囲の嘲笑・侮蔑をものともせず様々な手段で人々から金を集め、自身は極めて質素な生活をして貯蓄に励んだ。一八八八年、彼は自らの資金で故郷に『崇賢義塾』を開校。知識人たちに教師になってくれるよう頼み、貧しい家々に子供を学校に通わせるよう頼んで回ったという。経費は学校の土地からの収入で賄い、学費は徴収しない体制をとっていた。更にいくつかの学校を建て、朝廷からも評価される。「訓」の名を賜ったのはこの時であった。

　生涯、学校創設と運営にすべてを捧げ生涯独身を通した。教師・生徒の双方に礼をつくすのが常だったという。一九五〇年代、彼の業績を称え生涯を描いた『武訓伝』という映画が作成され人気を博している。

　彼らが生涯純潔であった公算は如何に。それを判断するには、本書で取り上げた他の面々と比較しても、いささか情報が不足していたように思われた。

しかしながら、いずれも胸に小さな灯がともるような思いのする生涯ではあるまいか。埋もれさせるには忍びず、ここに取り上げた次第である。

✤「恋愛弱者」気質の「童貞偉人」が意外に少ない理由

性的魅力に乏しい、性愛に対し消極的であるといった理由で異性を巡る恋愛競争に勝ち抜けないと思われる気質の人物が、本書で取り上げた「童貞偉人」には思ったより多くない印象である。その理由について、少し考えてみたい。

原因として一つ考えられる点がある。「偉人」と呼ばれるレベルに達した人物であれば、外的要因によって少々の「恋愛弱者」気質があろうが何とかなってしまうのではないかということだ。政治家・軍事的英雄として権力や栄光に囲まれると、少々の無理は通せるものである。それが性愛関係であっても例外ではない。場合によっては、頼まれずとも富や権力のおこぼれにあずかろうと人々が寄って来る事もあるし、その中には性愛を手土産にするものだっているだろう。学者・文人であっても名声が高まると同様な事情が生じると考えられる。また、名門出身者や地位や人脈のある人物であれば、後継者を残す必要性や家の箔を付けるという意味合いから、周囲がおぜん立てをする形で結婚を果たす事となる。時には本人の意志すら関係なしに。中にはもっと単純に、幸運に恵まれ好意を寄せてくれる相手にめぐり合えるケースだって無論あるだろう。

以下、そうした事例をいくつか挙げていこう。

ブッダ　生没年不詳

いうまでもなく、仏教の教祖。姓はゴータマ、名はシッダールタ。小国ながらも王子の出身であり後継者を確保することが求められ妻を娶っている。妻子を捨てて出家した後の話として、妻ヤショーダラが「あなたは天界へ行って天女を抱きたいのであろう。私たちを捨て、自分だけ楽しみたいとは人でなしな話だ」とブッダを恨み詰ったという伝承を叙事詩『ブッダ・チャリタ』は伝えているという。ブッダの出家が妻子にとっては裏切り行為であったろう事を思い起こさせ、彼が本来は気質的に結婚・恋愛への適性が低い可能性を示唆する話である。跡継ぎを確保した上で老いてから夫婦そろって出家、というパターンがインドでは伝統的だったのだから。彼もまた、「恋愛弱者」気質ながらも立場故に「何とかなってしまった」事例といえるかもしれない。

ルイ・アレクサンドル・ベルティエ　一七五二〜一八一五

ナポレオンの参謀総長として数多くの勝利に貢献した優秀な軍人。聡明さと記憶力、勤勉さが図抜けていた。しかし風采があがらない事やそれに劣等感を抱き女性に消極的であったことから四十路近くまで浮いた話はなかった。イタリア遠征でナポレオンの幕僚として栄光に輝き始めたころ、美貌で知られた人妻ヴィスコンティと良い仲になる。彼女は元来、ナポレオンに近づこうとしたらしい。だが、当時のナポレオンは新妻ジョゼフィーヌに首ったけであり、彼女を歯牙にもかけなかった。そこで次善の策としてヴィスコンティは、自分に好意を寄せていると思しきベルティエに近づいたのだという。ベルティエはヴィスコンティを熱愛し、エジプト遠征の際も、天幕の中に祭壇をしつらえ彼女の肖像画を据えて香をたき跪くという、いささかやり過ぎとも思える逸話が残されている。

ベルティエの彼女に対する想いはかくのごとく篤いものがあったが、やがて皇帝ナポレオンの命令でベルティエは貴族の娘と結婚する事となる。しかしベルティエはやがて妻を説き伏せてヴィスコンティを呼び寄せ、三人で暮らしたという。

「恋愛弱者」気質ながらも、軍事的栄光が女性との縁を呼び寄せ、栄達に伴う箔付けの必要から結婚がおぜん立てされた一例といえよう。

ヘルムート・カール・ベルンハルト・フォン・モルトケ　一八〇〇〜一八九一

参謀総長としてプロイセンに数々の軍事的勝利をもたらし、宰相ビスマルクと共にドイツ統一に大きく貢献した軍人。しかし内気な性質であり、軍人としても遅咲きであった。結婚に対しても慎重というより臆病であったようで、妹に対しこのような何とも言い難い言葉を残したこともある。

「結婚は富籤だ。何を引き当てるか運次第だ。もし結婚するなら、お前の育てた娘を娶る」（片岡徹也編訳『戦略論大系三モルトケ』芙蓉書房出版、二六八頁）

この言葉通り、彼は妹の義娘（先妻の子）を見初めて求婚、義理の姪も彼の学識に心酔していたこともあって無事に四十二歳で結婚し円満な家庭を築いた。

南方熊楠（みなかたくまぐす）　一八六七〜一九四一

博覧強記で知られた在野の大博物学者。職もなく、性愛方面では潔癖であると同時に臆病でもあった。気のある女性相手には緊張して口がきけなくなったり、逆に奇行に出て気を引こうとして失敗したりしている。四十まで女性に縁がなく童貞であったが見合い結婚によって妻子を持つ事となる。彼の学識に心酔し邪気のない人柄に魅了されつつも、その無軌道な生活ぶりを憂慮した周囲の地元有力者たちが結婚をおぜん立てしたという。この際の熊楠には、婚約者実家に手紙を書いたところ緊張のあまり様々な外国語が入り混じった長大なものになったとか、婚約者に会う口実を作るため汚れた猫を洗ってもらいに彼女の実家をしばしば訪れたといった純情さを示す逸話が残されている。

アドルフ・ヒトラー　一八九八〜一九四五

ドイツの独裁者。第二次大戦で周辺諸国との戦いの末、敗北し自殺した。色々な理由から極めて悪名高い人物であるが、ともかくも人類史に忘れる事のできない足跡を残した存在には違いあるまい。その意味で、ベクトルの正負を問わなければ歴史的偉材と言われない事はなかろう。そう判断し、ここで扱う事とする。

若き日のヒトラーははにかみが強く、意中の女性に対しても接近できず遠くから見ているだけで満足していたようだ。一度、恋文を出した事はあったが相手に印象を与えていない。また劇場見物の際は、客席で男たちといちゃつく若い女性たちに嫌悪感を抱いていたらしい。

そうした彼であるが、政治家として知名度が上昇すると女性との縁もできたようだ。中でもエヴァ・ブラウンとは十数年にわたる愛人関係であったことは知られている。一九三二年から性愛関係が始まり、エヴァがヒトラーとの子を産むことを期待した事もあったとされている。一方、「ドイツ国家」と結婚したというプロパガンダ目的もあり、死の直前まではエヴァとも結婚しなかったことは有名だ。そうした事情も関係してか、非性愛的なイメージを持つ向きは今日でもある。

これらの事例は、結婚や性愛関係の有無は本人自身の要因だけでなく外的要因も大きいこと、そしてたとえそれが「恋愛弱者」気質の人物であっても例外ではないことを示している。上記の例からは、本人が恋愛に適性がなさそうに思える場合でも外的要因によっては結婚し幸福な家庭を持つこともあり得る事がわかる。偉人でない一般人の場合でも、事情は同様だろうが、偉人と呼ばれるだけの名声を勝ち取っている場合は、なおさら周囲からの誘惑やお膳立て、あるいは圧力が通常より強い事は想像に難くない。そうした中で童貞を貫いたケースは、本人がそうした外的要因をはねのける強い意志を何らかの理由で持っているものが多くなる、という事なのだろう。

話題は変わるが、現在、非婚化が進行中とも、恋愛に対し淡白な男女が増加中とも耳にする。様々な要因が存在するであろうが、今日では従来のように上述したような外的要因が作用しにくいのも一因ではないかと思う。多くの人は性的魅力が乏しくともおこぼれを期待して相手が寄って来るほどの経済力や権力など持ち合わせていないだろうし、また現在は結婚のおぜん立てをする地縁・血縁の縛りも弱くなっているのだから。

ここで思い出すのが近世中国で見られた現象。明代を中心に、貧困などが理由で結婚も覚束ない男たちが多数存在した。彼らの中には、自身が性愛経験を積める可能性に見切りをつけ、去勢して宦官になり宮中に採用される事で人生の逆転を目論んだ者が少なからず出たと伝えられている。この話から考えても、外的条件に恵まれなければ恋愛・結婚市場から早々に脱落する人々はいつの世も一定数いるのではなかろうか。そして現代は外的要因の乏しさからそうした現象が強く露呈しているものと考えられる。

こうした状況下で、結婚や恋愛に消極的と思しき人々に対し、少子高齢化の中で次世代を残すのが責務だ、と説く声もあるようだ。とはいえ、現状を顧みて将来を憂慮するのは当然の感情ではあるが、それをもって他人を非難したり上から目線で「説教」したりすべきではないだろう。少なくとも、上記の事例のごとく万事おぜん立てをする位の気概や甲斐性、面倒見を持ち合わせているのでもない限りは。

「EUROMAIDEN PRESS」(http://euromaidanpress.com/) より
「Tribute to Valeria Novodvorskaya」(http://euromaidanpress.com/2014/07/14/tribute-to-valeria-novodvorskaya/)
「Tablet Magazine」(http://tabletmag.com) より
「A Requiem for Russia's Last Great Dissident, Valeriya Novodvorskaya」
(http://tabletmag.com/jewish-news-and-politics/186205/valeriya-novodvorskaya)
「東洋経済 ONLINE」(http://toyokeizai.net/) より
「反 LGBT 法で世界中から非難を受けるロシア　2020 年、東京は大丈夫か？？」
(http://toyokeizai.net/articles/-/30930)
「Но́вые Времена́」http://www.newtimes.ru/

アフリカ、オセアニア、中国における生涯独身を貫いた偉人の一例

E. J. Verwey, *New Dictionary of South African Biography Volume 1,* HSRC Press
George M. Fredrickson, *Black Liberation : A Comparative History of Black Ideologies in the United States and South Africa,* Oxford University Press
David Chidester, *Religions of South Africa,* Routledge
Gail M. Gerhart, *Black Power in South Africa: The Evolution of an Ideology,* University of California Press
「South Africa History Online」(http://www.sahistory.org.za/) より
「Anton Muziwakhe Lembede」(http://www.sahistory.org.za/people/anton-muziwakhe-lembede)
「Te Ara Encyclopedia of New Zealand」(http://www.teara.govt.nz/en) より
「Story: Davidson, James Wightman」(http://www.teara.govt.nz/en/biographies/5d6/davidson-james-wightman)
「Australian Dictionary of Biography」(http://adb.anu.edu.au/) より
「Davidson, James Wightman (Jim) (1915–1973)」
(http://adb.anu.edu.au/biography/davidson-james-wightman-jim-292)
『世界大百科事典　第２版』平凡社
「大紀元日本　Study & Enjoy サイト」(http://jpinfo.epochtimes.jp/pbv.php?m=3&f_vid=G1-G110) より
「最終回　中国語で聞く【三字経】　物語：塵も積もれば山となる - 武訓の夢 --」
(http://jpinfo.epochtimes.jp/pbv.php?m=3&f_vid=G1-G110)

「恋愛弱者」気質の「童貞偉人」が意外に少ない理由

『世界大百科事典 第２版』平凡社
『日本大百科全書』小学館
『大辞泉』小学館
ひろさちや『世界の宗教がわかる本　成り立ち、儀式からタブーまで』PHP 研究所
R・F・デルダフィールド『ナポレオンの元帥たち　栄光を追い求めた二十六人』乾野実歩訳、牧歌舎
General Baron Gourgaud, *Saite-Helene journal inedit de 1815 a 181,* Ernest Flammarion publisher
山田昌弘・麓直浩『ダメ人間の世界史』社会評論社
渡部昇一『ドイツ参謀本部』中公新書
片岡徹也編訳『戦略論大系３モルトケ』芙蓉書房出版
ハイケ・B・ゲルテマーカー著『ヒトラーに愛された女　真実のエヴァ・ブラウン』酒寄進一訳、東京創元社
村瀬興雄著『アドルフ・ヒトラー』中公新書
Heike B. Gortemaker, *Eva Braun: Life With Hitler,* Penguin UK
Edited by Henrik Eberle, Matthias Uhl, *The Hitler Book: The Secret Dossier Prepared for Stalin from the Interrogations of Hitler's Personal Aides,* PublicAffairs
Michael Lynch, *Understand Nazi Germany: Teach Yourself,* Hachette UK
神坂次郎『縛られた巨人　南方熊楠の生涯』新潮文庫
水木しげる『猫楠　南方熊楠の生涯』角川ソフィア文庫
三田村泰助著『宦官　側近政治の構造』中公新書

ラングストン・ヒューズ

『日本大百科全書』小学館
『世界大百科事典 第２版』平凡社
『20 世紀西洋人名事典』日外アソシエーツ
Arnold Rampersad, *The Life of Langston Hughes: Volume I: 1902-1941, I, Too, Sing America,* Oxford University Press
Arnold Rampersad, *The Life of Langston Hughes: Volume II: 1914-1967, I Dream a World,* Oxford University Press
Laurie F. Leach, *Langston Hughes: A Biography,* Greenwood Publishing Group
Jennifer Joline Anderson, *Langston Hughes,* ABDO

ダグ・ハマーショルド

『世界大百科事典 第２版』平凡社
明石康著『国際連合』岩波新書
Stanley Meisler, *United Nations: A History,* Grove Press
Peter B. Heller, *The United Nations under Dag Hammarskjold, 1953-1961,* Scarecrow Press
Daniel Humphrey, *Queer Bergman: Sexuality, Gender, and the European Art Cinema,* University of Texas Press

レイチェル・カーソン

『日本大百科全書』小学館
『世界大百科事典 第２版』平凡社
『20 世紀西洋人名事典』日外アソシエーツ
Mark Hamilton Lytle, *The Gentle Subversive : Rachel Carson, Silent Spring, and the Rise of the Enviromental Movement,* Oxford University Press
Jacklyn Cock & Alison R. Bernstein, *Melting Pots & Rainbow Nations: Conversations about Difference in the United States and South Africa,* University of Illinois Press
Edited by Lisa H. Sideris & Kathleen Dean Moore, *Rachel Carson: Legacy and Challenge,* SUNY Press
Edieted by Rachel Stein, *New Perspectives on Environmental Justice: Gender, Sexuality, and Activism,* Rutgers University Press
Elizabeth Abbott, *A History of Celibacy,* Simon & Schuster
Edited by George Haggerty、Bonnie Zimmerman, *Encyclopedia of Lesbian and Gay Histories and Cultures,* Taylor & Francis

マザー・テレサ

『日本大百科全書』小学館
『20 世紀西洋人名事典』日外アソシエーツ
『知恵蔵 mini』朝日新聞出版
Jennifer A. Miller, Mother Teresa, Lerner Publications
Khushwant Singh, *Khushwant Singh on Women, Sex, Love and Lust,* Hay House, Inc

ポール・エルデシュ

Bruce Schechter『My Brain is Open　20 世紀数学界の異才ポール・エルデシュ放浪記』グラベルロード訳、共立出版
ポール・ホフマン『放浪の天才数学者エルデシュ』平石律子訳、草思社

ヴァレリア・ノヴォドヴォラスカヤ

「Radio Free Europe Radio Liberty」(http://www.rferl.org/) より
「Valeria Novodvorskaya: Russia's 'Don Quixote' Of Democracy, Human Rights」
(http://www.rferl.org/content/obituary-novodvorskaya-russia-rights/25456847.html)
「The Moscow Times」(http://www.themoscowtimes.com/) より
「Russian Activist Valeria Novodvorskaya Dies After Decades of Opposition」(http://www.themoscowtimes.com/news/article/famed-russian-activist-leaves-behind-legacy-of-opposition/503346.html)

岩阪恵子・宇佐美斉編『清岡卓行論集成』勉誠出版

宮沢賢治

『日本人名大辞典』講談社
佐藤泰正編『宮沢賢治必携』學燈社
山内修編『年表作家読本宮沢賢治』河出書房新社
押野武志『童貞としての宮沢賢治』ちくま新書
青江舜二郎『宮沢賢治　修羅に生きる』講談社現代新書
宮下隆二『イーハトーブと満洲国　宮沢賢治と石原莞爾が描いた理想郷』PHP 研究所

神道における巫女と純潔について

『日本大百科全書』小学館
『世界大百科事典　第2版』平凡社
「青空文庫」(http://www.aozora.gr.jp/) より
「折口信夫　古代生活に見えた恋愛」(http://www.aozora.gr.jp/cards/000933/files/46950_27949.html)
『南島論叢　伊波普猷氏還暦記念出版』沖縄日報社
前橋松造『奄美の森に生きた人　柳田国男が訪ねた峠の主人・畠中三太郎』南方新社
田中祐吉『変態風俗の研究』大阪屋号書店
昇曙夢『奄美大島と大西郷』春陽堂
産経新聞京都総局『和歌の風景　古今・新古今集と京都』産経新聞社
相賀徹夫・杉本苑子『源平女性の光と影』小学館
山田俊幸『論集立原道造』風信社

橋本凝胤

『日本人名大辞典』講談社
『美術人名辞典』思文閣
『20 世紀日本人名事典』日外アソシエーツ
『日本大百科全書』小学館
『世界大百科事典 第2版』平凡社
橋本凝胤『信ずるとは何か』芸術新聞社
古屋照子『女人まんだら』文一出版
鈴木眞哉著『下戸の逸話事典』東京堂出版

ゴ・ディン・ジエム

『大辞泉』小学館
Michael Leifer, *Dictionary of the Modern Politics of Southeast Asia,* Routledge
Spencer C. Tucker, *Encyclopedia of the Vietnam War; A Political, Social, and Military History,* Oxford University Press
Edwin E. Moise, *The A to Z of the Vietnam War,* Scarecrow Press
木下和寛『メディアは戦争にどうかかわってきたか　日露戦争から対テロ戦争まで』朝日選書
David Halberstam, *The Making of Quagmire: America and Vietnam During the Kennedy Era,* Rowman & Littlefield
Ross Marley, Clark D. Neher, *Patriots and Tyrants: Ten Asian Leaders,* Rowman & Littlefield
Arnold M. Ludwig, *King of the Mountain: The Nature of Political Leadership,* The University Press of Kentucky
Zachary Abuza, *Renovating Politics in Contemporary Vietnam,* Lynne Rienner Publishers
William J. Duiker, *Ho Chi Minh: A Life,* Hyperion
Sophie Quinn-Judge, *Ho Chi Minh: The Missing Years, 1919-1941,* University of California Press
「UNCAR The UN Refugee Agency」(http://www.unhcr.org/cgi-bin/texis/vtx/home) より
「Human Rights Watch World Report 1992 - Vietnam」(http://www.refworld.org/cgi-bin/texis/vtx/rwmain?page=publisher&publisher=HRW&type=&coi=VNM&docid=467fca54c&skip=0)

『大辞林』三省堂
海原徹『吉田松陰　身はたとひ武蔵の野辺に』ミネルヴァ書房
一坂太郎著『吉田松陰とその家族』中公新書
下程勇吉『吉田松陰の人間学的研究』広池学園出版部
荒俣宏監修『アラマタ人物伝』講談社

河口慧海
『美術人名辞典』思文閣
『日本人名大辞典』講談社
『世界大百科事典 第２版』平凡社
『現代密教』第 13 号　智山伝法院より元山公寿『河口慧海の在家仏教　仏教の近代化の視点から』
浅田一『医心放語』南光社
河口正『河口慧海　日本最初のチベット入国者』春秋社
『別冊太陽　日本の探検家たち　未知を目指した人々の探検史』平凡社

渡辺海旭
『日本大百科全書』小学館
『日本人名大辞典』講談社
『大辞泉』小学館
芹川博通『渡辺海旭研究　その思想と行動』大東出版社
前田和男『紫雲の人、渡辺海旭　壺中に月を求めて』ポット出版
日本主義同志会編『日本精神読本　巻六　神ながら篇』東京文泉閣
「カラダにピース　CALPIS」(http://www.calpis.co.jp/index.html) より
「「カルピス」なんでも Q&A」(http://sukoyaka.calpis.co.jp/faq/source.html)

長谷川如是閑
『日本大百科全書』小学館
『江戸・東京人物辞典』財団法人まちみらい千代田
『世界大百科事典 第２版』平凡社
『日本人名大辞典』講談社
『中央公論経営問題』16 巻 4 号、中央公論社より金子鋭「如是閑翁の預金通帳」
『社会思想研究』22 巻 3 号、社会思想研究会より江上照彦「追悼の断章　ラッセル卿・如是閑翁・笠先生のこと」

久松真一
『日本大百科全書』小学館
『日本人名大辞典』講談社
『美術人名辞典』思文閣
上杉知行『西田幾多郎の生涯』燈影舎
西田記念館編『西田哲学を語る　西田幾多郎没後 50 周年記念講演集』燈影舎
「京都大学大学院文学研究科・文学部」(http://www.bun.kyoto-u.ac.jp/) より
「思想家紹介　久松真一」(http://www.bun.kyoto-u.ac.jp/japanese_philosophy/jp-hisamatsu_guidance/)

阿藤伯海
『日本人名大辞典』講談社
『20 世紀日本人名事典』日外アソシエーツ
『日本大百科全書』小学館
『唐木順三全集第 18 巻』筑摩書房
高見茂『天平に輝く吉備真備公』吉備人出版
浅井清『新研究資料現代日本文学第 4 巻』明治書院

エディス・キャベル

『世界の観光地名がわかる事典』講談社

Spencer C. Tucker, Priscilla Mary Roberts, *Encyclopedia Of World War I: A Political, Social, And Military History,* ABC-CLIO

Merriam-Webster's Collegiate Encyclopedia, Merriam-Wester Inc.

Susan R. Grayzel, *Women and the First World War,* Routledge

Hannah Naveh, *Gender and Israeli Society: Women's Time,* Vallentine Mitchell

Diana Souhami, *Edith Cavell: Nurse, Martyr, Heroine,* Hachette UK

アルジャーノン・ブラックウッド

『20世紀西洋人名事典』日外アソシエーツ

Algernon Blackwood, *Ancient Sorceries and Other Weird Stories,* Penguin

S. T. Joshi、David E. Schultz, *An H.P. Lovecraft Encyclopedia,* Greenwood Publishing Group

William Hughes, *Historical Dictionary of Gothic Literature,* Rowman & Littlefield

Edited by Christine L. Krueger, *Encyclopedia of British Writers, 19th and 20th Centuries,* Infobase Publishing

Don D'Ammassa, *Encyclopedia of Fantasy and Horror Fiction,* Infobase Publishing

Merriam-Webster's Encyclopedia of Literature, Merriam-Webster Inc.

ゴッドフレイ・ハロルド・ハーディ

Stuart Brown ed., *"Dictionary of Twenty-Century British Philosophers",* thoemmes

ポール・ホフマン『放浪の天才数学者エルデシュ』平石律子訳、草思社

なぜイギリスに「童貞偉人」が多いのか？

武田清子『キリスト教』筑摩書房

マックス・ヴェーバー『プロテスタンティズムの倫理と資本主義の精神』大塚久雄訳、岩波文庫

川北稔『イギリス史』山川出版社

島田裕巳『宗教はなぜ必要なのか』集英社インターナショナル

Patricia Fara, *Newton: The Making of Genius,* Pan Macmillan

『南方熊楠コレクションⅢ浄のセクソロジー』河出文庫

Edited by Claudia Nelson, Michelle H. Martin, *Sexual Pedagogies: Sex Education in Britain, Australia, and America, 1879-2000,* Palgrave Macmillan

石井美樹子『イギリス王室　一〇〇〇年史』新人物往来社

青木道彦『エリザベスⅠ世』講談社現代新書

Susan Frye, *Elizabeth I,* Oxford University Press

Edited by Elizabeth Hageman, Katherine Conway, *Resurrecting Elizabeth I in Seventeenth-century England,* Fairleigh Dickinson Univ Press

Frederick Schweizer, *Queen Elizabeth I and Shakespeare: Image of Gender, Power, and Sexuality,* ProQuest

釈雲照

「青空文庫」(http://www.aozora.gr.jp/) より

「夏目漱石　吾輩は猫である」(http://www.aozora.gr.jp/cards/000148/files/789_14547.html)

『現代密教』第23号　智山伝法院より田中悠文「釋雲照律師と夫人正法会の被災地支援」

『近代日本哲学思想家辞典』東京書籍

『美術人名辞典』思文閣

『日本人名大辞典』講談社

『朝日日本歴史人物事典』朝日新聞社

『大辞泉』小学館

吉田松陰

『世界大百科事典 第2版』平凡社

Edited by Claudia Nelson、Michelle H. Martin, *Sexual Pedagogies: Sex Education in Britain, Australia, and America, 1879-2000,* Palgrave Macmillan
Giuseppe Cafiero, *James Joyce - Rome and Other Stories,* Palibrio
「The Guardian」(http://www.theguardian.com/uk) より
「No sex please, we're asexual」(http://www.theguardian.com/science/2004/oct/14/science.research1)
「John Ruskin's marriage: what really happened」
(http://www.theguardian.com/books/2013/mar/29/ruskin-effie-marriage-inconvenience-brownell)
「Was art critic John Ruskin really repulsed by his wife's pubic hair?」
(http://www.theguardian.com/lifeandstyle/shortcuts/2014/jul/06/john-ruskin-repulsed-by-wifes-pubic-hair)

チャールズ・ジョージ・ゴードン
『日本大百科全書』小学館
W. S. ブラント『ハルツームのゴードン　同時代人の証言』栗田禎子訳、リブロポート
Sally Mitchell, *Victorian Britain (Routledge Revivals): An Encyclopedia,* Routledge
Edited by Donald E. Hall, *Muscular Christianity: Embodying the Victorian Age,* Cambridge University Press
Ronald Hyam, *Empire and Sexuality: The British Experience,* Manchester University Press

ホレイショ・ハーバート・キッチナー
『日本大百科全書』小学館
『世界大百科事典 第２版』平凡社
『大辞林』三省堂
Ronald Hyam, *Empire and Sexuality: The British Experience,* Manchester University Press
John Pollock, *Kitchener: The Road to Omdurman and Saviour of the Nation,* Hachette UK
Barry Jones, *Dictionary of World Biography,* ANU E Press
Edited by Stanley Sandler, *Ground Warfare: An International Encyclopedia,* Vol.1 ABC-CLIO

オリヴァー・ヘヴィサイド
C・A・ピックオーバー『天才博士の奇妙な日常』新戸雅章訳、勁草書房
Ido Yavetz *"From Obscurity to Enigma The Work of Oliver Heaviside, 1872-1889"* Birkhäuser
『スーパー・ニッポニカ Professional』小学館

セシル・ローズ
『世界大百科事典 第２版』平凡社
『ブリタニカ国際大百科事典 小項目事典』ブリタニカ・ジャパン
Edited by Andrea L. Stanton, Edward Ramsamy, Peter J. Seybolt, Carolyn M. Elliott, *Cultural Sociology of the Middle East, Asia, and Africa: An Encyclopedia,* SAGE Publications
Merriam-Webster's Collegiate Encyclopedia, Merriam-Webster Inc.
J. A. Hammerton, *Illustrated Encyclopaedia of World History,* Mittal Publications
Roger Dewardt Lane, *Encyclopedia Small Silver Coins,* Roger deWardt Lane
Robert I. Rotberg, *The Founder: Cecil Rhodes and the Pursuit of Power,* Oxford University Press
William Thomas Stead, Cecil Rhodes, *The last will and testament of Cecil John Rhodes,* Nabu Press
Ronald Hyam, *Empire and Sexuality: The British Experience,* Manchester University Press

ヘンリー・ハヴェロック・エリス
『世界大百科事典 第２版』平凡社
Edited by Christine L. Krueger, *Encyclopedia of British Writers, 19th and 20th Centuries,* Infobase Publishing
Edited by Jodi O'Brien, *Encyclopedia of Gender and Society*
Jeffrey S. Turner, *Encyclopedia of Relationships Across the Lifespan,* Greenwood Publishing Group
Edited by Frank N. Magill, *The 20th Century A-GI: Dictionary of World Biography,* Vol.7 Routledge
押野武志『童貞としての宮沢賢治』ちくま新書

ヘンリー・キャベンディシュ
George Wilson, *"The Life of Honourable Henry Cavendish"*, Cavendsh Society
小山慶太『異貌の科学者』丸善ライブラリー
C・A・ピックオーバー『天才博士の奇妙な日常』新戸雅章訳、勁草書房
レピーヌ、ニコル著『キャベンディシュの生涯　業績だけを残した謎の科学者』小出昭一郎訳、東京図書

エドワード・ギボン
『日本大百科全書』小学館
『世界大百科事典　第２版』平凡社
佐伯彰一『伝記のなかのエロス　奇人・変人・性的人間』中公文庫
Lopa Sanyal, *English Literature in Eighteenth Century,* Discovery Publishing House

ウィリアム・ピット（小ピット）
『世界大百科事典 第２版』平凡社
山田昌弘『世界ナンバー２列伝』社会評論社
William Hague, *William Pitt the Younger: A Biography,* HarperCollins UK
Eric J. Evans, *William Pitt the Younger,* Routledge
小林章夫『イギリス名宰相物語』講談社現代新書
「The Telegraph」(http://www.telegraph.co.uk/) より
「'He was something between God and man'」
(http://www.telegraph.co.uk/culture/3623135/He-was-something-between-God-and-man.html)

ハーバート・スペンサー
『日本大百科全書』小学館
『世界大百科事典 第２版』平凡社
Edited by Edward Craig, *Routledge Encyclopedia of Philosophy,* Vol.9 Taylor & Francis
Encyclopedia of Nationalism, Vol.2 Academic Press
Edited by John Offer, *Herbert Spencer: Critical Assessments of Leading Sociologists,* Taylor & Francis
Martin N. Raitiere, *The Complicity of Friends: How George Eliot, G. H. Lewes, and John Hughlings-Jackson Encoded Herbert Spencer's Secret,* Rowman & Littlefield

フローレンス・ナイチンゲール
『世界大百科事典 第２版』平凡社
『大辞林』三省堂
『大辞泉』小学館
小長谷正明『医学探偵の歴史事件簿』岩波新書
Elizabeth Abbott, *A History of Celibacy,* James Clarke & Co.
Lytton Strachey, *The Biography of Florence Nightingale,* Start Publishing LLC.
Susan Bivin Aller, *Florence Nightingale,* Lerner Publications
Shannon Zemlicka, *Florence Nightingale,* Millbrook Press

ルイス・キャロル、ジョン・ラスキン、ジェームズ・マシュー・バリー
『日本大百科全書』小学館
『世界大百科事典 第２版』平凡社
『南方熊楠コレクションⅢ浄のセクソロジー』河出文庫
Karoline Leach, *In the Shadow of the Dreamchild: The Myth and Reality of Lewis Carroll,* Peter Owen
Will Brooker, *Alice's Adventures: Lewis Carroll in Popular Culture,* A & C Black
Edited by Christine L. Krueger, *Encyclopedia of British Writers, 19th and 20th Centuries,* Infobase Publishing
『週刊朝日百科世界の文学 14 不思議の国のアリス / ピーター・パン / 人魚姫…』朝日新聞社
ジェイムズ・M・バリー『ピーター・パン』佐伯泰樹訳、グーテンベルク 21

Salazar A Political Biography, Eniguma Books
長谷川公昭著『ファシスト群像』中公新書
山田昌弘『世界ナンバー２列伝』社会評論社
Encyclopedia of Nationalism, Two-Volume Set, Vol.2 Academic Press
Edited by Ruud van Dijk, William Glenn Gray, Svetlana Savranskaya, Jeremi Suri, Qiang Zhai, *Encyclopedia of the Cold War,* Routledge
Douglas L. Wheeler, Walter C. Opello, *Historical Dictionary of Portugal,* Scarecrow Press
Edited by Harris M. Lentz, *Heads of States and Governments Since 1945,* Routledge
『満州日報』昭和十年１月14日-1月22日より『独裁者サラザール』
野々山真輝帆『リスボンの春　ポルトガル現代史』朝日選書
Tom Gallagher, *Portugal: A Twentieth-century Interpretation,* Manchester University Press
LIFE, July29, 1940　Time Inc.
Richard E. Osborne, *World War II in Colonial Africa: The Death Knell of Colonialism,* Riebel-Roque Pub.
A. Hoyt Hobbs, Joy Adzigian, *Spain & Portugal, 1994: The Most In-Depth Guide to the Spectacle and Romance of Spain & Portugal,* Fielding Worldwide

ジョン・エドガー・フーバー

『ブリタニカ国際大百科事典 小項目事典』ブリタニカ・ジャパン
『20世紀西洋人名事典』日外アソシエーツ
Anthony Summers, *Official and Confidential: The Secret Life of J. Edgar Hoover,* Open Road Media
Athan Theoharis, *From the Secret Files of J. Edgar Hoover,* Ivan R. Dee
アンソニー・サマーズ著『大統領たちが恐れた男　FBI長官フーヴァーの秘密の生涯』水上峰雄訳、新潮社
William N. Eskridge Jr. *Dishonorable Passions: Sodomy Laws in America, 1861-2003* Penguin
Jennifer Terry *An American Obsession: Science, Medicine, and Homosexuality in Modern Society* University of Chicago Press
Cue New York Volume48 North American Publishing Company
Tom Gallagher *Portugal: A Twentieth-century Interpretation,* Manchester University Press
Brandon Toropov, *Encyclopedia of Cold War Politics,* Infobase Publishing
Michael A. Genovese, *Encyclopedia of the American Presidency,* Infobase Publishing
Ray Wannall, *The Real J. Edgar Hoover: For the Record,* Turner Publishing Company
Athan G. Theoharis, John Stuart Cox, *The Boss: J. Edgar Hoover and the Great American Inquisition,* Bantam Books

「ラストエンペラー」は生涯童貞

『世界大百科事典 第２版』平凡社
『日本大百科全書』小学館
広中一成『ニセチャイナ』社会評論社
賈英華『最後の宦官秘聞　ラストエンペラー溥儀に仕えて』林芳監訳、NHK出版
李淑賢・王慶祥編『わが夫、溥儀　ラストエンペラーとの日々』林国本訳、学生社
中田整一『満州国皇帝の秘録　ラストエンペラーと「厳秘会見録」の謎』文春文庫
入江曜子『溥儀　清朝最後の皇帝』岩波新書
小長谷正明『医学探偵の歴史事件簿　ファイル２』岩波新書

生涯非婚を貫いた中国女性たちの話～「金蘭会」と「自梳女」～

相田準著『異人と市　境界の中国古代史』研文出版

童貞こそ英雄に相応しいと信じる人たち

金子民雄『ヘディン伝――偉大な探検家の生涯』新人物往来社
施耐庵『水滸伝（三）』駒田信二訳　講談社文庫
高島俊男『水滸伝の世界』ちくま文庫

Larry D. Rose, *Mobilize!: Why Canada Was Unprepared for the Second World War*
「Prime Minister of Canada」(http://pm.gc.ca/eng) より
「William Lyon Mackenzie King」(http://pm.gc.ca/eng/prime-minister/william-lyon-mackenzie-king)

ロベルト・ワルザー
Matthias Konzett, *Encyclopedia of German Literature,* Routledge
『日本大百科全書』小学館
『世界大百科事典 第２版』平凡社
『20世紀西洋人名事典』日外アソシエーツ
『ブリタニカ国際大百科事典 小項目事典』ブリタニカ・ジャパン
W・G・ゼーバルト『鄙の宿』鈴木仁子訳、白水社

オットー・ヴァイニンガー
『日本大百科全書』小学館
『20世紀西洋人名事典』日外アソシエーツ
『世界大百科事典』平凡社
『大辞泉』小学館
オットー・ワイニンゲル『男女と性格』片山孤村訳、人文会出版部
竹内仁遺稿刊行会編『竹内仁遺稿』竹内仁遺稿刊行会
奥むめお『婦人問題十六講』新潮社
「青空文庫」(http://www.aozora.gr.jp/) より
「森鴎外　青年」(http://www.aozora.gr.jp/cards/000129/files/2522_5002.html)
「内田魯庵　灰燼十万巻（丸善炎上の記）」(http://www.aozora.gr.jp/cards/000165/files/2392_41387.html)
「倉田百三　女性の諸問題」(http://www.aozora.gr.jp/cards/000256/files/43133_17950.html)
「中島敦　狼疾記」(http://www.aozora.gr.jp/cards/000119/files/42301_16282.html)
「与謝野晶子　婦人改造と高等教育」(http://www.aozora.gr.jp/cards/000885/files/3633_48827.html)
「芥川龍之介　河童」(http://www.aozora.gr.jp/cards/000879/files/45761_39095.html)
Chandak Sengoopta, *Otto Weininger: Sex, Science, and Self in Imperial Vienna,* University of Chicago Press
吉本隆明『初源への言葉』青土社
「Birkbeck, University of London」(http://www.bbk.ac.uk/) より
「Professor Chandak Sengoopta」
(http://www.bbk.ac.uk/history/our-staff/academic-staff/professor-chandak-sengoopta)

エミー・ネーター
『日本大百科全書』小学館
『世界大百科事典 第２版』平凡社
『大辞林』三省堂
『知恵蔵 2015』朝日新聞出版
Ari Ben-Menahem, *Historical Encyclopedia of Natural and Mathematical Sciences,* Vol.1 Springer Science & Business Media
Kathryn Cullen-DuPont, *Encyclopedia of Women's History in America,* Infobase Publishing
Sharon Bertsch McGrayne, *Nobel Prize Women in Science: Their Lives, Struggles, and Momentous Discoveries,* Joseph Henry Press

オットー・ワールブルク
H・クレブス『オットー・ワールブルク　生化学の開拓者』丸山工作・丸山匠訳、岩波書店
『スーパー・ニッポニカ Professional』小学館

アントニオ・デ・オリベイラ・サラザール
『世界大百科事典 第２版』平凡社

Religion Sexuality, and National Identity in American Literature, Routledge
Edited by Edward Craig, *Routledge Encyclopedia of Philosophy: Questions to sociobiology,* Taylor & Francis
Constance Jones, James D. Ryan, *Encyclopedia of Hinduism,* Infobase Publishing
Braja Dulal Mookherjee, *The Essence of Bhagavad Gita,* Academic Publishers
森本達雄著『ヒンドゥー教　インドの聖と俗』中公新書

スヴェン・ヘディン

金子民雄『西域列伝　シルクロードの山と人』岳書房
金子民雄『ヘディン伝　偉大な探検家の生涯』新人物往来社
金子民雄『ヘディン　人と旅』白水社
『スーパー・ニッポニカ Professional』小学館

ライト兄弟

『世界大百科事典 第２版』平凡社
『日本大百科全書』小学館
『大辞泉』小学館
Chris Kidder, *Aloft at Last: How the Wright Brothers Made History,* Nags Head Art, Inc.
Arnold M. Ludwig, *The Price of Greatness: Resolving the Creativity and Madness Controversy,* Guilford Press
Edited by Joel Mokyr, *The Oxford Encyclopedia of Economic History,* Vol.1 Oxford University Press
Linda S. Watts, *Encyclopedia of American Folklore,* Infobase Publishing
Edited by Mark Garrett, *Encyclopedia of Transportation: Social Science and Policy,* SAGE Publications

アルベルト・サントス・デュモン

ナンシー・ウィンターズ『空飛ぶ男　サントス－デュモン』忠平美幸訳、草思社
Jamie Campbell Naidoo, *"Rainbow Family Collections: Selecting and Using Children's Books with Lesbian, Gay, Bisexual, Transgender, and Queen",* ABC-CLIO
Mark Staebler, 'Santos-Dumont, Alberto (1873-1932)', (http://www.glbtqarchive.com/ssh/santos_dumont_a_S.pdf)[2016 年 1 月 18 日閲覧]
『スーパー・ニッポニカ Professional』小学館

ウィラ・キャザー

『日本大百科全書』小学館
『世界大百科事典 第２版』平凡社
『20 世紀西洋人名事典』日外アソシエーツ
Edited by Robert Thacker, Michael A. Peterman, *Willa Cather's Canadian and Old World Connections,* University of Nebraska Press
Edited by David Stouck, *Willa Cather: The Writer and Her World,* University of Nebraska Press
Marilee Lindemann, *Willa Cather: Queering America,* Columbia University Press
James Woodress, *Willa Cather: A Literary Life,* University of Nebraska Press
Demaree C. Peck, *The Imaginative Claims of the Artist in Willa Cather's Fiction: "Possession Granted by a Different Lease",* Susquehanna University Press

ウィリアム・ライアン・マッケンジー・キング

『世界大百科事典 第２版』平凡社
Terry Reardon, *Winston Churchill and Mackenzie King: So Similar, So Different,* Dundurn Group
Dictionary of Canadian Biography Volume XVII, University of Tronto Press
Louise Reynolds, *Mackenzie King: Friends and Lovers,* Trafford Publishing
Frances Stanford, *Prime Ministers of Canada,* On The Mark Press
Arnold M. Ludwig, *King of the Mountain: The Nature of Political Leadership,* The University Press of Kentucky
Allan Gerald Levine, *King: William Lyon Mackenzie King: A Life Guided by the Hand of Destiny,* Douglas & McIntyre

ウィリアム・ウォーカー
『世界大百科事典 第２版』平凡社
『日本大百科全書』小学館
Stephen Dando-Collins, *Tycoon's War: How Cornelius Vanderbilt Invaded a Country to Overthrow America's Most Famous Military Adventurer,* Da Capo Press
Junius P. Rodriguez, *Encyclopedia of Slave Resistance and Rebellion Volume 2*
Richard Arghiris, *Nicaragua Footprint Handbook,* Footprint Travel Guides
James Jeffrey Roche, *By-Ways of War: The Story of the Filibusters,* The Floating Press
Gary Cartwright, *Galveston: A History of the Island,* MacMillan Publishing Company
コルマック・オブライエン『大統領たちの通信簿　アメリカ人も知らないホワイトハウスの真実』集英社

ヘンリー・ジェームズ
『日本大百科全書』小学館
『20 世紀西洋人名事典』日外アソシエーツ
「青空文庫」(http://www.aozora.gr.jp/) より
「夏目漱石　思い出す事など」(http://www.aozora.gr.jp/cards/000148/files/792_14937.html)
Henry James, *The Non-Fiction of Henry James,* Golgotha Press
David McWhirter, *Henry James in Context,* Cambridge University Press
John Carlos Rowe, Eric Haralson, *A Historical Guide to Henry James,* Oxford University Press
Fred Kaplan, *Henry James: The Imagination of Genius, A Biography,* Open Road Media

アントニ・ガウディ
『日本大百科全書』小学館
『世界大百科事典 第２版』平凡社
『大辞林』三省堂
Eusebi Casanelles, *Antonio Gaudi; a reappraisal,* New York Graphic Society
樺山紘一『カタロニアへの眼』中央公論社

ニコラ・テスラ
『日本大百科全書』小学館
『世界大百科事典 第２版』平凡社
Marc Seifer, Wizard: *The Life And Times Of Nikola Tesla: The Life and Times of Nikola Tesla,* Citadel
Arnold M. Ludwig, *The Price of Greatness: Resolving the Creativity and Madness Controversy,* Guilford Press
Edited by Christopher H. Sterling, *Encyclopedia of Radio 3-Volume Set,* Routledge
A. Bowdoin Van Riper, *A Biographical Encyclopedia of Scientists and Inventors in American Film and TV since 1930,* Scarecrow Press
C・A・ピックオーバー『天才博士の奇妙な日常』新戸雅章訳、勁草書房
『ユリイカ』第 42 巻第７号　青土社

オーレル・スタイン
Annabel Walker, *"A Biographer's Dilemma",* (https://www.britishmuseum.org/PDF/Stein%20Walker.pdf)［2016 年１月 18 日閲覧］
金子民雄『西域列伝　シルクロードの山と人』岳書房
Ｊ・ミルスキー、杉山二郎・伊吹寛子・瀧梢訳『考古学探検家　スタイン伝』六興出版

ビベーカーナンダ
『世界大百科事典　第２版』平凡社
『日本大百科全書』小学館
Chaturvedi Badrinath, *Swami Vivekananda, the Living Vedanta,* Penguin Books India
Edited by Tracy Fessenden, Nicholas F. Radel, Magdalena J. Zaborowska, *The Puritan Origins of American Sex:*

「幸田露伴　運命」(http://www.aozora.gr.jp/cards/000051/files/1452_16991.html)
田中芳樹『中国武将列伝（下)』中央公論社

マクシミリアン・ロベスピエール

マルク・ブゥロワゾォ『ロベスピエール』遅塚忠躬訳、白水社文庫クセジュ
S・M・ムソン『ロベスピエールとフランス革命』樋口謹一訳、岩波新書
鹿島茂『ナポレオン フーシェ タレーラン 情念戦争 1789-1815』講談社現代新書
長谷川哲也『ナポレオン　獅子の時代』少年画報社
『世界人物逸話大事典』角川書店
『日本大百科全書』小学館
E・クレッチュマー『天才の心理学』内村祐之訳、岩波文庫

ヤーコプ・グリム

ガブリエーレ・ザイツ『グリム兄弟』高木昌史・高木万里子訳、青土社
河上倫逸『法の文化社会史　ヨーロッパ学識法の形成からドイツ歴史法学の成立まで』ミネルヴァ書房
『スーパー・ニッポニカ Professional』小学館

ハンス・クリスチャン・アンデルセン

『世界大百科事典 第２版』平凡社
『大辞林』三省堂
Jack Zipes, *Hans Christian Andersen: The Misunderstood Storyteller,* Routledge
Jackie Wullschlager, *Hans Christian Andersen: The Life of a Storyteller,* University of Chicago Press
Jens Andersen, *Hans Christian Andersen: A New Life,* Penguin
山室静・中村白葉『世界伝記全集４アンデルセン・トルストイ』講談社
木原武一『名作はなぜ生まれたか　文豪たちの生涯を読む』PHP 研究所

ニコライ・ゴーゴリ

『世界大百科事典 第２版』平凡社
『日本大百科全書』小学館
『大辞林』三省堂
Vladimir Nabokov, *Nikolai Gogol,* Penguin UK
Edited by George E. Haggerty, *Encyclopedia of Gay Histories and Cultures,* Routledge
Frank Northen Magill, Dayton Kohler, *Masterplots: Cyclopedia of world authors; seven hundred fifty three novelists, poets, playwrights from the world's fine literature,* Salem Press
Encounter, Vol.48 Martin Secker & Warburg

ヘンリー・デイヴィッド・ソロー

『日本大百科全書』小学館
『世界大百科事典 第２版』平凡社
『大辞林』三省堂
Harold Bloom, *Henry David Thoreau,* Infobase Publishing
Claude J. Summers, *Gay and Lesbian Literary Heritage,* Routledge

アントン・ブルックナー

『世界大百科事典 第２版』平凡社
『日本大百科全書』小学館
Encyclopedia Americana, Vol.11 Americana Corp.
David Mason Greene, *Greene's Biographical Encyclopedia of Composers,* Reproducing Piano Roll Fnd.
Edited by Macdonald Critchley, R. A. Henson, *Music and the Brain: Studies in the Neurology of Music,* Butterworth-Heinemann

亡国を招いた「無能」な王様が信仰・純潔ゆえに美化された例
『世界大百科事典 第2版』平凡社
『日本大百科全書』小学館
Merriam-Webster's Collegiate Encyclopedia, Merriam-Webster, Inc
John M. Bowers, *The Politics of Pearl: Court Poetry in the Age of Richard II,* Boydell & Brewer Ltd
Frank Barlow, *Edward the Confessor,* University of California Press
The Popular Encyclopedia; Or, Conversations Lexicon, Vol.VI W. G. Blackie and Co.
麓直浩『敗戦処理首脳列伝』社会評論社
Mats Lundahl, Jan Lundius, *Peasants and Religion: A Socioeconomic Study of Dios Olivorio and the Palma Sola Movement in the Dominican Repubulic,* Routledge

イスラーム世界の事情
Frances Trix, *The Sufi Journey of Baba Rexheb,* University of Pennsylvania Press
Carl Olson, *Celibacy and Religious Traditions,* Oxford University Press
Hülya Küçük, *The Role of the Bektāshīs in Turkey's National Struggle,* BRILL
Juan Eduardo Campo, *Encyclopedia of Islam,* Infobase Publishing
J. Gordon Melton and Marlin Baumann, Editors, *Religions of the World: A Comprehensive Encyclopedia of Beliefs and Practices,* ABC-CLIO
John Victor Tolan, Gilles Veinstein, Henry Laurens, *Europe and the Islamic World: A History,* Princeton University Press
Mehrdad Kia, *Daily Life in the Ottoman Empire,* ABC-CLIO

インドの宗教的純潔について
Constance Jones, James D. Ryan, *Encyclopedia of Hinduism,* Infobase Publishing
Mahatma Gandhi, *Hindu Dharma,* Orient Paperbacks
『日本大百科全書』小学館
フィリップ・ローソン『新版イメージの博物誌　タントラ　インドのエクスタシー礼賛』松山俊太郎訳、平凡社
「Orissadiary.com」(http://orissadiary.com/) より
「Jai Rajguru; Bravery of Jayee Rajguru to be felicitated yet, because he was an Oriya.」
(http://www.orissadiary.com/personality/freedom_fighter/index.asp)
「e-Magazine Orissa Review」(http://orissa.gov.in/e-magazine/Orissareview/orissareview.htm) より
「The Celebrated Son of The Soil Jayee Rajguru」(http://www.orissa.gov.in/e-magazine/Orissareview/dec2005/engpdf/the_celebrated_son_of_the_soil_jayee_rajguru.pdf)
「A Great Martyr」(http://www.orissa.gov.in/e-magazine/Orissareview/dec-2006/engpdf/15-17.pdf)
「Jayee Rajguru and His Significance in History」
(http://www.orissa.gov.in/e-magazine/Orissareview/dec-2006/engpdf/18-20.pdf)
「Jayee Rajguru - The First Martyr of Orissa」
(http://orissa.gov.in/e-magazine/Orissareview/2009/October/engpdf/Pages20-23.pdf)

中国社会の童貞観と、とある純潔志向？の中国偉人
加地伸行著『儒教とは何か』中公新書
邱海濤著『中国五千年 性の文化史』納村公子訳、集英社
風俗原典研究会編『日本の性学事始』河出文庫
ひろさちや『世界の宗教がわかる本　成り立ち、儀式からタブーまで』PHP 研究所
『世界大百科事典 第2版』平凡社
『東洋史研究』18巻2号　東洋史研究会より牧田諦亮『道衍傳小稿　姚廣孝の生涯』
『北海道東海大学紀要　人文社会科学系』第20号　北海道東海大学より松木民雄『北京・姚広孝墓塔　歴史と伝説』
「青空文庫」(http://www.aozora.gr.jp/) より

ボルテール『英雄交響曲　チャールス十二世』丸山熊雄訳、白水社
『スーパー・ニッポニカ Professional』小学館

井上蘭台
『日本大百科全書』小学館
『朝日日本歴史人物事典』朝日新聞出版
『日本人名大辞典』講談社
干河岸貫一編『先哲百家伝　正編』青木嵩山堂
岡山県編『岡山県人物伝』岡山県
田中香涯『医事雑考　妖異変』鳳鳴堂書店
安井小太郎著『日本儒学史』富山房
『大辞泉』小学館

ホレス・ウォルポール
『日本大百科全書』小学館
『世界大百科事典 第２版』平凡社
小林章夫『イギリス名宰相物語』講談社現代新書
George E. Haggerty, *Horace Walpole's Letters: Masculinity and Friendship in the Eighteenth Century,* Bucknell University Press

フリードリヒ大王
飯塚信雄『フリードリヒ大王　啓蒙君主のペンと剣』中公新書
前原透監修、片岡哲也編集『戦略思想家事典』芙蓉書房出版
村岡哲『フリードリヒ大王　啓蒙専制君主とドイツ』
『スーパー・ニッポニカ Professional』小学館

アダム・スミス
ニコラス・フィリッピソン『アダム・スミスとその時代』永井大輔訳、白水社
水田洋『〔新装版〕アダム・スミス研究』未来社
L・S・ロス『アダム・スミス伝』篠原久・只腰親和・松原慶子訳、シュプリンガー・フェアラーク東京
『スーパー・ニッポニカ Professional』小学館

イマニュエル・カント
アニセイ・グリガ『カント　その生涯と思想』西牟田久雄・浜田義文訳、法政大学出版局
小牧治『カント　人と思想１５』清水書院
U・シュルツ『カント』理想社
ボロウスキー、ヤッハマン、ヴァジヤンスキー著『カント　その人と生涯　三人の弟子の記録』芝烝訳、創元社
ボロフスキ『カントの生涯と性格』山本英一訳、弘文堂
ヤハマン『カントの生涯』木場深定訳、理想社
『スーパー・ニッポニカ Professional』小学館

村田了阿
『朝日日本歴史人物事典』朝日新聞社
『美術人名事典』思文閣
清宮秀堅著『古学小伝』巻三、玉山堂
『福岡大学研究部論集 A』Vol.10 No.7、福岡大学研究推進部より山田洋嗣『散木奇歌集「南部家旧蔵本」の背景　伝本の位置を測るために』
村田昇『近世文芸の仏教的研究』百華苑

ダライ・ラマ5世
『日本大百科全書』小学館
ツルティム・ケサン、正木晃『増補チベット密教』ちくま学芸文庫
ツルティム・ケサン、正木晃『チベットの「死の修行」』角川選書
『Books Esoterica11　チベット密教の本』学研
グレン・H・ムリン『14人のダライ・ラマ』上巻、春秋社
ダライラマ十四世『宇宙のダルマ』永沢哲訳、角川書店
Rajiv Mehrotra, *Understanding the Dalai Lama,* Hay House, Inc
Roger E. McCarthy, *Tears of the Lotus: Accounts of Tibetan Resistance to the Chinese Invasion, 1950-1962,* McFarland
Mayank Chhaya, *Dalai Lama: The Revealing Life Story and His Struggle for Tibet,* I.B.Tauris
Thomas Laird, *The Story of Tibet: Conversations with the Dalai Lama,* Grove/Atlantic Inc.
ダライ・ラマ14世テンジン・ギャツォ『ダライ・ラマ　ゾクチェン入門』宮坂宥洪訳、春秋社
網野善彦、吉本隆明、川村湊『歴史としての天皇制』作品社
『サンガジャパン』Vol.7、サンガ
「ダライ・ラマ法王日本代表部事務所（チベットハウス・ジャパン）」(http://www.tibethouse.jp/) より
「歴代ダライ・ラマ法王」(http://www.tibethouse.jp/dalai_lama/successive.html)

クリスティナ
『日本大百科全書』小学館
『世界大百科事典 第2版』平凡社
武田龍夫著『物語北欧の歴史』中公新書
『週刊朝日百科 世界の歴史 78 17世紀の世界1 人物 レンブラント 鄭成功ほか』朝日新聞社
Veronica Buckley, *Christina, Queen of Sweden: The Restless Life of a European Eccentric,* HarperCollins UK
Francis William Bain, *Christina, queen of Sweden,* William Clowes and Sons, Limited
Edited by Robert Aldrich、Garry Wotherspoon, *Who's who in Gay and Lesbian History: From Antiquity to World War II,* Psychology Press
Carlos Ramirez-Faria, *Concise Encyclopeida Of World History,* Atlantic Publishers & Dist
『世界人物逸話大事典』角川書店
菊池良生『戦うハプスブルク家』講談社現代新書

アイザック・ニュートン
『世界大百科事典 第2版』平凡社
『大辞林』三省堂
『大辞泉』小学館
Richard S. Westfall, *The Life of Isaac Newton,* Cambridge University Press
Philip Ashley Fanning, *Isaac Newton and the Transmutation of Alchemy: An Alternative View of the Scientific Revolution,* North Atlantic Books
Patricia Fara, *Newton: The Making of Genius,* Pan Macmillan
Anthony F. Bogaert, *Understanding Asexuality,* Rowman & Littlefield Publishers
押野武志『童貞としての宮沢賢治』ちくま新書
大野忠男訳『ケインズ全集第10巻　人物評伝』東洋経済新報社

高森正因
『日本人名大辞典』講談社
伴蒿蹊『続近世畸人伝』日本古典全集刊行会
上垣外憲一著『雨森芳洲　元禄享保の国際人』中公新書
『大辞泉』三省堂

カール12世
武田龍夫『物語スウェーデン史　バルト大国を彩った国王、女王たち』新評論

Robin Maxwell, *Signora Da Vinci,* Penguin
Sherwin B. Nuland, *Leonardo da Vinci,* Penguin

ミケランジェロ・ブオナローティ

『日本大百科全書』小学館
『世界大百科事典 第２版』平凡社
樺山紘一著『世界の歴史 16 ルネサンスと地中海』中公文庫
C・A・ピックオーバー『天才博士の奇妙な日常』新戸雅章訳、勁草書房
Edited by Gabriela Goldstein, *Art in Psychoanalysis: A Contemporary Approach to Creativity and Analytic Practice,* Karnac Books
William E. Wallace, *Michelangelo: The Artist, the Man and his Times,* Cambridge University Press
Edited by Timothy McCall, Sean Roberts, Giancarlo Fiorenza, *Visual Cultures of Secrecy in Early Modern Europe,* Truman State University Press

ティリー伯ヨハン・セルクラエス

Edited by George Ripley, Charles A. Dana, *The American Cyclopaedia: A Popular Dictionary of General Knowledge Volume 15,* D. Appleton and Company
Thomas Henry Dyer, *Modern Europe: 1593-1721,* Goerge Bell and Sons
Sir Edward Cust, *Lives of the Warriors of the Thirty Year's War: Warriors of the Seventeenth Century Part II,* John Murray, Albemarle Street
Edited by Thomas Spencer Baynes, *The Encyclopaedia Britannica: A Dictionary of Arts, Sciences ...,* Vol.23 The Encyclopaedia Britannica, Inc.
Jonathan Dewald, *Europe 1450 to 1789: : encyclopedia of the early modern world,* Vol.6 Charles Scriber's Sons
シルレル『三十年戦史』渡辺格司訳、第一部・第二部、岩波文庫
菊池良生『戦うハプスブルク家』講談社現代新書
菊池良生『哀しいドイツ歴史物語』ちくま文庫
E. クレッチュマー『天才の心理学』内村祐之訳、岩波文庫

宮本武蔵

『世界大百科事典 第２版』平凡社
『朝日日本歴史人物事典』朝日新聞社
小澤正夫『宮本武蔵　二刀一流の解説』吉川弘文館
牧秀彦『剣豪全史』光文社新書
山田次朗吉『日本剣道史』再建社
加来耕三『宮本武蔵剣聖・剣豪事典』東京堂出版
『別冊歴史読本　図説宮本武蔵の実像』新人物往来社
「宮本武蔵 THE MUSASHI」(http://www.geocities.jp/themusasi1/index.html) より
「丹治峯均筆記 6」(http://www.geocities.jp/themusasi2de/houkin/d106.html#r131)
「日本剣道史」(http://www.geocities.jp/themusasi1/ref/t203.html)

フランチェスコ・ボロミーニ

『日本大百科全書』小学館
『世界大百科事典 第２版』平凡社
Robert Harbison, *Eccentric Spaces,* The MIT Press
Torgil Magnuson, *Rome in the age of Bernini,* Vol.34 No.1　Almqvist & Wiksell International
John Broadbent, *John Milton: Introductions,* Cambridge University Press
「The Guardian」(http://www.theguardian.com/uk) より
「Borromini: the first architect」
(http://www.theguardian.com/artanddesign/2011/feb/05/borromini-book-kerry-downes-architecture)

『朝日日本歴史人物事典』朝日新聞社
『世界大百科事典 第２版』平凡社
『日本人名大辞典』講談社
ひろさちや『ゆったりと生きよう　迷いを解く仏教の考え方』PHP文庫
Tobias Churton, *Aleister Crowley: the Biography: Spiritual Revolutionary, Romantic Explorer Occult Master - and Spy,* Duncan Baird Publishers

女性を遠ざける「軍神」たち～上杉謙信やエパメイノンダス、バシレイオス２世など～
『世界大百科事典 第２版』平凡社
布施秀治『上杉謙信伝』東京堂
今東光『毒説日本史』文春文庫
矢田俊文『上杉謙信　政虎一世中忘失すべからず候』ミネルヴァ書房
『南方熊楠コレクションⅢ浄のセクソロジー』河出文庫
カエサル『ガリア戦記』近山金次訳、岩波文庫
ネポス『英雄伝』上村健二・山下太郎訳、国文社
Paul Stephenson, *The Legend of Basil the Bulgar-Slayer,* Cambridge University Press
井上浩一・栗生沢猛夫『世界の歴史11　ビザンツとスラブ』中公文庫

古代ギリシア哲学の祖・タレスは独身主義者？
『日本大百科全書』小学館
『世界大百科事典』平凡社
プルターク著『プルターク英雄伝　(二)』河野与一訳　岩波文庫
ディオゲネス・ラエルティオス『ギリシア哲学者列伝(上)』加来彰俊訳　岩波文庫

フランシスコ・ヒメネス・デ・シスネロス
『世界大百科事典 第２版』平凡社
『日本大百科全書』小学館
関哲行・中塚次郎・立石博高編『世界歴史大系　スペイン史１』山川出版社
江村洋『ハプスブルク家』講談社現代新書
Edited by Colum Hourihane, *The Grove Encyclopedia of Medieval Art and Architecture,* Vol.1 Oxford University Press
Edited by E. Michael Gerli, *Medieval Iberia: An Encyclopedia,* Routledge
Nancy Rubin, *Isabella of Castile: The First Renaissance Queen,* iUniverse
Erika Rummel, *Jiménez de Cisneros : on the threshold of Spain's Golden Age,* Arizona Center for Medieval and Renaissance Studies

ジロラモ・サボナローラ
『世界大百科事典 第２版』平凡社
『日本大百科全書』小学館
樺山紘一著『世界の歴史 16 ルネサンスと地中海』中公文庫
小長谷正明著『ローマ教皇検死録』中公新書
John Abraham Heraud, *The Life and Times of Girolamo Savonarola: Illustrating the Progress of the Reformation in Italy, during the Fifteenth Century,* Whittaker and Co.
『芸術と歴史の街フィレンツェ』Casa Editrice Bonechi

レオナルド・ダ・ビンチ
『日本大百科全書』小学館
『世界大百科事典 第２版』平凡社
樺山紘一著『世界の歴史 16 ルネサンスと地中海』中公文庫
Edited by Gabriela Goldstein, *Art in Psychoanalysis: A Contemporary Approach to Creativity and Analytic Practice,* Karnac Books

成瀬治・山田欣吾・木村靖二編『世界歴史大系　ドイツ史１　先史-1648年』山川出版社
Constance H. Berman, *Medieval Religion: New Approaches,* Psychology Press
H.G. Baynes, *Mythology of the Soul: A research into the unconscious from schizophrenic dreams and drawings,* Routledge
Dominick Pepito, THE PATH OF OBEDIENCE: A Book of Saints, The Catholic Alliance of The Holy Trinity
Joan Lluís Vives, *De Institutione Feminae Christianae: Liber Secundus & Liber Tertius,* BRILL

トマス・ベケット
『ブリタニカ国際大百科事典 小項目事典』ブリタニカ・ジャパン
『世界大百科事典 第２版』平凡社
Michael Staunton, *The Lives of Thomas Becket,* Manchester University Press
John Guy, *Thomas Becket: Warrior, Priest, Rebel, Victim: A 900-Year-Old Story Retold,* Penguin UK
A.W. Richard Sipe, *A Secret World: Sexuality And The Search For Celibacy,* Routledge
石井美樹子『イギリス王室　一〇〇〇年史』新人物往来社

法然、明恵
『世界大百科事典 第２版』平凡社
『日本大百科全書』小学館
『朝日日本歴史人物事典』朝日新聞社
林屋辰三郎『京都』岩波新書
江見水蔭校訂『仏教各宗高僧実伝全』博文館
上横手雅敬『日本史の快楽　中世に遊び現代を眺める』角川ソフィア文庫
野村卓美『明恵上人の研究』和泉書院
松尾剛次『破戒と男色の仏教史』平凡社新書
妻木直良編『真宗全書』続二一、蔵経書院
黒田真洞・望月信亨共纂『法然上人全集』京都宗粋社
仏教大学総合研究所『シンポジウム・法然と親鸞』法蔵館
町田宗鳳『法然　世紀末の革命者』法蔵館
マルタン・モネスティエ『図説乳房全書』大塚宏子訳、原書房
小林智昭訳『日本古典文学全集28　宇治拾遺物語』小学館

純潔を重んじた騎士修道会～西欧の三大騎士団～
『世界大百科事典 第２版』平凡社
『大辞泉』小学館
橋口倫介『十字軍騎士団』講談社学術文庫
須田武郎著『騎士団』新紀元社
Barbara Frale, *The Templars: The Secret History Revealed,* Skyhorse Publishing, Inc.
Peter J. Sell, *From Blood to Compassion,* LuLu.com
Karen Ralls, *Knights Templar Encyclopedia: the Essenial Guide to the People, Places, Events, and Symbols of the Order of the Temple,* Career Press
Helen J. Nicholson, *The Knights Hospitaller,* Boydell & Brewer
David Nicolle, *Knights of Jerusalem: The Crusading Order of Hospitallers 1100-1565,* Osprey Publishing
David Nicolle, *Teutonic Knight: 1190-1561,* Osprey Publishing
Stephen Turnbull, Richard Hook, *Tannenberg 1410: Disaster for the Teutonic Knights,* Osprey Publishing
Frank K. Flinn, *Encyclopedia of Catholicism,* Infobase Publishing

「一定年齢まで童貞を貫くと魔法使いになれる」？～細川政元と修験道～
杉山博『日本の歴史11戦国大名』中公文庫
幸田露伴『幻談・観画談他三篇』岩波文庫
岩田準一著『本朝男色考・男色文献書志』原書房

参考文献

性愛を生涯遠ざけた偉人のパターン

『世界大百科事典 第２版』平凡社
『日本大百科全書』小学館
『大辞泉』小学館
『九州大学総合研究博物館研究報告』No.6より岩永省三『故岡部養逸氏旧蔵中山平次郎先生関係資料概要報告』
Eugine L. Rasor, *Arthur James Balfour, 1848-1930: Historiography and Annotated Bibliography,* Greenwood Publishing Group
注に登場する以外の人物に関しては、該当する項目やコラムを参照されたし。

イエス・キリスト

『世界大百科事典 第２版』平凡社
『日本大百科全書』小学館
『ブリタニカ国際大百科事典 小項目事典』ブリタニカ・ジャパン
『大辞林』三省堂
『新約聖書』フランシスコ会、聖書研究会訳注、中央出版社
Lena Einhorn, *The Jesus Mystery: Astonishing Clues to the True Identities of Jesus and Paul,* Hardcover The Lyons Press
Lucien Deiss, *Joseph, Mary, Jesus,* Liturgigal Press
Edited by Marvin Mahan Ellison, Kelly Brown Douglas, *Sexuality and the Sacred: Sources for Theological Reflection,* Westminster John Knox Press
岡田温司『マグダラのマリア　エロスとアガペーの聖女』中公新書
Mala Singh, *The Story of Guru Nanak,* Hemkent Press
小川環樹・今鷹真・福島吉彦訳『史記列伝１』岩波文庫
島田裕巳『宗教はなぜ必要なのか』集英社インターナショナル
青木健『マニ教』講談社現代新書

マーニー

『世界大百科事典 第２版』平凡社
『日本大百科全書』小学館
青木健『マニ教』講談社新書メチエ
『鹿児島大学法文学部紀要人文学科論集』Vol.8, 41-54, 2014より兼城糸絵「中国の「マニ教」に関する一考察：福建省霞浦県の事例から」

役小角

『日本大百科全書』小学館
『世界大百科事典　第二版』平凡社
原田敏明・高橋貢訳『東洋文庫97日本霊異記』平凡社
和歌森太郎『東洋文庫211修験道史研究』平凡社
『Books Esoterica8　修験道の本』学研
芳賀矢一纂訂『攷證今昔物語集　本朝部　上』冨山房
大町桂月校訂『源平盛衰記　参』至誠堂

ハインリヒ２世

『世界大百科事典 第２版』平凡社
『日本大百科全書』小学館

あとがき

これまで、生涯童貞である、もしくはその可能性が疑われる、様々な偉人たちについて概観してきた。もっとも、数多くの童貞偉人たちが存在するからと言って、直ちに童貞が貴いと言えないのはもちろんのことである。言うまでもなく、生涯独身・童貞の偉人より既婚の偉人の方が圧倒的に多いのである。生涯独身者と既婚者の母数を考慮すれば、当然の帰結ではあるが。まして、「カーライルが胃弱だって、胃弱の病人が必ずカーライルにはなれない」（夏目漱石『吾輩は猫である』より）のと同様、偉人に生涯童貞の人物がいたからとて、童貞なら偉人になれるという訳でもない。

　とはいえ、それを考慮に入れても、世の中は童貞やら独身者やらに風当たりが強いように思われる。試みに、近代文学を少し覗いてみよう。例えば一度結婚に失敗し、四十歳に至っても独身を貫く男性があれば、周囲はそっとしておかない。「独身生活というものは、大抵の人間には無難にし遂げにくいには違ない。」などと考えて、「周囲の女のために危険で行けない。」「いつどの女とどう云う事が始まるかも知れないんだからね。」といった具合に決め付けて忠告する者もいた（括弧内は森鴎外『独身』より）。結婚歴はあるが今は独身、というだけでこれである。それが童貞となると、「童貞の古物なんかブラ下げているなよ、みっともない！」（小林多喜二『雪の夜』より）なんて容赦ない言葉を友人からぶつけられたりもしたようだ。

　昔と比べ、今日ではその辺に関してだいぶマシになったようである。さりながら、それでも周囲の言葉に耳を傾けると、

「興味がないなんて、強がっているだけだろう」

「性欲は人間の本能だからそのまま放置してはい

けない。信仰が理由な人は別として、特に理由がない人は本能をないがしろにしていると反動が来ていずれ飲み込まれる」

「良い年齢をして童貞だと、何か問題があるように思われる」

「お前は●●だ、そんなだから童貞なんだ」

といった具合の声もチラホラと聞こえるのである。だが、本書で取り上げた偉人たちを見て、少し考えてみてほしい。

確かに信仰上の理由で純潔を貫いた人々も多かったが、無性愛などそれ以外の事情の人も少なからずいた。実際、現在の世界で無性愛者は無視できない程度には存在しているという。一説によれば、人口の1％程度であるそうだ。戦前において既に、田中香涯（たなかこうがい）が「性欲の欠乏に因る」（田中香涯『医事雑考　妖異変』鳳鳴堂書店、九九頁　旧字体は新字体に修正）女嫌いについて言及し、決してまれではないらしいと述べている。昔から、一定数そうした人々は存在したと思われる。してみれば、性愛から明らかな理由なく遠ざかっているからといって、性欲に「飲み込まれる」とは必ずしも言えないのだ。むろん、中には性欲を制御しきれない人もいるだろうが、人類すべてがそうだと決めつけるのはあまりに乱暴に過ぎまいか。

また、童貞であることにマイナスの意味を見出すのは、童貞である当人でなく見出したその人の価値観の問題である。我が国でも近代の一時期には童貞を守ることに肯定的な意味を少なくとも一部が認めていた事は、知っている人もおられるだろう。また、「恋愛弱者」気質の偉人たちを扱ったコラムで触れたように、相手を得られるか否かは時代・社会的地位といった環境や運不運に左右される面も大きい。童貞であるかどうかで優劣をつけるのは適切とは言い難いだろう。

ましてや、「●●だから童貞だ」という文言に関しては、問題なのはあくまで「●●」であって童貞ではなかろう、としか言いようがない。

「童貞」はあくまでもそれ自体に意味はない。童貞だからといって、それをもって誇ることではないし卑下する必要もない。無論、周囲もそれをもって尊ぶ必要もなければ蔑むべきでもない。童貞自体を気に病む必要はないのだ。ただ、欲情の処理は無視できない問題であるし、生き辛さがあるならそれにはそれへの対処が必要ではあるが。

とはいえ、現代に「童貞」がマイナスイメージで語られるのも事実ではある。そうした中で、他人が「童貞」であるとどうこう言う人からは、相手の「弱み」を振り回して優位に立とうという魂胆があるように感じられ、感心はしない。「童貞」であろうがなかろうが、それが人間の価値を左右することはないはずであると考える。一方で、次世代を残す事で社会を維持する必要がある、という面から「童貞」問題を憂慮する向きについては理解できる。しかしながら、だとしても「童貞」の人々に責任を押し付けるのは適切とは言えまい。「童貞」であるかどうかは、上述した通り運不運や社会情勢といった本人にもどうにもできない要因にも少なからずよっているのだから。そうした要因をどうにかできないならば、それ以外の人々で何とかすべきであろう。

こうした風潮の中で、「童貞」である事で後ろ指をさされるのを気に病む人が少なからずいるのは当然だろう。だが、後ろ指をさされるか否かは「童貞」であるかどうかにあまり関係はないと思われる。おそらくは、何らかの理由を付けて誰かに「上から目線」で物を言いたい、という世間の欲求が問題の肝であろう。何しろ、耳にするところでは、風俗で童貞を捨てても「素人童貞」と言われ、そうでなくともその後に御無沙汰であれば「セカンド童貞」と呼ばれるらしい御時勢である。童貞でなくとも、別の理屈で後ろ指をさされる可能性は高いのではあるまいか。仏教経典『法句経』二二七番には、こう書かれているという。

ひとは、黙して坐するをそしり、多く語るをそしり、また少しく語るをそしる。およそ此世にそしりを受けざるはなし（松原泰道『いろはに法華経』水書房、八〇頁）

つまりは、法に触れたり人の道を外れたりしていない限り、周囲の声を気にしても仕方ないという事だと思われる。

人を生き辛くしている要因は数多くあるが、「童貞」へのこだわりも無視できない要因の一つであろう。本書が、「童貞」へのこだわりを捨てる事、そして生き辛さを少しでも軽減させる事に役立てれば幸いだと思う。

本書を担当してくださった濱崎誉史朗氏に感謝の念を捧げ、筆をおきたい。

【参考文献】

「青空文庫」（http://www.aozora.gr.jp/）より

「夏目漱石　吾輩は猫である」（http://www.aozora.gr.jp/cards/000148/files/789_14547.html）

「森鴎外　独身」（http://www.aozora.gr.jp/cards/000129/files/3614_12062.html）

「小林多喜二　雪の夜」（http://www.aozora.gr.jp/cards/000156/files/4156_17546.html）

「中日新聞」（http://www.chunichi.co.jp/）より

「初恋ナイ、男ニモ女ニモ性欲ワカナイ、体触ラレタクナイ…「無性愛者」誤解しないで」

（http://www.chunichi.co.jp/hokuriku/article/popress/love_and_sex/CK2013011602000186.html）

田中香涯『医事雑考　妖異変』鳳鳴堂書店

渋谷知美『日本の童貞』文春新書

松原泰道『いろはに法華経』水書房

松原左京（まつばら・さきょう）
奈良県出身。京都大学歴史研究会 OB で、山田昌弘とは長年の友人になる。興味の赴くまま、歴史知識を探求している。雑駁な好事家の域に留まらぬよう心掛けているが、はてさて。

山田昌弘（やまだ・まさひろ）
大阪府出身。京都大学法学部卒。華々しい英雄伝が好きですが、裏話的なテーマも、人物の個性をあぶり出してくれるので、割と嗜みます。著書に『世界ナンバー２列伝』（社会評論社）など。

Twitter @trushbasket
Web　http://trushnote.exblog.jp/
mail　trushbasket@yahoo.co.jp

セックスをした事がない偉人達
童貞の世界史

2016 年 6 月 1 日　初版第 1 刷発行
著者：松原左京 & 山田昌弘
イラスト：チョウフシミン
編集：濱崎誉史朗
装幀：濱崎誉史朗
発行人：濱崎誉史朗
発行所：合同会社パブリブ
〒 140-0001
東京都品川区北品川 1-9-7 トップルーム品川 1015
電話 03-6383-1810
印刷 & 製本：モリモト印刷株式会社